Gröls Verlage

„Bücher sind wie Fallschirme. Sie nützen uns nichts, wenn wir sie nicht öffnen."

Gröls Verlag

Redaktionelle Hinweise und Impressum

Das vorliegende Werk wurde zugunsten der Authentizität sehr zurückhaltend bearbeitet. So wurden etwa ursprüngliche Rechtschreibfehler regelmäßig *nicht* behoben, denn kleine Unvollkommenheiten machen das Buch – wie im Übrigen den Menschen – erst authentisch. Mitunter wurden jedoch zum Beispiel Absätze behutsam neu getrennt, um den Lesefluss zu erleichtern.

Um die Texte zu rekonstruieren, werden antiquarische Bücher von Lesegeräten gescannt und dann durch eine Software lesbar gemacht. Der so entstandene Text wird von Menschen gegengelesen und korrigiert – hierbei treten auch Fehler auf. Wenn Sie ebenfalls antiquarische Texte einreichen möchten, finden Sie weitere Informationen auf www.groels.de

Viel Freude bei der Lektüre wünscht Ihnen das Team des Gröls-Verlags.

Adressen

Verleger: Hermann-Josef Gröls,

Im Borngrund 26, 61440 Oberursel

Externer Dienstleister für Distribution & Herstellung:

BoD, In de Tarpen 42, 22848 Norderstedt

Unsere „Edition | Werke der Weltliteratur" hat den Anspruch, eine der größten und vollständigsten Sammlungen klassischer Literatur in deutscher Sprache zu werden. Nach und nach versammeln wir hier nicht nur die „üblichen Verdächtigen" von Goethe bis Schiller, sondern auch Kleinode der vergangenen Jahrhunderte, die – zu Unrecht – drohen, in Vergessenheit zu geraten. Wir kultivieren und kuratieren damit einen der wertvollsten Bereiche der abendländischen Kultur. Kleine Auswahl:

Francis Bacon • Neues Organon • **Balzac** • Glanz und Elend der Kurtisanen • **Joachim H. Campe** • Robinson der Jüngere • **Dante Alighieri** • Die Göttliche Komödie • **Daniel Defoe** • Robinson Crusoe • **Charles Dickens** • Oliver Twist • **Denis Diderot** • Jacques der Fatalist • **Fjodor Dostojewski** • Schuld und Sühne • **Arthur Conan Doyle** • Der Hund von Baskerville • **Marie von Ebner-Eschenbach** • Das Gemeindekind • **Elisabeth von Österreich** • Das Poetische Tagebuch • **Friedrich Engels** • Die Lage der arbeitenden Klasse • **Ludwig Feuerbach** • Das Wesen des Christentums • **Johann G. Fichte** • Reden an die deutsche Nation • **Fitzgerald** • Zärtlich ist die Nacht • **Flaubert** • Madame Bovary • **Gorch Fock** • Seefahrt ist not! • **Theodor Fontane** • Effi Briest • **Robert Musil** • Über die Dummheit • **Edgar Wallace** • Der Frosch mit der Maske • **Jakob Wassermann** • Der Fall Maurizius • **Oscar Wilde** • Das Bildnis des Dorian Grey • **Émile Zola** • Germinal • **Stefan Zweig** • Schachnovelle • **Hugo von Hofmannsthal** • Der Tor und der Tod • **Anton Tschechow** • Ein Heiratsantrag • **Arthur Schnitzler** • Reigen • **Friedrich Schiller** • Kabale und Liebe • **Nicolo Machiavelli** • Der Fürst • **Gotthold E. Lessing** • Nathan der Weise • **Augustinus** • Die Bekenntnisse des heiligen Augustinus • **Marcus Aurelius** • Selbstbetrachtungen • **Charles Baudelaire** • Die Blumen des Bösen • **Harriett Stowe** • Onkel Toms Hütte • **Walter Benjamin** • Deutsche Menschen • **Hugo Bettauer** • Die Stadt ohne Juden • **Lewis Caroll** • *und viele mehr….*

Aristoteles

Politik

Erstes Buch.

Erstes Kapitel.

Da jeder Staat sich als eine Gemeinschaft darstellt, und jede Gemeinschaft wegen eines Gutes sich gebildet hat, (denn Alle handeln in Allem nur wegen Etwas, was sie für ein Gut halten) so erhellt, dass alle Gemeinschaften nach einem Gute streben und dass insbesondere die vornehmste und über allen anderen stehende Gemeinschaft nach dem vornehmsten Gute strebt; dies ist aber die Gemeinschaft, welche man den Staat und die staatliche Gemeinschaft nennt. Die, welche meinen, dass das Wesen des Verfassungsstaates und des Königthums und der Familie und des Verhältnisses zwischen Herrn und Sclaven ein und dasselbe sei, haben unrecht; sie glauben, dass hier nur ein Unterschied nach der grösseren oder geringeren Zahl der Personen bestehe, und kein Unterschied in der Art; wer also nur über Wenige gebiete, sei ein Herr über Sclaven, wer über Mehrere, sei ein Familienvater und wenn er über noch Mehrere gebiete, so sei ein Verfassungsstaat oder eine Königliche Gemeinschaft vorhanden, so, dass mithin ein grosses Hauswesen von einem kleinen Staatswesen nicht verschieden sei. Der Verfassungsstaat und das Königthum sollen sich danach nur so unterscheiden, dass, wenn Einer allein an der Spitze steht, es ein Königthum sei, wenn aber das Staatsoberhaupt nach den Grundsätzen der Staatswissenschaft theilweise herrsche, theilweise beherrscht werde, so sei ein Verfassungsstaat vorhanden.

Dies ist indess unrichtig, wie sich ergeben wird, wenn wir in der bisher geführten Weise die Untersuchung anstellen. Wie nämlich schon in anderen Gebieten das Zusammengesetzte bis zu dem Einfachen hin getrennt werden muss (was die kleinsten Theile des Ganzen sind), so muss man auch bei dem Staate untersuchen, woraus er besteht und man wird dann an seinen Bestandtheilen besser ersehen, wie sie sich von einander unterscheiden und ob es angeht, über jede der genannten Gemeinschaften Etwas wissenschaftlich festzustellen.

Zweites Kapitel.

Wenn man also betrachtet, wie diese Gemeinschaften von Anfang ab geworden sind, so wird man hier ebenso, wie bei anderen Dingen, die richtigste Einsicht erlangen. Nothwendig müssen sich zunächst diejenigen zu Paaren zusammenthun, welche ohne einander nicht bestehen können; also ein Weibliches und ein Männliches der Fortpflanzung wegen. (Dies geschieht nicht aus Willkür, sondern, wie bei den Pflanzen und den übrigen Geschöpfen aus einem Naturtriebe, um ein solches Geschöpf, wie sie selbst sind, zurückzulassen.) Auch muss das von Natur Herrschende sich mit dem von Natur Beherrschten des Schutzes wegen verbinden; denn was vermöge seiner Einsicht das Kommende voraussehen kann, ist von Natur das Herrschende und Gebietende und was vermöge seines Körpers hierbei Etwas leisten kann, ist von Natur das Beherrschte und der Knecht; deshalb ist dasselbe Verhältniss für den Herrn und für den Sclaven nützlich.

Das Weibliche und das Sclavische ist nun von Natur geschieden; denn die Natur vollbringt Nichts in so dürftiger Weise, wie die Erzschmiede das Delphische Messer, sondern sie setzt für jeden Zweck ein Besonderes; denn jedes Werkzeug dürfte dann sein Werk am besten vollbringen, wenn es nicht zu vielen, sondern nur zu *einem* Werke dient. Bei den rohen Völkern hat das Weibliche dieselbe Stellung, wie der Sclave; die Ursache ist, dass diese Völker kein von Natur Herrschendes haben, sondern bei ihnen nur Sclavinnen mit Sclaven sich verbinden. Deshalb sagen die Dichter:

> „Es ist billig, dass die Griechen über die Barbaren herrschen.“,

indem das Barbarische und das Sclavische dasselbe ist.

Aus diesen beiden Gemeinschaften entsteht zuerst die häusliche Familie und *Hesiod* sagt mit Recht in seinem Gedicht:

„Zuerst ein Haus und ein Weib und einen pflügenden Stier dann";

Denn der Stier vertritt bei dem Armen den Sclaven. Die häusliche Familie ist sonach die, für das ganze tägliche Leben der Natur gemäss errichtete Gemeinschaft; *Charondas* nennt die ihr Zugehörigen Brotkorbgenossen und der Kreter *Epimenides* Troggenossen.

Die Gemeinschaft, welche sich zunächst des dauernden Nutzens wegen aus mehreren Hausgenossenschaften bildet, ist das *Dorf*. Das Dorf scheint hauptsächlich sich aus einer natürlichen Ansiedlung der Familie gebildet zu haben, und manche nennen die Mitglieder desselben Milchbrüder und Kindeskinder. Deshalb wurden die Städte mit ihren Landschaften anfänglich von Königen beherrscht, wie jetzt noch die fremden Völker; denn sie bildeten sich aus solchen, die nach Art des Königthums beherrscht worden waren, da jedes Hauswesen von dem Aeltesten in königlicher Weise beherrscht wird und eben so auch die ausgesandten Colonien, wegen der Stammesverwandtschaft. – In diesem Sinne sagt *Homer* von den Kyklopen:

„Ein jeder giebt das Gesetz für seine Kinder und Weiber."

Denn diese wohnten zerstreut, wie dies überhaupt in alter Zeit statt fand. Auch die Götter sollen deshalb nach Aller Meinung unter königlicher Herrschaft stehen, da dies bei den Menschen theils noch gegenwärtig, theils in alter Zeit der Fall gewesen ist; denn so wie die Menschen die Gestalten der Götter sich selbst ähnlich machen, so thun sie es auch mit deren Lebensweise.

Die aus mehreren Dörfern sich schliesslich bildende Gemeinschaft ist der Staat, welcher so zu sagen das Ziel des vollständigen sich selbst Genügens erreicht hat. Er ist um des Lebens willen entstanden und bleibt um des *guten* Lebens willen bestehen. Deshalb ist jeder Staat ebenso, wie die früheren Gemeinschaften, natürlichen Ursprungs; denn der Staat ist das Ziel dieser Gemeinschaften und die Natur ist im Ziele enthalten; denn von jedem Dinge sagt man, wenn sein Werden vollendet ist, dass dies dann seine Natur sei, wie z. B. vom Menschen, vom Pferde, vom Hause. Auch ist der Zweck und das Ziel das Beste und das sich selbst Genügen ist das Ziel und das Beste.

Hieraus erhellt, dass der Staat natürlichen Ursprungs ist und dass der Mensch seiner Natur nach ein staatliches Wesen ist und dass ein von Natur, und nicht blos zufällig, ausserhalb des Staates stehendes Wesen entweder schlecht ist, oder übermenschlich, wie auch Homer einen solchen schimpflich als „fremden Stammes“ und als einen „Recht- und Herdlosen“ bezeichnet. Ein solcher verlangt auch von Natur nach dem Kriege, weil er ausserhalb aller Verbindung lebt, wie es bei den Vögeln vorkommt. Deshalb ist offenbar der Mensch ein staatliches Wesen und zwar mehr, als die Bienen und die in Herden lebenden Thiere. Denn die Natur macht, wie man sagt, nichts umsonst und der Mensch allein von allen lebendigen Geschöpfen besitzt die Sprache. Die Stimme ist nur ein Zeichen der schmerzlichen und der angenehmen Gefühle; deshalb haben auch die Thiere eine solche; denn die Natur ging bei ihnen so weit, dass sie Schmerz und Lust empfinden und dies einander zu erkennen geben können; die Sprache soll aber das Nützliche und Schädliche, und auch das Gerechte und Ungerechte offenbaren. Den Thieren gegenüber besteht das Eigenthümliche des Menschen darin, dass er allein von allen einen Sinn für das Gute und Böse, für das Gerechte und Ungerechte und Aehnliches besitzt und so führt die Gemeinschaft der Menschen zur Familie und zum Staate.

Auch ist der Staat seiner Natur nach früher, als die Familie und als der einzelne Mensch, da nothwendig das Ganze seinen Theilen vorhergehen muss; denn, nimmt man das Ganze weg, so giebt es weder einen Fuss, noch eine Hand, ausser nur dem Namen nach, wenn man etwa eine steinerne Hand auch eine Hand nennen wollte; denn nach dem Tode ist sie nur eine derartige. Alles wird nun ein Bestimmtes durch seine Wirksamkeit und durch sein Vermögen; Dinge, welche daher nicht dieser Art sind, dürfen auch nicht als dieselben, sondern nur als gleichnamige bezeichnet werden.

Dass nun der Staat der Natur nach früher ist, als der Einzelne, ist klar; denn, wenn der Einzelne allein sich nicht genügt, so wird er sich ebenso, wie die anderen Glieder zu dem Ganzen verhalten. Wer aber keine Gemeinschaft eingehen kann, oder einer solchen, weil er sich selbst genug ist, nicht bedarf, ist kein Glied des Staates, vielmehr entweder ein wildes Thier, oder ein Gott. In allen Menschen besteht nun ein natürlicher Trieb zu einer solchen Gemeinschaft und der, welcher sie zuerst errichtet hat, ist der Urheber der grössten Güter gewesen. Denn, so wie der Mensch in seiner vollendeten Entwickelung das vortrefflichste der Geschöpfe ist, so ist er auch ausserhalb des Gesetzes und Rechtes das schlechteste von allen; denn die bewaffnete Ungerechtigkeit ist die schlimmste und der Mensch besitzt von Natur an seiner Klugheit und an seiner Geschicklichkeit Waffen, die am meisten für das Entgegengesetzte gebraucht werden können. Deshalb ist der Mensch ohne Tugend das ruchloseste und wildeste Wesen und in Geschlechtslust und Gefrässigkeit das ausgelassenste. Dagegen ist die Gerechtigkeit dem Staate zugehörig, denn die Rechtspflege ist die Ordnung der staatlichen Verbindung und sie entscheidet über das Gerechte.

Drittes Kapitel.

Nachdem also klar ist, aus welchen Theilen der Staat sich gebildet hat, so habe ich zunächst über die häusliche Familie zu sprechen, denn jeder Staat besteht aus solchen Familien. Die häusliche Familie hat wieder Theile, aus denen sie sich zusammensetzt. Eine solche vollständige Familie besteht aus Sclaven und Freien. Da nun jede Sache zunächst in ihren kleinsten Theilen zu untersuchen ist und die ersten und kleinsten Theile der Familie der Herr und der Sclave, der Mann und die Frau, und der Vater und die Kinder sind, so habe ich diese drei Verhältnisse zunächst zu betrachten und zu ermitteln, was sie sind und wie sie beschaffen sein sollen. Sie sind also die Verbindung zwischen Herrn und Sclaven, die Verbindung durch Heirath, (denn die Verbindung zwischen Mann und Frau hat keinen besonderen Namen) und drittens die Kinder erzeugende Verbindung; denn auch diese wird mit keinem besonderen Namen bezeichnet. Dies sollen also, wie gesagt, die drei Verbindungen sein. Es giebt nun noch einen Theil, welcher nach Einigen die Hauswirthschaft ist und nach Anderen ist sie der wichtigste Theil derselben und es ist zu untersuchen, wie sich dies verhält; ich meine die sogenannte häusliche Erwerbsthätigkeit.

Zunächst will ich jedoch über den Herrn und Sclaven sprechen, um das kennen zu lernen, was zu dem nothwendigsten Bedarf gehört, und ob in Bezug auf die Erkenntniss dieses Verhältnisses vielleicht etwas Besseres, als die bisherigen Annahmen, zu erreichen ist. Manche halten die Herrschaft über den Sclaven für eine Art Wissenschaft und es soll, wie ich im Eingange gesagt, die Herrschaft in der Familie und über den Sclaven und die Herrschaft im Verfassungsstaate und im Königreiche ein und dieselbe sein; Andere halten dagegen die Herrschaft über den Sclaven für unnatürlich, und es soll nach ihnen nur vermöge des Gesetzes Sclaven und Freie geben, während die Menschen von Natur nicht verschieden seien und deshalb sei diese Herrschaft auch keine gerechte, sondern eine gewaltsame.

Viertes Kapitel.

Da nun das Vermögen einen Theil der häuslichen Familie und die Erwerbsthätigkeit einen Theil der hauswirthschaftlichen Thätigkeit bildet (denn ohne das Nothwendige kann man weder leben, noch gut leben), so wird ebenso, wie bei den besonderen Gewerben eigne Werkzeuge vorhanden sein müssen, wenn sie ihre Arbeiten fertigen wollen, dasselbe auch für die Hauswirthschaft gelten. Von diesen Werkzeugen sind nun welche leblos, andere lebendig; so ist für den Steuermann das Steuerruder das leblose und der Untersteuermann am Vordertheil des Schiffes das lebendige Werkzeug; denn der Gehülfe ist in den Gewerben eine Art von Werkzeug. So ist also das einzelne Besitzstück ein Werkzeug zum Leben und das Vermögen eine Menge von Werkzeugen und der Sclave ein lebendiges Besitzstück und jeder Diener *ein* Werkzeug statt vieler. Denn wenn es möglich wäre, dass jedes Werkzeug auf Geheiss oder vorbewusst sein Werk vollbringen könnte, wie angeblich die Statuen des Dädalos oder die Dreifüsse des Hephästos, von denen der Dichter sagt, dass sie von selbst sich in die Versammlung der Götter begeben hätten und wenn so auch das Weberschiff von selbst webte und die Zither von selbst spielte, so bedürften weder die Künstler der Gehülfen, noch die Herren der Sclaven.

Die hier genannten Werkzeuge sind nun verfertigende Werkzeuge; das Verfertigte dient aber dem Gebrauche. So wird von dem Webestuhl neben dem Gebrauche desselben noch etwas Besonderes; dagegen besteht bei dem Kleide und dem Bette nur ein Gebrauch derselben. Da ferner das Verfertigen sich der Art nach von dem Handeln unterscheidet und da beide der Werkzeuge bedürfen, so müssen auch diese sich darnach unterscheiden. Nun ist das Leben ein Handeln und kein Verfertigen und deshalb ist der Sclave ein Diener bei dem, was zum Handeln gehört. Von dem Besitzstücke gilt nun dasselbe, wie von dem Theile; denn der Theil ist nicht blos Theil eines anderen, sondern durchaus dem anderen angehörend. Ebenso ist es mit dem Sclaven, und deshalb ist der Herr nur Herr des Sclaven, aber gehört ihm nicht; der Sclave ist aber nicht blos Sclave des Herrn, sondern durchaus ihm angehörig. Hieraus erhellt, was die Natur und das Wesen des Sclaven ist; denn das, was von Natur nicht sich, sondern einem anderen zugehört, aber ein Mensch ist, das ist von Natur ein Sclave. Ein Mensch gehört aber einem anderen, wenn er als Mensch ein Besitzstück ist und ein solches ist auch ein für sich bestehendes Werkzeug für das Handeln.

Fünftes Kapitel.

Ob nun aber Jemand von Natur ein solcher ist, oder nicht, und ob es gut und gerecht ist, Jemandes Sclave zu sein, oder nicht, vielmehr alle Sclaverei gegen die Natur geht, soll in Folgendem untersucht werden. Es ist nun nicht schwer, dies sowohl aus dem Begriffe zu entnehmen, wie aus der Erfahrung zu ersehen. Denn das Herrschen und Berherrscht-Werden gehört nicht nur zum Nothwendigen, sondern auch zum Nützlichen, und gleich bei der Geburt ist manches zum beherrscht werden und anderes zum herrschen eingerichtet worden. Auch giebt es viele Arten von Herrschern und Beherrschten und immer ist die Herrschaft besser, wo die Beherrschten besser sind, z. B. die über Menschen, im Vergleich zu der über Thiere; denn das von den Besseren gefertigte Werk ist auch das bessere und wo der eine Theil herrscht, der andere beherrscht wird, da kommt ein Werk derselben zu Stande. Ueberall, wo aus Mehrerem, sei es zusammenhängend, oder getrennt, ein Gemeinsames sich zusammensetzt und entsteht, da zeigt sich auch ein Herrschendes und ein Beherrschtes. Dies findet sich in Gemässheit der ganzen Natur auch bei den lebendigen Wesen; ja selbst bei den leblosen Dingen besteht eine Art Herrschaft nach Art einer Uebereinstimmung. Indess ist dies mehr Gegenstand einer nicht hierher gehörenden Untersuchung; aber bei den lebendigen Geschöpfen findet es sich zuerst, dass sie aus einer Seele und einem Leibe bestehen, von welchen, deren Natur nach, das eine herrscht, und das andere beherrscht wird. Man muss indess das Natürliche mehr bei den in gutem Zustand Befindlichen, als bei den Verdorbenen erforschen, und deshalb muss man auch bei den Menschen denjenigen in Betracht nehmen, welcher an Leib und Seele am besten beschaffen ist, wo das Natürliche deutlich erkennbar ist; denn bei den schlechten oder in schlechten Zuständen sich befindenden Menschen dürfte oft der Körper über die Seele herrschen, weil sie sich in einem schlechten und unnatürlichen Zustande befinden. Es besteht also, wie gesagt, an den lebenden Geschöpfen sowohl eine Herrengewalt, wie eine staatliche Gewalt; die Seele herrscht nämlich über den Körper in der Art eines Herrn; die Vernunft aber über die Begierden in der Art des Herrschers in einem Verfassungsstaate oder in der Art eines Königs, und es zeigt sich, dass die Herrschaft der Seele über den Körper naturgemäss und nützlich ist und ebenso die Herrschaft über den begehrenden Theil der Seele von Seiten der Vernunft und des denkenden Theiles der Seele, während eine Gleichstellung oder umgekehrte Stellung derselben allen Theilen schädlich sein würde. Ebenso verhält es sich mit den Menschen und den Thieren. Die zahmen sind von Natur besser, als die wilden und für alle ist es am besten, wenn der Mensch die Herrschaft über sie hat; so bleiben sie bewahrt und erhalten.

Auch das Männliche verhält sich zu dem Weiblichen von Natur, wie das Bessere zu dem Geringeren und wie das Herrschende zu dem Beherrschten und dasselbe Verhältniss muss auch für alle Menschen gelten. Wenn bei denselben einzelne so weit von einander abstehen, wie die Seele von dem Körper und wie der Mensch von dem wilden Thiere (in dieser Weise verhalten sich nämlich die, deren Werk nur in einer körperlichen Leistung besteht und wo solche Leistung das Beste an ihnen ist), so sind diese von Natur Sclaven, für die es das Beste ist, wenn sie, wie die vorher genannten Geschöpfe, in dieser Weise beherrscht werden. Denn derjenige ist von Natur ein Sclave, welcher einem Anderen gehören kann (und deshalb auch einem Anderen gehört) und welcher an der Vernunft nur so weit Antheil hat, dass er ihre Stimme vernehmen kann, ohne die Vernunft selbst zu haben; denn die Thiere vernehmen nicht einmal diese Stimme, sondern dienen ihren Begierden. Auch der Gebrauch, der von beiden gemacht wird, ist nur wenig verschieden, denn die nothwendigen Dienste für den Körper werden von beiden geleistet, sowohl von den Sclaven, wie von den zahmen Thieren. Die Natur strebt auch den Körper der Freien von dem der Sclaven verschieden zu machen; die letzteren sollen einen starken Körper für die Beschaffung des Nothwendigen haben, und die Körper der Freien sollen aufgerichtet und zu solcher Arbeit nicht geschickt, dagegen für das öffentliche Leben geeignet sein; (und auch dies theilt sich wieder je nach dem Bedarf für den Krieg, oder für die friedlichen Zustände); indess kommt auch oft das Gegentheil vor; Manche haben nur den Körper eines Freien und Andere nur die Seele eines solchen. Nun ist so viel klar, dass, wenn der Unterschied unter den Menschen in Bezug auf ihren Körper nur so gross wäre, wie er den Bildsäulen der Götter gegenüber vorhanden ist, Alle dann sagen würden, dass die geringeren werth wären, jenen als Sclaven zu dienen. Ist dies nun schon in Bezug auf den Körper richtig, so ist es noch viel gerechter, wenn man solche Unterschiede auch bei der Seele macht; indess kann man die Schönheit der Seele nicht so leicht erkennen, wie die des Körpers. Somit ist also klar, dass von Natur die Menschen theils Freie, theils Sclaven sind, für welche letztere das Sclavensein nützlich und auch gerecht ist.

Sechstes Kapitel.

Indess ist leicht einzusehen, dass auch die, welche das Gegentheil annehmen, in einer gewissen Weise Recht haben; denn die Worte Sclaverei und Sclave werden in zwiefachem Sinne gebraucht. Es giebt nämlich auch Sclaven und eine Sclaverei vermöge des Gesetzes; dies Gesetz ist jene Art von Uebereinkunft, wonach das im Kriege Erorberte den Siegern zufällt. Dieses Recht klagen nun viele der Gesetzkundigen, gleichsam wie einen Redner, welcher unzulässige Gesetzesvorschläge eingebracht hat, der Gesetzesverletzung an, weil es empörend sei, dass Jemand Sclave dessen werden solle, weil dieser von grösserer Kraft sei und ihn zu bewältigen vermocht habe, so, dass der Bewältigte nun der Beherrschte sein solle. Selbst unter weisen Männern ist ein Theil dieser Ansicht und ein anderer Theil jener Ansicht. Die Ursache dieses Streites, vermöge deren Gründe für beide Ansichten ausgetauscht werden können, liegt darin, dass die Tugend, wenn sie mit den nöthigen Mitteln ausgestattet ist, auch am meisten bewältigen kann und dass das Mächtigere immer auf einem hervorragenden Guten beruht, so, dass die Gewalt nie ohne Tugend zu sein scheint, und man also nur noch über das Gerechte sich streitet. Hier gilt nun Manchem die wohlwollende Gesinnung für das Gerechte, während Andere gerade für gerecht erklären, dass der Stärkere herrsche. Was ausser diesen Gründen sonst noch von den Streitenden dafür vorgebracht wird, dass das an Tugend Vorzüglichere nicht herrschen und nicht Herr sein solle, hat weder Beweiskraft, noch ist es leicht zu verstehen. Dagegen treten Andere dem überhaupt entgegen, indem sie hier ein besonderes Gerechte annehmen, (denn das Gesetz sei ein solches) und demnach die Sclaverei in Folge des Krieges für gerecht erklären; indess behaupten sie gleichzeitig auch das Gegentheil; denn es ist ja möglich, dass der Krieg nicht gerecht begonnen wird, und dann wird Niemand behaupten, dass derjenige Sclave sein solle, der es nicht verdient, da es ja sonst sich treffen könnte, dass Männer von der edelsten Abkunft Sclaven würden und von Sclaven abstammten, wenn sie zufällig gefangen und dann verkauft würden. Deshalb wollen auch die Vertheidiger dieser Ansicht dies nicht von den Griechen, sondern nur von den Barbaren gelten lassen. Allein, wenn sie so sprechen, so gelangen sie ebenfalls auf Sclaven, die es von Natur sind, wie ich im Anfang gesagt habe. Dann müssen sie nothwendig zugestehen, dass Manche überall Sclaven sind und Andere nirgends. Ebenso verhält es sich mit der edlen Abkunft; sich selbst halten sie nicht blos in ihrer Heimath, sondern überall für edelgeboren; die Barbaren aber nur in deren Lande, so, dass also der Eine allgemein von edler Abkunft und ein Freier ist, der Andere aber nicht allgemein, wie die Helena bei *Theodektas* sagt:

„Aus göttlichem Stamme von beiden Eltern entsprossen
Wer wollte es wagen, mich eine Sclavin zu nennen?"

Wenn also Jene dies sagen, so unterscheiden sie damit den Sclaven von dem Freien und den edel Geborenen von dem niedriger Abkunft durch nichts Anderes, als durch die Tugend und die Schlechtigkeit; sie behaupten, dass wie von dem Menschen ein Mensch und von dem Thiere ein Thier entsteht, so auch ein Guter von dem Guten werde. Indess *will* zwar die Natur dies zu Stande bringen, aber vermag es oft nicht.

Es erhellt also, dass diese gegentheiligen Ansichten eine gewisse Berechtigung haben und dass Manche von Natur Sclaven, Andere von Natur Freie sind und auch nicht sind und dass bei dem Einzelnen dies sich danach bestimmt, ob ihm die Sclaverei, oder die Herrschaft zuträglich ist und dass es auch gerecht ist und sich gehört, dass der Eine beherrscht werde, der Andere herrsche und zwar in der von der Natur bestimmten Weise, so, dass er also auch die Herrschaft über Sclaven üben kann. Wird aber die Herrschaft schlecht geführt, so gereicht es beiden zum Nachtheile; denn ein und dasselbe nützt, wenn dem Theile, auch dem Ganzen und sowohl dem Körper, wie der Seele und der Sclave ist ein Theil des Herrn, und gleichsam ein lebendiges und von dem Körper abgetrenntes Glied desselben. Deshalb ist auch eine gegenseitige Freundschaft zwischen Sclaven und Herrn für solche nützlich, die von Natur dazu bestimmt sind, während das Entgegengesetzte für die gilt, wo das Verhältniss nicht auf dieser Weise, sondern blos auf dem Gesetze und der Gewalt beruht.

Siebentes Kapitel.

Hieraus ergiebt sich auch, dass die Herrschaft über Sclaven und die Herrschaft in einem Verfassungsstaate nicht ein und dasselbe sind und dass auch nicht alle Arten der Herrschaft einander gleich sind, wie Manche behaupten. Denn die eine besteht von Natur über Freie, die andere über Sclaven und die Herrschaft im Hause ist die Herrschaft eines Einzigen (denn jedes Haus wird von Einem beherrscht) und die Herrschaft im Verfassungsstaate ist eine Herrschaft über Freie und einander Gleiche. Der Herr über die Sclaven heisst nicht so wegen seiner Kenntnisse, sondern weil er der Herr ist; ebenso der Sclave und der Freie. Doch giebt es wohl auch eine Wissenschaft für Sclaven und eine für die Herren; erstere von der Art, wie Jemand bei den Syrakusen die Sclaven unterrichtete, indem er dort die jungen Sclaven gegen Lohn in den gewöhnlichen Dienstverrichtungen unterrichtete; ja es giebt hier auch wohl noch manches darüber hinaus zu lernen, z. B. die Kochkunst und andere ähnliche Arten des Dienstes; denn die Verrichtungen sind verschieden und die eine ist anständiger, als die andere, und die eine nothwendiger, als die andere; wie das Sprüchwort sagt: „Ein Sclave vor dem anderen und ein Herr vor dem anderen." Während dies nun alles Wissenschaften für den Sclaven sind, so besteht die Wissenschaft für den Herrn in dem, wie er den Sclaven zu gebrauchen hat; denn der Herr zeigt sich nicht in dem Erwerben der Sclaven, sondern in deren Gebrauche. Solche Wissenschaft enthält indess nichts Grosses, noch Ehrwürdiges; denn was der Sclave zu verrichten verstehen muss, das muss der Herr zu befehlen verstehen. Wer also nicht selbst damit sich zu plagen braucht, der überlässt diese Ehre dem Aufseher und beschäftigt sich selbst mit den öffentlichen Angelegenheiten, oder mit den Wissenschaften. Die

Wissenschaft über den Erwerb eines Sclaven ist von jenen beiden verschieden; so ist die, welche den gerechten Erwerb behandelt, eine Art Kriegs- oder Jagd- Wissenschaft. – In dieser Weise sei nun das Verhältniss zwischen Herrn und Sclaven bestimmt.

Achtes Kapitel.

Ich werde nun in der begonnenen Weise das Vermögen im Allgemeinen und den Vermögenserwerb in Betracht nehmen, da ja auch der Sclave einen Theil des Vermögens bildet. Man kann hier zunächst im Zweifel sein, ob die Erwerbskunst mit der Hauswirthschaftskunst dieselbe ist, oder ob sie einen Theil derselben bildet, oder ob sie ihr untergeordnet ist und wenn letzteres der Fall, ob dies so geschieht, wie mit der Webstuhlmacherkunst bei der Weberkunst, oder wie mit der Erzbereitungskunst bei der Erzbildnerkunst? Denn beide sind nicht in gleicher Weise untergeordnet, sondern die eine gewährt das Werkzeug, die andere den Stoff. Unter Stoff meine ich das Unterliegende, woraus der Gegenstand gemacht wird, z. B. die Wolle für den Weber und das Erz für den Erzbildner. Offenbar ist nun die Hauswirthschaftskunst nicht dieselbe mit der Erwerbskunst. Diese hat es mit dem Erwerben, die andere mit dem Gebrauchen zu thun. Denn welche andere Wissenschaft, neben der Hauswirthschaftskunst lehrte wohl den Gebrauch der zur häuslichen Familie gehörigen Dinge? Dagegen kann man zweifeln, ob die Hauswirthschaftskunst als ein Theil zur Erwerbskunst gehört, oder ob sie der Art nach von ihr verschieden ist. Denn wenn es die Aufgabe der Erwerbskunst ist, zu sehen, woher Vermögen und Besitz zu erlangen ist, der Besitz aber und der Reichthum aus vielerlei Theilen besteht, so fragt es sich zunächst, ob der Landbau ein Theil der Erwerbskunst, oder eine andere Gattung ist und was hier überhaupt in Bezug auf die Sorge für die Nahrungsmittel und für den Besitz gelten soll?

Nun giebt es aber vielerlei Arten sich zu ernähren und deshalb auch vielerlei Lebensweisen bei den Thieren und Menschen; denn ohne Nahrung kann man nicht leben und daher haben die Unterschiede in der

Art sich zu ernähren, auch die Lebensweise der Thiere verschieden gestaltet. Von den wilden Thieren leben manche in Herden, andere vereinzelt, wie es ihnen für ihre Ernährung am vortheilhaftesten ist; denn manche leben nur von Fleisch, andere nur von Pflanzenkost und manche von beidem, so, dass die Natur ihre Lebensweise je nach der Leichtigkeit und der Auswahl dieser Nahrungsmittel geschieden hat. Auch ist von Natur nicht dasselbe jedwedem Thiere angenehm, sondern jedem etwas anderes und danach haben sich auch die Lebensweisen der Fleischfressenden von denen der Pflanzenfressenden gesondert. Aehnlich verhält es sich bei den Menschen; ihre Lebensweise ist sehr verschieden. Die Trägsten führen ein herumziehendes Leben; sie arbeiten nicht, weil die Nahrung, welche die zahmen Thiere ihnen bieten, ihnen ohne Arbeit zufällt. Da indess die Weiden für die Hausthiere gewechselt werden müssen, so müssen auch sie diesen folgen, gleich, als wenn sie einen lebendigen Landbau betrieben. Andere leben von der Jagd und zwar die Einzelnen von verschiedener Jagd, die Einen z. B. von dem Raube, Andere vom Fischfang, so weit sie an den Seen, Sümpfen, Flüssen oder am Meere wohnen; Andere von dem Fang der Vögel oder der wilden Thiere. Die grösste Klasse der Menschen lebt indess von der Erde und den erbauten Früchten.

So viel Lebensweisen giebt es ungefähr, bei welchen die Menschen ihren Unterhalt durch eine auf die Natur selbst gerichtete Thätigkeit und nicht durch Tausch oder Krämerhandel sich verschaffen; also eine umherziehende, eine ackerbauende Lebensweise, eine räuberische, eine den Fischfang und eine die Jagd betreibende Lebensweise. Auch die, welche diese Lebensweisen vermischt treiben, leben angenehm, indem sie das dürftige Leben durch das ergänzen, was ihnen zur Behaglichkeit noch fehlt. So treiben die wandernden Stämme zugleich Räuberei, die Ackerbauer zugleich die Jagd und ähnlich machen es die anderen, indem sie ihr Leben so einrichten, wie ihre Bedürfnisse sie dazu nöthigen. Eine ähnliche Art von Besitz scheint Allen von der Natur selbst gegeben zu sein, und zwar gleich bei der Geburt und ebenso den Erwachsenen. Denn gleich mit Eintritt des Lebens bringt ein Theil der Thiere so viel Nahrung mit zur Welt, wie nöthig ist, bis das neugeborene Geschöpf sich selbst Nahrung verschaffen kann, wie es bei denen, welche Würmer oder Eier legen, der Fall ist; alle aber, welche lebendige Junge gebären, haben für diese bis zu einer gewissen Zeit die Nahrung in sich selbst, nämlich den Stoff, welchen man Milch nennt, so dass hiernach an sich klar und auch für die Erwachsenen anzunehmen ist, dass die Pflanzen der Thiere wegen und die Thiere der Menschen wegen da sind, und zwar die zahmen zur Dienstleistung und Nahrung und von den wilden, wenn auch nicht alle, doch die meisten, zur Nahrung und sonstiger Hülfe, damit die Kleidung und anderes Geräthe von ihnen gemacht werden kann.

Wenn nun die Natur nichts unvollendet und nichts nutzlos macht, so muss sie nothwendig alles für die Menschen gemacht haben. Deshalb wird auch die Kriegskunst wohl eine Art Gewerbskunst sein; denn die Jagd ist ein Theil derselben, deren man sich gegen die wilden Thiere und gegen jene Menschen bedienen muss, welche zum Beherrschtwerden geboren sind, aber dem sich nicht fügen wollen, so dass ein solcher Krieg von Natur gerecht ist. Eine Art der Erwerbskunst, nämlich die natürliche, ist also ein Theil der Hauswirthschaftskunst, indem von den zum Leben nöthigen oder für die staatliche oder häusliche Gemeinschaft nützlichen Sachen ein Vorrath, so weit die Sachen sich dazu eignen, da sein oder von der Erwerbskunst beschafft werden muss. Der wahrhafte Reichthum dürfte hieraus bestehen; denn ein solcher Besitz, welcher für ein gutes Leben genügt, ist nicht grenzenlos, wie dies Solon in dem Verse „der Reichthum hat keine Grenze, die erkennbar den Menschen gesteckt ist,“ behauptet. Eine Grenze ist hier, wie bei den anderen Künsten, allerdings vorhanden, denn in keiner Kunst ist ein Werkzeug der Menge oder Grösse nach unbegrenzt und der Reichthum ist nur eine Menge von Werkzeugen für die hauswirthschaftliche und staatliche Thätigkeit.

Neuntes Kapitel.

Es ist also klar, dass es für den Hausherrn und für den Staatsmann eine natürliche Art der Erwerbskunst giebt und weshalb dies der Fall ist; indess giebt es noch eine andere Art der Erwerbskunst, die vorzugsweise und mit Recht die Bereicherungskunst genannt wird und vermöge deren der Reichthum und Besitz keine Grenzen zu haben scheint. Wegen dieser Verwandtschaft haben Viele diese letztere für die alleinige Erwerbskunst und für ein und dieselbe mit der vorgenannten gehalten. Indess ist sie zwar nicht dieselbe mit der vorgenannten, aber auch nicht weit von ihr abgelegen. Die eine ist eine natürliche Erwerbsweise, die andere aber nicht, sondern sie bildet sich mehr vermittelst einer gewissen Erfahrung und Kunst. Wir werden den Ursprung derselben auffinden, wenn wir davon ausgehen, dass es von jedem Besitz einen zwiefachen Gebrauch giebt; jeder von beiden ist an sich ein Gebrauch, aber nicht auf gleiche Art; der eine ist der Sache eigenthümlich, der andere nicht, wie man z. B. ein Paar Schuhe entweder anziehen, oder vertauschen kann. Beides ist ein Gebrauch der Schuhe; denn auch der, welcher die Schuhe an Jemanden, der sie braucht, für Geld oder für Nahrungsmittel vertauscht, gebraucht die Schuhe als Schuhe, nur nicht in der ihnen eigenthümlichen Weise; denn die Schuhe sind nicht des Tausches wegen gemacht worden. Ebenso verhält es sich mit anderen Besitzstücken. Ein Tauschhandel kann bei allen Dingen statt finden, indem er zunächst aus dem sich bildet, was der Mensch von Natur bedarf, und indem hiervon die Menschen theils mehr, theils weniger haben, als sie brauchen. Hieraus erhellt auch, dass das Krämergeschäft von Natur nicht zu der Bereicherungskunst gehört, denn man war zu dem Tausche nur in so weit genöthigt, als der eigne Bedarf es erforderte. Deshalb hat der Krämerhandel offenbar innerhalb der ursprünglichen Gemeinschaft (und dies ist die häusliche Familie) nichts zu schaffen, sondern nur da, wo die Gemeinschaft schon grösser ist. Denn die Glieder der Familie theilten einander alle dasselbe mit; aber unter Getrennten wird auch vieles Verschiedene mitgetheilt und hier wird es nothwendig, nach dem Bedürfniss das Mitzutheilende gegen einander auszutauschen, wie es noch heute bei vielen rohen Völkern geschieht. Denn hier werden die nützlichen Dinge gegen einander ausgetauscht, aber nicht weiter, als es nöthig ist, indem man z. B. Wein gegen Getreide giebt und nimmt, und ebenso jedes andere Gut. Dieser Tauschverkehr ist weder unnatürlich, noch eine Art Bereicherungskunst, sondern dient nur zur Ergänzung des Zustandes, bei dem man für seine naturgemässen Bedürfnisse hinreichend versorgt ist.

Aus diesem Tauschhandel entwickelte sich nun jener andere Handel ganz folgerichtig; denn als die durch Einführen des Bedarfs und Fortsenden des Ueberflusses gewonnene Hülfe sich nach immer ferneren Ländern ausdehnte, musste nothwendig das Geld in Gebrauch kommen, da nicht alles von den zum Nothwendigen gehörenden Dingen leicht ausführbar ist. Deshalb vereinigte man sich dahin, dass behufs des Tausches dasjenige gegenseitig gegeben oder genommen werden sollte, was an sich zu den nützlichen Dingen gehörte, aber zugleich in seinem Gebrauche für das Leben am leichtesten zu handhaben war, wie z. B. Eisen, oder Silber, oder sonst etwas der Art, was anfänglich nur nach Grösse und Gewicht gemessen wurde, aber dem man zuletzt auch ein Zeichen aufdrückte, um sich das Messen zu ersparen, wo dann das Gepräge als das Zeichen seiner Grösse galt. Nachdem so das Geld aus der Nothwendigkeit des Tausches hervorgegangen war, entstand die zweite Art der Bereicherungskunst, der Kleinhandel, der im Anfange wohl sehr einfach war, dann aber allmälig durch die Erfahrung sich künstlicher gestaltete, indem man erwog, wie das Umzutauschende und aus welchen Ländern dessen Bezug den grössten Gewinn verschaffen werde. Deshalb handelt es sich bei der Bereicherungskunst hauptsächlich um das Geld und ihre Aufgabe ist, zu ermitteln, woher das meiste Geld zu bekommen ist; sie führt deshalb zum Reichthum, zum Besitz von Geld und Viele setzen deshalb den Reichthum nur in die Menge des Geldes, weil bei der Bereicherungskunst und dem Kleinhandel es nur auf das Geld abgesehen ist.

Indess scheint auch wieder das Geld nur eine Posse und eine willkürliche Satzung für Alle zu sein, aber von Natur ohne Werth, weil, wenn die, bei denen es im Gebrauch ist, es ändern, es dann nichts mehr werth ist und zur Erlangung irgend eines Bedarfs nichts mehr nützt, so, dass der an Geld Reiche oft der nothwendigen Nahrung entbehren muss. Deshalb soll ein solcher Reichthum etwas Verkehrtes sein, da man in dessen vollem Besitze Hungers sterben könnte, wie es nach der Sage dem

Midas ergangen ist, bei dem, in Folge der Unersättlichkeit seiner Wünsche Alles, was man ihm hinsetzte, zu Gold wurde. Man hat deshalb Recht, wenn man nach einer anderen Art des Reichthums und der Bereicherungskunst sucht. Denn es giebt noch eine andere Bereicherungskunst, und einen natürlichen Reichthum und dies ist die Hauswirthschaftskunst; dagegen beschafft der Kleinhandel wohl brauchbare Dinge, aber nicht im vollen Sinne, sondern nur durch Umtausch von solchen. Denn bei ihm scheint es sich nur um das Geld zu handeln, weil das Geld der Anfang und das Ende des Tausches ist. Der aus solcher Bereicherungskunst entstehende Reichthum hat keine Grenze. Wie nun die Arzneikunst für das Gesundmachen keine Schranke kennt, und jede andere Kunst ihr Ziel ohne Schranke verfolgt (denn nur dieses Ziel will jede Kunst vor allem verwirklichen); wie dagegen die Mittel zu dem Zweck nicht schrankenlos sind (denn sie haben alle an dem Ziele ihre Grenze); so hat auch das Ziel dieser Bereicherungskunst keine Grenze und ihr Ziel ist ein solcher Reichthum an Geld und Erwerb desselben. Dagegen besteht für die Hauswirthschaftskunst, aber nicht für die Bereicherungskunst eine Grenze, denn der Gelderwerb ist nicht die Aufgabe der Hauswirthschaftskunst. Deshalb scheint in dieser Hinsicht jeder Reichthum eine Grenze zu haben; allein in der Wirklichkeit zeigt sich das Gegentheil; denn Alle, die sich bereichern wollen, vermehren ihren Geldbesitz in das Grenzenlose. Der Grund liegt in der Verwandtschaft beider Arten der Bereicherungskunst. Jede von beiden Erwerbsarten greift in einander über, da sie beide mit gleich nützlichen Gegenständen zu thun haben; ihr Erwerb ist auf dieselben nützlichen Dinge gerichtet, aber nicht zu demselben Zweck bei beiden; die eine will nur den Besitz vermehren, während die andere ein anderes Ziel hat. Deshalb glauben Manche, dass die Vermehrung des Besitzes die Aufgabe der Hauswirthschaftskunst sei, und bleiben beharrlich dabei, dass sie den Geldvorrath entweder erhalten, oder in's Unbegrenzte vermehren müsse. Der Grund für solche Meinung liegt darin, dass das Trachten der Menschen nur darauf geht, zu leben, aber nicht dahin, gut zu leben; jenes Begehren hat in sich keine Schranke und deshalb strebt man auch schrankenlos nach den Mitteln dazu. Andere, denen es auf das Gutleben ankommt, suchen nur die Mittel für die sinnlichen Genüsse, und da auch diese in dem Besitze enthalten zu sein scheinen, so geht das ganze Getreibe auf den Gelderwerb und daraus ist diese zweite Art der Bereicherungskunst hervorgegangen. Indem der Sinnengenuss in dem Uebermaasse liegt, so sucht man nach dem, was dieses Uebermaass des Genusses beschaffen kann und wenn man es nicht durch die Bereicherungskunst erlangen kann, so versucht man es auf anderen Wegen, indem man alle seine Kräfte in unnatürlicher Weise dazu verwendet. Die Mannhaftigkeit ist aber nicht dazu da, Geld zu beschaffen, sondern Muth; auch die Feldherrnkunst und die Arzneikunst hat nicht diese Aufgabe, sondern die eine soll den Sieg, die andere die Gesundheit beschaffen. Jene machen aber aus allen diesen Künsten einen Gelderwerb, als wäre dieser deren Ziel, auf welches Alles bezogen werden müsse.

Somit habe ich über diese nicht nothwendige Bereicherungskunst gesprochen und dargelegt, was sie ist und weshalb man sie betreibt; ebenso, dass die Wirthschaftskunst eine andere und natürliche Art derselben ist, welche sich mit der Ernährung beschäftigt und welche, nicht wie jene, schrankenlos ist, vielmehr eine Grenze hat.

Zehntes Kapitel.

Hiermit ist auch der im Anfang erwähnte Zweifel erledigt, ob die Bereicherungskunst zu den Geschäften des Hausverwalters und des Staatsmannes gehöre, oder nicht. Die Mittel müssen allerdings vorhanden sein; denn so wie die Staatskunst die Menschen nicht macht, sondern sie von der Natur empfängt und nur gebraucht, so muss auch die Natur die Nahrung gewähren, sei es die Erde oder das Meer, oder ein anderes; aber mit diesen Mitteln das Gehörige einzurichten, kommt dem Hausverwalter zu. Auch die Weberkunst hat die Wolle nicht zu machen, sondern nur zu gebrauchen und zu wissen, welche Wolle brauchbar und passend und welche schlecht und ungeeignet ist. Man könnte vielleicht auch im Zweifel sein, weshalb die Bereicherungskunst einen Theil der Wirthschaftskunst bilden solle, und die Heilkunst nicht, obgleich doch die Hausangehörigen ebenso nothwendig gesund sein müssen, wie leben oder sonst das Nothwendige haben.

Allein, so wie es in *einer* Art des Hausverwalters und des Herrschers Sache ist, auch auf die Gesundheit zu achten und in einer anderen Art wieder es nicht ihre, sondern des Arztes Sache ist, so ist auch die Bereicherungskunst in einer Art Sache des Hausverwalters und in einer anderen Art nicht seine, sondern Sache einer ihr dienenden Kraft. Doch muss hier das Meiste auf natürlichem Wege gewonnen werden, denn das Werk der Natur ist es, dem Geborenen die Nahrung zu gewähren und jedem Geschöpfe dient der Stoff von dem, woraus er wird, als Nahrung. Deshalb entnimmt naturgemäss die Bereicherungskunst ihren Stoff für Alle aus den Früchten und von den Thieren. Da sie aber, wie gesagt, zwiefacher Art ist, entweder Kleinhandel oder Wirthschaftskunst und diese nothwendig und lobenswerth ist, jener aber, welcher blos tauscht, mit Recht tadelnswerth; (denn er erwirbt nicht von der Natur, sondern von Anderen) so ist mit gutem Grunde das Geschäft des Wucherers verhasst, weil er von dem Geld selbst den Gewinn bezieht und nicht aus den Geschäften, wozu das Geld bestimmt ist; es ist nämlich des Tausches wegen gemacht worden, aber der Zins vermehrt es durch sich selbst. Davon hat der Zins (τοκος, Junges) auch den Namen bekommen; denn das Geborene (τικτομενα) ist seinen Eltern ähnlich und der Zins ist Geld vom Gelde. Deshalb ist dieses Geschäft von allen auf Erwerb gerichteten das unnatürlichste.

Elftes Kapitel.

Nachdem ich das zur Erkenntniss Gehörige hier hinreichend erörtert, habe ich nun das zur Ausführung Gehörende durchzugehen. Alldergleichen ist in der Theorie frei, aber in der Ausführung dem Zwange unterworfen. Die nützlichen Theile der Bereicherungskunst sind eine auf Erfahrung beruhende Kenntniss der Waaren, damit man wisse, welche am billigsten sind, und wo, und wie sie zu erlangen sind; wie z. B. der Erwerb der Pferde, der Stiere und der Schaafe und ebenso der übrigen Thiere auszuführen ist. Man muss hierin erfahren sein und wissen, welche Sachen verhältnissmässig gegeneinander am billigsten sind, und bei welcher Waare, auch in welchen Ländern dies der Fall ist; denn in jedem Lande gedeihen andere Güter am besten. Ferner muss man in der Landwirthschaft erfahren sein, sowohl was die Ackerbestellung, als die Baumzucht und die Bienenzucht anlangt; ebenso in der Zucht anderer Thiere, wie der Fische und Vögel, so weit sie Nutzen bringen. Für die eigentliche Bereicherungskunst sind dies die vornehmsten Theile; aber für die den Tausch betreffende Bereicherungskunst ist der vornehmste Theil der Handel (von dem es drei Arten giebt: den Seehandel, den Landhandel und den Krämerhandel; der Unterschied zwischen ihnen liegt darin, dass der eine schwerer, der andere gewinnbringender ist); den zweiten Theil bildet das Ausleihen von Geld auf Zinsen, und den dritten die Lohnarbeit. Zu letzterer gehören theils die verschiedenen Geschäfte des Handwerks, theils die kunstlosen Arbeiten, welche blos Körperkraft erfordern. Eine dritte Art der Bereicherungskunst steht zwischen der ersten und zweiten mitten inne, indem sie theils einen natürlichen, theils einen austauschenden Bestandtheil hat; sie bezieht sich auf die aus der Erde und deren Erträgnissen gewonnenen Erzeugnisse, die zwar keine Früchte sind, aber doch ihren Nutzen haben, wie der Holzschlag und der Bergbau auf Erze. Letzterer umfasst viele besondere Erwerbszweige, da deren in Bezug auf die aus der Erde gewonnenen Erze viele bestehen. Ueber diese werde ich hier nur im Allgemeinen mich auslassen; denn das Genauere im Einzelnen ist zwar für die Hantirung nützlich, aber die Wissenschaft kann sich nicht damit beschäftigen. Von diesen Erwerbszweigen verlangen diejenigen am meisten Fertigkeit, wo der Zufall am wenigsten Einfluss hat; dagegen sind am handwerkmässigsten die, wo der Körper am meisten geschädigt wird; am knechtischsten die, wo der Körper das Meiste thun muss und am unedelsten die, wo man der Tugend am wenigsten bedarf.

Hierüber haben schon Einige Bücher geschrieben; so *Charetis* aus Paros und *Apollodoros* aus Lemnos über die Landwirthschaft, sowohl über Ackerbau, wie über Baumzucht; und ebenso Andere über anderes; wem also daran liegt, mag es aus diesen Schriften lernen. Auch muss er die zerstreuten Nachrichten sammeln, wonach es Einzelnen geglückt ist, reich zu werden; denn dies alles ist für die, welche die Bereicherungskunst hochschätzen, von Nutzen. Ein Beispiel dafür ist das, was man von dem Milesier *Thales* erzählt. Es ist zwar eine zur Bereicherungskunst gehörende Speculation, allein man schreibt sie seiner Weisheit zu, da sie etwas Allgemeines enthält. Als man ihn nämlich wegen seiner Armuth verspottete, die Philosophie also zu Nichts nütze, so soll er, wie man sagt, vermöge der Astrologie erkannt haben, dass die Oelbäume eine reiche Ernte geben würden, obgleich es noch Winter war und er soll mit dem wenigen Gelde, was ihm zu Gebote gestanden, als Handgeld, sämmtliche Olivenpressen in Miletos und Chios für einen geringen Preis gepachtet haben, weil Niemand ihn überbot. Als nun die Erntezeit herankam und plötzlich und auf einmal viele Pressen gebraucht wurden, so vermiethete er sie so hoch, wie es ihm beliebte, sammelte viel Geld und zeigte so, dass es den Philosophen ein Leichtes sei, reich zu werden, wenn sie wollten, aber, dass Reichthum nicht das sei, um was sie sich mühten. Auf diese Weise soll Thales den Werth der Weisheit bewiesen haben. Es ist dies indess, wie gesagt, ein allgemeiner Satz der Bereicherungskunst, insofern Jemand vermag sich ein Monopol zu verschaffen. Deshalb benutzen auch manche Staaten dieses Mittel, wenn es ihnen an Gelde fehlt; sie machen dann den Weinhandel zu ihrem Monopol. So kaufte auch in Sicilien Jemand mit dem bei ihm niedergelegten Gelde alles Eisen aus den Eisenhütten und als dann die Grosshändler aus den Handelsplätzen kamen, verkaufte er allein, und obgleich er den Preis nicht viel höher stellte, so gewann er doch mit 50 Talenten an 100. Als *Dionysos* dies hörte, hiess er ihn zwar sein Geld mitnehmen, aber er durfte nicht mehr in Sicilien bleiben, weil er Erwerbswege entdeckt habe, welche des Dionysos eignen Geschäften Schaden brächten. Diese Speculation und die des Thales sind ein und dasselbe; beide wussten sich durch einen Kunstgriff ein Monopol zu verschaffen. Auch den Staatsmännern ist es nützlich, wenn sie dies verstehen; denn viele Staaten brauchen, ebenso wie die Hauswirthschaft, Geld und solche Erwerbsquellen; ja noch mehr. Deshalb besteht die Staatskunst mancher Staatsmänner nur in solchen Unternehmungen.

Zwölftes Kapitel.

Die Haushaltungskunst hat, wie erwähnt, drei Theile; der eine betrifft das Verhältniss zwischen Herrn und Sclaven, über welches ich oben gehandelt habe; der zweite befasst das väterliche Verhältniss, der dritte das eheliche; denn die Herrschaft über die Frau und die Kinder wird zwar bei beiden über Freie geführt, aber in verschiedener Weise; die Herrschaft über die Frau gleicht der in einem Verfassungsstaate und die über die Kinder der in einem Königreiche; denn das Männliche hat von Natur das Weibliche zu leiten, wenn nicht das Verhältniss sich naturwidrig gestaltet hat, und das Aeltere und Erwachsene hat das Jüngere und Unerwachsene zu führen. In den meisten Verfassungsstaaten wechselt das Herrschen und Beherrschtwerden; denn man will hier in dem Natürlichen einander gleich sein und keine Unterschiede zulassen. Gleichwohl sucht man, insoweit der Eine herrscht, der Andere beherrscht wird, einen Unterschied in der äusseren Erscheinung, in den Worten und Ehrenbezeugungen herzustellen, wie auch *Amasis* dies nach der Erzählung mit dem Fussbecken andeutete. Das Männliche verhält sich also hier zu dem Weiblichen immer in dieser Weise; dagegen ist die Herrschaft über die Kinder eine königliche; denn der Erzeuger ist sowohl vermöge der Liebe, wie des Alters der Herrschende und dies ist das Wesen der königlichen Herrschaft. Deshalb bezeichnet *Homer* den Zeus, indem er ihn den „Vater der Menschen und Götter“ nennt, treffend als den König von Allen. Denn bei dem König muss von Natur ein Unterschied bestehen, aber der Gattung nach muss auch er den Beherrschten gleich sein, wie dies mit dem Aelteren zu dem Jüngeren und mit dem Erzeuger zu dem Kinde der Fall ist.

Dreizehntes Kapitel.

Es ist also klar, dass die Thätigkeit in der Haushaltungskunst sich mehr auf die Menschen richtet, als auf den Erwerb des Leblosen, und mehr auf die Vortrefflichkeit jener, als auf die des Besitzthums, welches man den Reichthum nennt, und mehr auf die Freien, als auf die Sclaven. Zunächst könnte hier der Zweifel entstehen, ob es bei dem Sclaven neben seinen körperlichen Vorzügen und neben seiner Geschicklichkeit im Dienen noch eine ehrenwerthere Tugend giebt, wie z. B. die der Selbstbeherrschung, oder der Tapferkeit, oder Gerechtigkeit und anderer sittlichen Gemüthsrichtungen; oder ob es dergleichen bei ihm neben seinen körperlichen Dienstleistungen nicht giebt. Sowohl die Bejahung, wie die Verneinung dieser Frage hat ihre Bedenken; denn wenn sie bejaht wird, so bleibt kein Unterschied zwischen den Sclaven und Freien und wenn man sie verneint, so ist dies widersinnig, weil die Sclaven doch auch Menschen sind und an der Vernunft theil haben. Ziemlich ebenso stellt sich diese Frage in Betreff der Frau und der Kinder; auch hier fragt es sich, ob es auch Tugenden bei diesen giebt und ob die Frau Selbstbeherrschung, Tapferkeit, Gerechtigkeit besitzen müsse, und ob es ungezogene und artige Kinder gebe, oder nicht? Ueberhaupt ist dies eine allgemeine Frage in Bezug auf das von Natur Herrschende und Beherrschte, nämlich, ob die Tugend beider dieselbe oder eine verschiedene sei. Wenn beide an dem Sittlich-Schönen Theil haben, weshalb sollte da der eine ein für allemal herrschen und der andere gehorchen? Der Unterschied kann auch nicht in dem blossen Mehr oder Weniger liegen; denn das Herrschen und Gehorchen unterscheiden sich der Art nach, nicht aber durch ein Mehr oder Weniger.

Soll aber der eine Theil die Tugend haben, der andere nicht, so wäre dies wunderbar; denn wenn der Herrscher nicht mässig und gerecht sein sollte, wie könnte er da in rechter Weise herrschen? und wenn der Beherrschte es nicht sein sollte, wie könnte er da in rechter Weise gehorchen? denn wenn er zuchtlos und feige wäre, so würde er das ihm Obliegende nicht thun. Es ist also klar, dass beide nothwendig an der Tugend Theil haben müssen, dass aber diese Tugend ebenso verschieden ist, wie die von Natur Beherrschten. Dies lässt sich gleich an der Seele zeigen. In dieser besteht von Natur ein Herrschendes und ein Beherrschtes, deren Tugend verschieden ist, indem das eine Vernunft hat und das andere nicht. Offenbar verhält es sich auch bei den Anderen so und bei den meisten beruht das Herrschen und Gehorchen auf ihrer Natur. Auf eine andere Weise herrscht der Freie über den Sclaven und der Mann über die Frau, und der Erwachsene über das Kind; alle besitzen dieselben Bestandtheile der Seele, aber auf verschiedene Art. Dem Sclaven fehlt überhaupt der überlegende Theil der Seele; die Frau hat ihn zwar, aber ohne die erforderliche Macht und auch das Kind hat ihn, aber noch nicht entwickelt. Nothwendig muss sich dies ebenso auch bei den Character-Tugenden verhalten; man muss wohl annehmen, dass Alle daran Theil haben, aber nicht in derselben Weise, sondern nur so weit, wie es für jeden zu seiner Aufgabe erforderlich ist. Deshalb muss der Herrschende die Charactertugend im vollendeten Maasse besitzen (denn seine Aufgabe ist durchaus die eines Baumeisters und die Vernunft ist der Baumeister); dagegen hat jeder von den Anderen sie nur so weit, als seine Aufgabe es erfordert.

Es ist somit klar, dass die Character-Tugend ihnen Allen zugehört, aber, dass die Selbstbeherrschung bei der Frau eine andere ist, als bei dem Manne und ebenso die Tapferkeit und Gerechtigkeit, wie auch Sokrates meinte; die eine ist eine herrschende, die andere eine gehorchende Gerechtigkeit und so verhält es sich auch mit den anderen Tugenden. Dies ergiebt sich auch, wenn man die Tugenden mehr im Einzelnen betrachtet; denn die, welche nur im Allgemeinen von der Tugend sprechen, täuschen sich, wenn sie sagen, sie sei das Wohlbefinden der Seele, oder das Rechthandeln oder etwas Aehnliches; viel besser treffen es die, welche wie *Gorgias* die Tugenden einzeln aufzählen, als jene, welche sie so, wie erwähnt, definiren.

Deshalb muss so, wie der Dichter über die Frau gesprochen, es sich bei Allen verhalten; „der Schmuck des Weibes ist Schweigen“ sagt er; aber dies gilt nicht für den Mann. Ebenso ist der Knabe noch unvollendet und daher kann offenbar seine Tugend sich nicht auf ihn selbst beziehen, sondern auf den Erwachsenen und Führenden. Ebenso verhält es sich mit dem Sclaven zum Herrn. Ich habe gesagt, dass der Sclave für die nothwendigen Bedürfnisse gebraucht wird; deshalb bedarf er offenbar nur einer geringen Tugend und nur so viel davon, dass er nicht durch Zuchtlosigkeit oder Feigheit seinen Dienst versäumt. Ist dies richtig, so könnte der Zweifel entstehen, ob nicht auch die Handwerker nur der gleichen Tugend bedürfen; denn sie versäumen oft aus Zuchtlosigkeit ihre Geschäfte. Indess ist hier wohl ein grosser Unterschied; denn der Sclave ist ein Mitgenosse des Lebens; jener steht aber ferner und bedarf dergleichen Tugend nur in so weit, als er der Sclaverei näher rückt. Der gemeine Handwerker steht nämlich in einer nur beschränkten Sclaverei, der Sclave ist es aber von Natur; ein Schuhmacher oder anderer Handwerker dagegen nicht. Es ist also klar, dass für den Sclaven der Herr die Ursache zu einer solchen Tugend sein muss, aber, dass in dessen Verhältnisse als Herr nicht die Aufgabe liegt, dem Sclaven seine Dienstverrichtungen zu lehren. Deshalb haben diejenigen Unrecht, welche dem Sclaven die Vernunft absprechen und sagen, dass man ihn nur zur Ausführung des Befohlenen gebrauchen solle, vielmehr muss man die Sclaven noch mehr ermahnen, als die Knaben.

So viel möge in dieser Weise über den Herrn und Sclaven festgestellt sein; dagegen muss ich das Verhältniss zwischen Mann und Frau und zwischen Vater und Kindern bei der Untersuchung der Staatsverfassungen durchgehen und da über die Tugend sprechen, welche jedem von ihnen zukommt, sowie über ihren Verkehr unter einander und über das, was hier schön und nicht schön ist und wie man hier das Gute anzustreben und das Schlechte zu vermeiden hat. Denn die ganze häusliche Familie ist nur ein Theil des Staates und diese Dinge betreffen die Familie. Da nun die Tugend eines Theiles im Hinblick auf die Tugend des Ganzen zu bestimmen ist, so muss auch bei der Erziehung der Kinder und Frauen immer Rücksicht auf die Staatsverfassung genommen werden; denn für die Tüchtigkeit des Staates ist es von Bedeutung, dass auch die Kinder und die Frauen tüchtig seien. Dieser Unterschied in der Erziehung ist nothwendig, denn die Frauen sind die Hälfte der Freien und aus den Kindern werden die Genossen der Staatsverbindung. Nachdem ich also das Eine erörtert habe und das Uebrige an einem anderen Orte zu besprechen habe, so verlasse ich die jetzige Untersuchung als abgeschlossen und nehme nun einen anderen Anfang, indem ich zunächst in Betracht ziehen werde, was über die beste Staatsverfassung bisher gesagt worden ist.

Zweites Buch.

Erstes Kapitel.

Da ich zu untersuchen beabsichtige, welche von den Staatsgemeinschaften die beste ist, so dass bei ihr die Menschen möglichst nach Wunsch leben können, so muss ich zwar auch die Verfassungen der Staaten in Betracht nehmen, welche für die besteingerichteten gelten und ebenso die, welche von Manchen aufgestellt worden sind und gut zu sein scheinen, damit das Rechte und das Nützliche erkannt werde; indess darf auch das Aufsuchen anderer Formen ausser diesen, nicht für blosse Sophisterei gehalten werden; vielmehr habe ich, weil die jetzt vorhandenen Verfassungen nicht gut eingerichtet erscheinen, die Untersuchung auch darauf richten zu müssen geglaubt. Ich habe hier zunächst von dem auszugehen, was die natürliche Grundlage dieser Untersuchung ist. Entweder also müssen die Staatsgenossen alle an Allem Gemeinschaft haben, oder an Nichts; oder sie müssen an Manchem Theil haben und an Anderem nicht. An Nichts Theil zu nehmen, ist offenbar unmöglich; denn der Staat ist eine Art Gemeinschaft und zunächst muss also eine Gemeinschaft an dem Boden bestehen; denn der Boden ist *einer* für den Staat und die Bürger sind Genossen des *einen* Staates. Allein, soll die Gemeinschaft über alles, was möglicher Weise gemeinsam sein kann, sich erstrecken, wenn der zu bildende Staat gut eingerichtet sein soll? oder ist es besser, die Gemeinschaft nur auf Einiges zu erstrecken und auf Anderes nicht? Denn es ist ja auch möglich, dass die Gemeinsamkeit der Bürger sich auf die Frauen, Kinder und das Vermögen erstrecke, wie z. B. in der Staatsverfassung *Plato's;* denn dort sagt Socrates, dass die Kinder, die Frauen und das Vermögen gemeinschaftlich sein müssen. Ist es nun besser so, wie es jetzt sich verhält, oder so, wie es das in jener Staatsverfassung vorgeschlagene Gesetz bestimmt?

Zweites Kapitel.

Indess scheint, abgesehen davon, das die Weibergemeinschaft noch sonst viele Schwierigkeiten bietet, der Grund, weshalb nach des Socrates Erklärung ein Gesetz der Art erlassen werden solle, mit seinen Voraussetzungen nicht zu stimmen. Ferner ist das Ziel, was nach ihm für den Staat bestehen soll, so, wie er es angiebt, unmöglich und wie es näher zu bestimmen ist, hat er nicht gesagt. Ich meine nämlich jenes Ziel, wonach es das beste ist, dass der ganze Staat möglichst *einer* ist, denn Socrates geht von dieser Unterstellung aus. Allein es ist klar, dass der Staat, je mehr er vorschreitet und zu einer Einheit wird, kein Staat mehr bleiben wird. Denn er ist von Natur eine Menge von Menschen und ist er also mehr eine Einheit geworden, so wird er aus einem Staate eine Hauswirthschaft und aus der Hauswirthschaft ein einzelner Mensch werden; denn man wird eine Hauswirthschaft mehr, wie einen Staat, eine Einheit nennen und einen einzelnen Menschen mehr, als eine Hauswirthschaft. Selbst wenn es also möglich wäre, so etwas auszuführen, so dürfte es nicht geschehen, weil der Staat damit zerstört werden würde. Auch besteht der Staat nicht blos aus vielen Menschen, sondern auch aus der Art nach verschiedenen; denn aus Gleichem wird kein Staat. Die Bundesgenossenschaft ist etwas anderes, als der Staat; jene ist durch ihre Grösse nützlich, wenn sie auch keine Unterschiede der Art nach in sich hat, da sie der Hülfe wegen entstanden ist, wie ja auch ein Gewicht durch seine Vermehrung stärker ziehen wird. Dadurch dürfte sich der Staat auch von der Völkerschaft unterscheiden, wo die Volksmenge nicht nach Dörfern getrennt lebt, sondern so, wie die Arkadier. Wo aber eine Einheit entstehen soll, da müssen Art-Unterschiede vorhanden sein; deshalb erhält die Gleichheit nach den Leistungen die Staaten, wie ich bereits in der Ethik gesagt habe; denn auch unter Freien und Gleichen muss dies statt finden. Alle können nicht zugleich herrschen, sondern es muss ein Wechsel, sei es nach einem Jahre, oder nach sonst einer Ordnung oder

Zeit statt haben. Auf diese Weise wäre es möglich, dass Alle herrschen, ohngefähr so, wie wenn die Schuhmacher und Zimmerleute mit einander wechselten und nicht immer dieselben Personen Schuhmacher und Zimmerleute wären. Da indess das Letztere besser ist, so gilt dies auch für die staatliche Gemeinschaft und es ist also besser, dass immer dieselben Personen die herrschenden bleiben, wenn es möglich ist. Wenn dies aber da nicht möglich ist, wo Alle von Natur gleich sind, so ist es, mag nun das Herrschen gut oder schlecht sein, auch gerecht, dass Alle daran Theil nehmen und es ist dann bei diesen eine Einrichtung zu treffen, wonach der Reihe nach die Gleichen sich denen, die in der Herrschaft sind, unterordnen. Dann herrscht der Reihe nach der eine Theil und der andere wird beherrscht, als wenn sie verschiedene geworden wären. In gleicher Weise verwaltet von den mehreren Herrschenden jeder ein anderes Amt.

Hieraus erhellt, dass der Staat nicht von Natur so zur Einheit, wie Einige meinen, bestimmt ist, vielmehr würde das, was damit als das höchste Gut für die Staaten bezeichnet wird, zu deren Verderb werden, während doch das, was für ein Ding gut ist, dasselbe auch erhalten muss. Auch erhellt noch in anderer Weise, dass das Streben nach möglichster Einheit für den Staat nicht das bessere ist. Schon die Familie ist mehr sich selbst genug, als der Einzelne und der Staat mehr, als die Familie und ein Staat will erst dann als ein solcher gelten, wenn die Gemeinschaft der Vielen dahin führt, dass er sich selbst genug ist. Wenn nun das, was sich selbst mehr genug ist, das wünschenswerthere ist, so ist auch das weniger Einssein besser, als das mehr Einssein.

Drittes Kapitel.

Allein, wenn es auch das Beste sein sollte, dass die Gemeinschaft möglichst *eine* sei, so dürfte dies doch nicht folgerecht dadurch bewiesen sein, dass Alle zugleich „Mein“ oder „Nicht-Mein“ sagen; dies soll nämlich nach *Socrates* als Zeichen gelten, dass der Staat die vollkommenste Einheit erreicht habe. Das „Alle“ hat nämlich einen zwiefachen Sinn; soll es das „ein Jeder“ bedeuten, so wäre ja das schon vorhanden, was Socrates erreichen will; denn Jeder wird seinen Sohn und sein Weib so nennen, und ebenso wird er sich in Bezug auf sein Vermögen und das, was ihm begegnet, ausdrücken. Allein so werden diejenigen nicht sprechen, welche die Weiber und Kinder gemeinschaftlich haben, sondern nur *Alle* zusammen können so von ihnen sprechen, aber nicht jeder Einzelne. Ebenso gehört das Vermögen *Allen*, aber nicht Einzelnen von ihnen. Wenn man also hier das Wort: Alle gebraucht, so ist es offenbar ein Trugschluss; denn die Worte: Alle, Beide, Ungerade und Gerade dienen auch in der Lehre von den Trugschlüssen zu Schlussformen. Wenn also Alle etwas „Mein" nennen, so ist dies in dem einen Sinne zwar schön, aber unmöglich; in dem anderen Sinne bezeichnet es aber keine Einmüthigkeit.

Ausserdem hat aber dieser Ausspruch noch einen anderen Fehler; denn für das, was Vielen gehört, wird am wenigsten gesorgt, vielmehr denkt Jeder mehr auf das Eigne und weniger auf das Gemeinsame, so weit es nicht die Einzelnen berührt; denn abgesehen von anderen Gründen, nimmt er hier die Sache leichter, weil ein Anderer schon dafür sorgen werde. So ist auch bei den häuslichen Verrichtungen die Bedienung durch viele Diener manchmal schlechter, als die von wenigen. Jedem Bürger werden hier an tausend Söhne geboren, aber diese nicht dem Einzelnen, sondern jeder Beliebige ist jedes Beliebigen in gleicher Weise Sohn, so, dass daher Alle sie gleichmässig gering achten. Ferner sagt so jeder zu jedem anderen Bürger, mag dieser sich wohl oder schlecht befinden, „meiner", der wie vielste der Zahl nach er auch sein mag; er wird also in dieser Weise zu jedem der Tausend, oder wie viel sonst der Staat befasst, sagen: Er ist „meiner", oder „er gehört dem und dem" und er wird dabei immer im Zweifel sein; denn es ist nicht auszumachen, wem das Kind geboren worden und für wen es nach seiner Geburt am Leben geblieben ist. Ist es nun besser, dass Jeder das Mein so gebraucht, und dass an zwölf Tausend damit dasselbe Kind meinen, oder ist es nicht besser, das Mein so, wie jetzt in den Staaten es geschieht, zu gebrauchen? Hier nennt der eine das Kind seinen Sohn und der andere seinen Bruder; ein dritter nennt es seinen Vetter oder nach einer anderen Verwandtschaft, sei es die des

Blutes oder der Hausgenossenschaft und Schwägerschaft mit ihm oder mit einem der Seinigen und über diese hinaus nennt er es seinen Stamm- oder Zunftgenossen; denn es ist besser, ein wirklicher Vetter zu sein, als auf jene Weise ein Sohn. Ueberdem wird es dort doch nicht zu umgehen sein, dass gewisse Personen von Manchen als ihre Brüder, oder Kinder, oder als ihr Vater, oder ihre Mutter angesehen werden; denn sie müssen dies nach der Aehnlichkeit, welche zwischen Kindern und Eltern, in Bezug auf einander besteht, annehmen. So soll es nach Einigen, welche über Reisen in ferne Länder geschrieben haben, auch wirklich vorkommen; die Gemeinschaft der Weiber soll bei einzelnen Völkern in Libyen bestehen, aber die Kinder sollen da nach der Aehnlichkeit vertheilt werden. Es giebt ja auch unter den Thieren weibliche, die Stuten und Kühe, die von Natur so beschaffen sind, dass sie Junge gebären, welche den Eltern sehr ähnlich sind, wie die Stute Dikaea in Pharsalos.

Viertes Kapitel.

Ferner wäre es für die, welche eine solche Gemeinschaft einführen wollten, nicht leicht, solchen Uebelständen vorzubeugen, wie Misshandlungen, fahrlässigen und absichtlichen Tödtungen, Schlägereien und Beschimpfungen, welche gegen Väter, Mütter und nahe Verwandte keineswegs ein so leichtes Vergehen sind, wie gegen Fremde; und es muss sogar nothwendig unter Personen, die sich als solche Verwandte nicht kennen, dergleichen häufiger vorkommen, als wenn sie sich kennen. Auch ist es möglich, dass da, wo dergleichen unter Personen geschieht, die sich als Verwandte kennen, die gebräuchliche Sühne geschehen kann, aber dort ist dies nicht möglich. Auch ist es widersinnig, die Kinder als gemeinsam gelten zu lassen oder den sich *Liebenden* blos den Beischlaf zu verbieten, aber nicht die Liebe selbst und die sonstigen Vertraulichkeiten, obgleich solche zwischen Vater und Sohn oder zwischen Brüdern das Allerungeziemendste sind; ja schon das Lieben ist hier unziemlich. Auch ist es verkehrt, den Beischlaf aus keiner anderen Ursache zu verbieten, als weil die Lust zu heftig werde, und dabei es als gleichgültig anzusehen, ob Vater und Kind oder die Geschwister denselben mit einander vollziehen.

Auch dürfte die Weiber- und Kinder-Gemeinschaft eher für die Landbauer, als wie für die Wächter nützlich sein; denn wenn die Weiber und Kinder gemeinschaftlich sind, so ist die Liebe zu denselben schwächer und dies muss eher bei den Beherrschten so sein, damit sie besser gehorchen und nicht auf Neuerungen denken.

Ueberhaupt muss durch ein solches Gesetz gerade das Gegentheil von dem entstehen, was durch richtige Gesetze erreicht werden soll und weshalb Socrates meint, Anordnungen für die Weiber und Kinder in dieser Weise treffen zu müssen. Denn die gegenseitige liebevolle Gesinnung der Bürger halte ich für den Staat für das grösste der Güter (denn dann werden am wenigsten Aufstände eintreten) und auch Socrates lobt die Einheit des Staates am meisten, und diese ist, wie auch er anerkennt, das Werk einer liebevollen Gesinnung. Wir wissen ja, dass Aristophanes in dem Gespräch über die Liebe sagt, wie die Liebenden wegen der Heftigkeit ihrer Liebe verlangen, mit einander sich zu vereinigen und aus ihnen beiden, als zweien, zu *Einem* zu werden. Da müssen nun beide, oder einer zu Grunde gehen; dagegen muss in Plato's Staate diese liebevolle Gesinnung in Folge solcher Gemeinschaft wässrig werden und hier wird der Sohn am seltensten sagen „mein Vater“, oder der Vater: „mein Sohn“. So wie, wenn man nur wenig Süsses mit Wasser mischt, die Mischung unschmackhaft wird, so muss auch in einem Staate mit solcher Verfassung von den mit diesen Namen bezeichneten Gesinnungen am wenigsten zu bemerken sein, sei es von der des Vaters zu seinen Kindern, oder des Sohnes zum Vater, oder der Brüder zu einander. Denn Zweierlei treibt die Menschen hauptsächlich zur Sorgfalt und Liebe für einander, das Eigene und das Geliebte, und beides kann sich unter Bürgern eines solchen Staates nicht finden. Auch bei der Versetzung der neugeborenen Kinder der Landbauer und Handwerker in die Classe der Wächter und der Kinder dieser in die Classen jener, muss die Ausführung dieser Vorschrift grosse Verwirrung anstiften; die, welche die Kinder bringen und umtauschen, müssen nothwendig erfahren, welche Kinder und wem sie sie geben. Endlich müssen die schon früher genannten Uebel hier noch stärker sich einstellen, wie Misshandlungen, Unzucht und

Mord; denn die zu den anderen Bürgern gegebenen Kinder werden die Wächter nicht mehr Brüder, Kinder und Vater und Mutter nennen und umgekehrt die bei den Wächtern nicht mehr die anderen Bürger so, während sie sich vor solchen Unthaten, wenn sie die Verwandtschaft kennten, hüten könnten.

Fünftes Kapitel.

So viel mag über die Gemeinschaft der Weiber und Kinder gesagt sein. Hieran schliesst sich die Untersuchung über die Besitzverhältnisse und über die Art und Weise, in welcher diese von denen eingerichtet werden sollen, welche in der besten Staatsverfassung leben wollen, und ob das Vermögen gemeinsam oder nicht gemeinsam sein solle. Man könnte dies auch getrennt von dem, was über die Kinder und Weiber gesetzlich bestimmt worden ist, in Betracht ziehen; ich meine die Frage über den Besitz; ob nämlich, wenn auch jene nicht gemeinsam sind, sondern es sich mit ihnen so wie jetzt in allen Staaten verhält, ob es dann doch besser ist, den Erwerb und die Nutzung gemeinschaftlich zu machen, so dass zwar die Grundstücke im Einzelbesitz sich befinden, aber die Früchte gemeinschaftlich gesammelt und verzehrt werden (wie bei einigen Völkern geschieht), oder ob umgekehrt der Grund und Boden gemeinsam sein soll, aber die Früchte unter die Einzelnen zum Verbrauch getheilt werden sollen; (denn auch in dieser Weise soll die Gemeinschaft bei einigen rohen Völkern bestehen) oder ob sowohl der Grund und Boden wie die Früchte gemeinsam sein sollen. Wenn nun die Landbauer Leibeigene wären, so wäre dies eine andere und leichtere Sache; wenn sie aber für sich arbeiten, so werden diese Fragen über den Besitz mehr Schwierigkeiten haben; denn wenn nicht zwischen den Genüssen und den Arbeiten die Gleichheit eingehalten wird, so werden nothwendig Vorwürfe gegen die, welche viel geniessen, oder viel sich nehmen, aber wenig thun, von denen erhoben werden, welche sich wenig nehmen, aber viel arbeiten. Ueberhaupt ist das Zusammenleben und eine Gemeinschaft in allen menschlichen Dingen schwer, besonders aber in solchen Dingen. Dies zeigen schon die Reisegesellschaften; beinahe die meisten entzweien sich über das, was ihnen in den Weg kommt und werden wegen Kleinigkeiten einander feind. Man ärgert sich ja am meisten über diejenigen der Diener, welche man am meisten zu den alltäglichen Dienstleistungen benutzt.

Die Gemeinschaft der Güter hat auch noch andere Schwierigkeiten; dagegen wird die jetzige Weise des Besitzes und Erwerbes, die überdem noch durch die Sitte und die Bestimmungen guter Gesetze geordnet ist, erheblich besser sein und sie wird das Gute von beiden haben, womit ich unter den beiden den gemeinschaftlichen Güterbesitz und den Privatbesitz verstehe. In gewisser Weise müssen nämlich die Güter gemeinsam sein, in allem Uebrigen aber den Einzelnen zu Eigen gehören. Denn wenn die Arbeit getrennt erfolgt, so giebt es keine gegenseitigen Vorwürfe und sie wird mehr einbringen, weil da Jeder seinem Eignen vorsteht. Aus der Tugend wird aber folgen, dass er das Erworbene nach dem Sprüchwort: „Unter Freunden ist Alles gemeinsam“, gebrauchen wird. Schon jetzt ist in einzelnen Staaten diese Einrichtung vorgeschrieben, sie ist also ausführbar und besteht entweder schon, und zwar hauptsächlich in wohleingerichteten Staaten, oder sie kann doch eingerichtet werden. Ein Jeder hat da seinen Eigenbesitz, aber den Gebrauch gewährt er den Freunden und manches wird auch gemeinsam benutzt. So benutzt in Lakedämon ein Jeder die Sclaven des anderen, wie seine eignen, und dasselbe geschieht mit den Pferden und Hunden und mit den Feldfrüchten an Ort und Stelle, wenn man deren auf der Reise bedarf. Offenbar ist es also besser, wenn die Besitzthümer im Einzelbesitz sind, aber durch die Benutzung gemeinsam werden. Wie nun die Bürger dahin zu bringen sind, das ist die eigenthümliche Aufgabe des Gesetzgebers. Auch enthält das Bewusstsein, etwas zu eigen zu besitzen, eine eigenthümliche unsagbare Lust, denn nicht umsonst hat ein jeder Liebe zu sich selbst; sie ist etwas Natürliches und nur die Selbstsucht wird mit Recht getadelt. Diese hat nicht jene Liebe zu sich, sondern sie hat solche mehr, als sich gehört; es ist wie mit der Geldliebe, obgleich doch, so zu sagen, Alle das Einzelne, was sie besitzen, lieben. Auch ist es eine grosse Freude, den Freunden und Gastfreunden und Kameraden gefällig und hülfreich sein zu können, was nur möglich ist, wenn man einen eignen Besitz hat. Dies erreichen aber die nicht, welche den Staat zu sehr zu *einem* machen und ausserdem vernichten sie offenbar die Uebung zweier Tugenden; die der Selbstbeherrschung in Bezug auf die Frauen (denn es ist eine gute That, wenn man sich aus Selbstbeherrschung des Weibes eines Anderen enthält) und der Freigebigkeit in Bezug auf das Vermögen; denn eine freigebige Gesinnung kann dann nicht offenbar werden und es kann keine freigebige That geschehen, da nur in der Verwendung des eignen Vermögens die Aufgabe der Freigebigkeit enthalten ist.

Einnehmend und menschenfreundlich möchte allerdings eine solche Gesetzgebung erscheinen; wer es hört, wird sie gern annehmen und meinen, es werde damit eine wunderbare Freundschaft Aller zu Allen entstehen; insbesondere, wenn man die jetzt in den Staaten bestehenden Uebel dem schuld giebt, dass der Besitz nicht ein gemeinsamer sei; ich meine die Processe über Verträge und die Untersuchungen wegen falschen Zeugnisses und die Schmeichelei gegen Reiche. Allein daran ist nicht das Fehlen der Gütergemeinschaft, sondern die Schlechtigkeit die Ursache; denn bei denen, wo der Erwerb und der Besitz gemeinschaftlich ist, sieht man viel mehr Streitigkeiten, als bei denen, wo jeder sein eignes Vermögen hat. Nur im Vergleich zu der grossen Zahl derer, welche ihr Vermögen eigenthümlich erworben haben, erscheint die Zahl der sich Streitenden bei den, in der Gütergemeinschaft Lebenden gering. Auch erfordert es die Gerechtigkeit, nicht blos die vielen Uebel herzuzählen, von denen die in der Gütergemeinschaft Lebenden befreit werden, sondern auch die Wohlthaten, deren sie beraubt werden.

Ein solches Leben erscheint also durchaus unmöglich. Der Grund für den Irrthum des Socrates liegt in seiner falschen Voraussetzung. Allerdings muss die Familie und der Staat eine gewisse Einheit sein, aber nicht durchaus. Denn der Staat ist dann so beschaffen, dass er im Fortgange kein Staat mehr sein wird; oder er wird zwar einer bleiben, aber hart an der Grenze, wo er kein Staat mehr ist, wird er ein schlechter Staat sein; ebenso, als wenn Jemand die Zusammenstimmung zur

Einstimmigkeit machte, oder den Rhythmus zu dem einfachen Tacttheil. Vielmehr muss der Staat, da er eine Menge ist, wie ich früher gesagt habe, durch die gemeinsame Erziehung zu *einem* gemacht werden und wer die Erziehung einführen will und dafür hält, dass dadurch der Staat tüchtig werde, wird es für verkehrt halten, auf jene Weise ihn einrichten zu wollen und nicht durch die Sitte, die Wissenschaften und die Gesetze, wie in Lakedämon und Kreta die Gesetzgeber durch die gemeinsamen Mahle den Grundbesitz gemeinsam gemacht haben.

Auch darf man nicht übersehen, hier den langen Zeitablauf und die vielen verflossenen Jahre zu berücksichtigen; denn in so langer Zeit würde es nicht verborgen geblieben sein, wenn eine solche Einrichtung sich bewährt hätte; denn beinahe Alles ist schon ausgesonnen worden, aber manches davon ist noch nicht eingerichtet und manches wird absichtlich nicht benutzt. Und doch würde die Sache am klarsten werden, wenn man eine solche Verfassung wirklich eingerichtet sehen könnte; denn wer dies ausführen wollte, würde nicht anders können, als den Staat in Theile und Besonderungen zu trennen, theils in Tischgenossenschaften, theils in Zünfte und Stämme, so dass zuletzt nichts Anderes bei dieser Gesetzgebung sich herausstellen würde, als dass die Wächter keinen Ackerbau trieben, was ja auch die Lakedämonier jetzt einrichten wollen. Auch hat Socrates nicht einmal angegeben und es ist auch nicht leicht zu sagen, wie bei dieser Gemeinschaft die Form der *ganzen* Staatsverfassung sein solle, obgleich doch die Volksmenge in seinem Staate sich aus der Masse der übrigen Bürger bildet, über welche nicht bestimmt ist, ob auch bei den Landbauern die Güter gemeinsam, oder im Einzelbesitz sein sollen und ob die Weiber und Kinder auch bei ihnen gemeinsam sein sollen oder nicht. Denn wenn die Gemeinschaft bei Allen auf dieselbe Weise bestehen soll, wo bleibt da der Unterschied derselben von den Wächtern? und welchen Vortheil haben die, welche solcher Herrschaft sich fügen? was soll ihnen gelehrt werden, damit sie solche Herrschaft ertragen, wenn nicht etwas Aehnliches, wie bei den Kretern ausgeklügelt wird? In Kreta gestattete man nämlich den Sclaven alles Andere, nur der Besuch der Turnplätze und der Besitz von Waffen war ihnen untersagt.

Wenn dagegen bei den übrigen Bürgern des Platonischen Staates die Einrichtungen, gleicher Art, wie in den anderen Staaten sein sollen, welche Art von Gemeinschaft soll da herauskommen ? Nothwendig werden dann in *einem* Staate zwei Staaten bestehen und diese werden einander entgegen treten; denn Socrates macht die Wächter gleichsam zur Besatzung und die Ackerbauer und die Handwerker und die Anderen zu Bürgern. Streitigkeiten, Processe und alle Uebel, welche man in den anderen Staaten aufzählt, werden dann alle auch bei jenen sich einfinden.

Dennoch sagt Socrates, dass seine Bürger in Folge der Erziehung keiner vielen Gesetze bedürfen würden, weder für die städtischen, noch für die Marktverhältnisse, noch für anderes dergleichen, und doch giebt er nur Bestimmungen über die Erziehung der Wächter. Ferner macht er die Landbauer gegen eine Abgabe zu Eigenthümern ihrer Ländereien; aber es ist sehr wahrscheinlich, dass sie schlecht sein werden und mehr voll böser Anschläge, als die in einigen Staaten vorhandenen Heloten, Penesten und Sclaven. Ob dergleichen Einrichtungen hier auch nöthig sein sollen, oder nicht, darüber ist nichts bestimmt und eben so wenig, wie die Verfassung und Erziehung und die Gesetze bei dieser Klasse sein sollen; und doch ist das Auffinden dieser Bestimmungen nicht leicht, noch die Stellung und der Zustand dieser Klasse unerheblich für die Erhaltung der Gemeinschaft unter den Wächtern. Selbst wenn Socrates die Gemeinschaft der Weiber auch bei diesen einführt, aber die Güter im Einzelbesitz lässt, wer soll da die Hauswirthschaft so führen, wie die Männer dann das Feld besorgen? Diese Schwierigkeit bleibt selbst dann, wenn die Besitzthümer der Landbauern ebenso wie ihre Weiber, gemeinsam sein sollen. Es ist auch verkehrt, hier einen Vergleich mit den Thieren aufzustellen und zu sagen, dass die Weiber dasselbe, wie die Männer besorgen sollen; denn bei den Thieren besteht kein Hauswesen. Unsicher verhält es sich auch mit den Herrschern nach dem, was Socrates für sie anordnet; denn er lässt immer dieselben Personen Herrscher bleiben; dies giebt aber selbst für die, welche keine ausgezeichnete Stellung einnehmen, den Anlass zu Aufständen; wie viel mehr bei muthigen und kriegerischen Männern. Was den Socrates genöthigt hat immer dieselben Personen zu Herrschern zu machen, ist klar; nämlich, weil das Gold der Gottheit nicht bald in die Seelen von diesen, und bald in die Seelen von jenen gemischt sei, sondern immer nur in die Seelen von denselben. Er sagt, dass gleich bei der Geburt dem Einen Gold, dem Anderen Silber, denen aber, die Handwerker und Landbauer werden, Erz und Eisen beigemischt werde.

Auch nimmt Socrates den Wächtern die Glückseligkeit, und doch sagt er, dass der Gesetzgeber den ganzen Staat glücklich machen solle; der ganze Staat kann aber nicht glücklich sein, wenn nicht die Mehrzahl glückselig ist, oder wenn nicht alle Theile, sondern nur einzelne die Glückseligkeit besitzen. Denn mit der Glückseligkeit verhält es sich nicht, wie mit der geraden Zahl; diese kann wohl in dem Ganzen enthalten sein und doch in keinem Theile desselben; bei dem Glückseligsein ist dies aber unmöglich. Sind nun die Wächter nicht glücklich, wer ist es dann? Doch gewiss nicht die Handwerker und die Masse der niedrigeren Arbeiter!

Diese Bedenken und noch andere nicht geringere zeigen sich bei der Verfassung, die Socrates aufgestellt hat.

Sechstes Kapitel.

Beinahe ebenso verhält es sich mit den später geschriebenen „Gesetzen"; deshalb ist es gut, auch die in diesen gegebene Verfassung ein wenig zu betrachten; denn in der Schrift über den Staat hat Socrates nur Weniges genau bestimmt und nur gesagt, wie es mit der Gemeinschaft der Weiber und Kinder gehalten werden soll, sowie mit dem Besitz und mit der Einrichtung der Verfassung. Er theilt da die Masse der Bewohner in zwei Klassen; die eine bilden die Landbauer, die andere die Krieger; eine dritte aus diesen ist der Rath, der Herr des Staates. Dagegen hat Socrates nichts darüber festgesetzt, ob die Landbauer und Handwerker an der Herrschaft gar keinen Antheil, oder ob sie Waffen besitzen und an dem Kriege mit theilnehmen sollen; vielmehr sollen nach seiner Meinung die Weiber mit in den Krieg ziehen und diese ebenso unterrichtet und erzogen werden, wie die Wächter; im Uebrigen hat er die Schrift mit Nebendingen ausgefüllt und mit Vorschriften, wie die Erziehung der

Wächter geschehen solle. In der Schrift „Die Gesetze“, besteht nun zwar der grösste Theil aus Gesetzen; indess hat er auch Einiges über die Verfassung gesagt. Obgleich er diese den bestehenden Verfassungen der Staaten mehr annähern wollte, so führt er sie doch bald wieder auf die Verfassung in seinem „Staate“ zurück; denn mit Ausnahme der Weiber- und Güter-Gemeinschaft trifft er für beide Verfassungen dieselben Bestimmungen; auch die Erziehung ist dieselbe und ebenso jene Lebenseinrichtung, die sich aller Thätigkeit für den nothwendigen Lebensbedarf enthalten soll. Dies gilt auch für die Bestimmung über die gemeinsamen Mahlzeiten, nur dass er in der letzteren Schrift sagt, dass auch die Weiber ihre Mahle gemeinsam halten sollen und dass er in der Schrift über den Staat die Zahl der Waffentragenden auf Tausend und hier auf fünf Tausend festsetzt.

Alle Reden des Socrates haben nun zwar etwas Ueberschwängliches, Zierliches, Eigenthümliches und Durchdachtes, allein schwerlich dürften sie alle richtig sein; denn auch bei der hier angegebenen Zahl darf man nicht übersehen, dass für so Viele ein Land nöthig sein dürfte, so unbegrenzt, wie das Babylonische oder ein anderes, damit die trägen Fünftausend davon ernährt werden könnten und ausserdem der noch viel grössere Haufen von Weibern und Dienern derselben. Man darf allerdings Voraussetzungen nach Belieben machen, aber nur nichts Unmögliches. Weiter sagt er, dass der Gesetzgeber im Hinblick auf zweierlei seine Gesetze geben solle; im Hinblick auf das Land und im Hinblick auf die Menschen; man darf *aber* wohl mit Recht auch dazusetzen, dass er auch auf die benachbarten Länder zu blicken habe, wenn der Staat ein staatliches Leben führen solle. Denn der Staat muss für den Krieg nicht blos solcher Waffen sich bedienen, welche für das eigne Land passen, sondern auch solcher, die für auswärtige Länder brauchbar sind. Wenn man aber ein solches Kriegsleben weder für den Einzelnen, noch für den Staat im Allgemeinen zulassen will, so müssen doch trotzdem die Bürger für die Feinde nicht blos dann furchtbar sein, wenn diese in das Land einbrechen, sondern auch, wenn sie abziehen.

Auch bei dem Maasse des Besitzes fragt es sich, ob es nicht durch eine genauere Bestimmung besser zu ordnen wäre; denn wenn man sagt, der Besitz soll so gross sein, dass man *mässig* davon leben könne, so ist das ebenso unbestimmt, als wenn Jemand sagte: so gross, wie zum *guten* Leben nöthig ist. Es ist dies zu allgemein; man kann auch mässig und doch elend leben. Eine bessere Abgrenzung wäre das sparsame und das freigebige Leben (denn jedes für sich genommen, kann das eine die Folge von dem weichlichen Leben und das andere die Folge von dem mühseligen Leben sein), da diese Bestimmungen die einzigen entsprechenden Tugenden in Bezug auf den Gebrauch des Vermögens bezeichnen; denn sein Vermögen sanft oder tapfer zu gebrauchen, geht nicht, wohl aber kann es sparsam und freigebig benutzt werden, da dann auch der wirkliche Gebrauch desselben von gleicher Art sein wird. Es ist auch verkehrt, wenn der, welcher die Besitzthümer gleich macht, über die Menge der Bürger keine Einrichtungen trifft, sondern das Kindererzeugen der Willkür überlässt, indem er meint, dass die Volksmenge durch die Kinderlosigkeiten sich genügend in derselben Grösse erhalten werde, wie dies ja schon gegenwärtig in den Staaten statt zu finden scheine. Indess kann sich dies in dem Staate des Socrates und in den jetzt vorhandenen Staaten nicht genau gleich verhalten; denn in letzteren leidet Niemand Mangel, weil die Vermögen sich ja nach der Zahl der Volksmenge zertheilen; dort sind aber die Besitzthümer untheilbar; und deshalb müssen die überzähligen Bürger nothwendig leer ausgehen, mag die Volksmenge klein oder gross sein. Man möchte annehmen, dass eher für die Kindererzeugung, als für die Besitzthümer eine Schranke eingerichtet werden müsste, damit sie nicht über eine gewisse Zahl hinaus wachse. Diese Zahl müsste festgestellt werden im Hinblick auf die Zufälligkeiten, dass manche von den Kindern sterben und dass manche Ehen kinderlos bleiben. Wird aber hierüber nichts bestimmt, wie dies in den meisten gegenwärtigen Staaten der Fall ist, so muss dies in des Socrates Staate zur Armuth der Bürger führen, und die Armuth treibt zu Aufständen und bösen Thaten. So meinte der Korinther *Pheidon*, einer der ältesten Gesetzgeber, dass die Zahl der Hauswirthschaften und die Menge der Bürger die gleiche bleiben müsse, wenn auch anfänglich Alle ein der

Grösse nach ungleiches Besitzthum hätten; in den „Gesetzen“ ist es aber umgekehrt. Indess werde ich später sagen, wie ich meine, dass dies besser eingerichtet werden kann. In den „Gesetzen“ ist auch im Betreff der Herrscher nichts bestimmt, wie sie sich von dem Beherrschten unterscheiden sollen; es heisst da nur: „so, wie der Aufzug aus anderer Wolle gemacht sei, als der Einschlag, so sollen die Herrscher sich zu den Beherrschten verhalten.“ Wenn ferner gestattet wird, dass das geringe Vermögen sich bis zu dem Fünffachen vermehren dürfe, weshalb soll da dies nicht auch bei dem Grund und Boden bis zu einem gewissen Maasse statt finden? Auch muss man auf die Vertheilung der Feuerstellen Obacht haben, damit hier für die Hauswirthschaft kein Schaden entstehe; hier erhält Jeder zwei getrennte Feuerstellen, allein es ist schwer, zwei Häuser zu bewohnen.

Die ganze Staatseinrichtung in den „Gesetzen“ will weder eine Demokratie, noch eine Oligarchie sein, sondern ein Mittelding zwischen beiden, was man meist Freistaat nennt; denn er besteht aus den Schwerbewaffneten. Wenn Socrates nun diese Verfassung als eine solche einrichtet, welche mehr, wie alle andere den Staaten gemeinsam sein kann, so hat er vielleicht Recht; soll sie aber die beste nach jener zuerst aufgestellten Verfassung sein, so hat er Unrecht; denn man dürfte leicht die Lakonische mehr loben, oder auch sonst eine andere, die mehr aristokratisch ist. Manche meinen, dass die beste Staatsverfassung diejenige sei, welche aus allen Verfassungen gemischt sei und deshalb loben sie auch die Lakonische; denn sie soll, wie sie sagen, aus der Oligarchie, der Monarchie und der Demokratie bestehen, indem das dortige Königthum eine Monarchie, der Rath der Alten eine Oligarchie sei und die Demokratie in dem Amte der Ephoren enthalten sei, weil die Ephoren aus dem Volke genommen würden. Andere erklären aber die Ephorie für eine Tyrannis und das Demokratische soll nach ihnen in den gemeinsamen Mahlzeiten und dem sonstigen täglichen Leben enthalten sein. In den „Gesetzen“ hier heisst es aber, dass die beste Verfassung aus der Demokratie und der Tyrannis gebildet werden müsse, obgleich wohl Niemand diese überhaupt als Verfassungen wird gelten lassen, oder höchstens nur als die schlechtesten von allen. Besser machen es also die, welche mehrere Verfassungen zusammen mischen; denn eine Verfassung, die aus mehreren zusammengesetzt ist, ist besser.

Die Verfassung in den „Gesetzen“ zeigt ferner gar nichts von einem Alleinherrscher, sondern nur Oligarchisches und Demokratisches. Indess will sie sich mehr zur Oligarchie neigen, wie aus der Aufstellung der Staatsämter erhellt. Denn dass die Beamten aus gewählten Bürgern durch das Loos bestimmt werden, ist beiden Verfassungen gemeinsam; aber, dass nur die Wohlhabenden verpflichtet sind in den Versammlungen zu erscheinen, um die Beamten zu bestellen und die anderen staatlichen Geschäfte zu besorgen, während die übrigen Bürger davon entbunden sind, ist oligarchisch. Eben der Art ist das Streben, dass die Mehrzahl der Beamten aus den Wohlhabenden bestehe und dass die obersten Staatsämter aus den am höchsten Eingeschätzten genommen werden. Auch die Wahl der Mitglieder der Rathsversammlung ist oligarchisch eingerichtet; denn es sollen zwar Alle wählen, aber zunächst nur aus der ersten Vermögensklasse; dann werden wieder ebenso viel aus der zweiten Klasse und dann ebenso viel aus der dritten Klasse gewählt; nur brauchen nicht Alle aus der dritten und vierten Klasse an der Wahl Theil zu nehmen und bei der Wahl aus der vierten Klasse sind nur die aus der ersten und zweiten Klasse dazu verpflichtet. Dann sollen, sagt Socrates, aus diesen eine gleiche Anzahl von jeder Klasse bestimmt werden; aber dann werden die aus den oberen Klassen zahlreicher und stärker vertreten sein, weil von den niederen manche nicht wählen werden, da kein Zwang dazu statt findet. Hieraus erhellt, dass die so gebildete Verfassung nicht aus einer Demokratie und Monarchie zusammengesetzt sein kann; auch wird sich dies später noch mehr ergeben, wenn die Untersuchung zu diesen Verfassungen sich wenden wird. Auch hat es etwas Gefährliches, dass die Wahl der Beamten aus solchen statt finden soll, die vorher dafür gewählt worden; denn wenn Einige zusammenhalten wollen und die Zahl der Wähler nur eine mässige ist, so wird die Wahl immer nach dem Willen derselben erfolgen.

So verhält es sich also mit der in den „Gesetzen“ aufgestellten Verfassung.

Siebentes Kapitel.

Es giebt indess noch einige andere Verfassungen, welche theils Privatpersonen, theils Philosophen und Staatsmänner entworfen haben und welche sämmtlich den bestehenden Verfassungen, nach denen jetzt regirt wird, näher kommen, als die beiden vorigen. Denn kein Anderer hat die Neuerung mit der Gemeinschaft der Kinder und Weiber vorgeschlagen, noch die gemeinsamen Mahlzeiten der Frauen, sondern sie lassen sich mehr durch das Nothwendige bestimmen. Manche halten es für das Wichtigste, dass richtige Bestimmungen über das Vermögen getroffen werden; denn sie meinen, dass bei allen Aufständen es sich um dieses handele. Deshalb führte der Chalkedonier *Phaleas* dergleichen Bestimmungen zuerst ein und sagte, dass die Vermögen aller Bürger gleich sein müssten. Diese Einrichtung hielt er bei der ersten Errichtung eines Staates nicht für schwer; bei einem schon bestehenden Staate sei es zwar mühsamer, indessen würden sich auch da die Vermögen bald gleichstellen, wenn die Reichen allein Mitgiften zwar geben, aber nicht nehmen dürften und die Armen sie nicht geben, aber nehmen dürften. *Plato* wollte jedoch bei Abfassung seiner „Gesetze“ hier eine gewisse Freiheit gestatten; indess mehr, als das Fünffache des kleinsten Besitzes sollte auch nach ihm keinem Bürger zu erwerben gestattet sein, wie ich schon früher bemerkt habe. Indess dürfen die Gesetzgeber, wenn sie solche Anordnungen über die Grösse des Vermögens treffen, nicht unterlassen, obwohl es noch jetzt geschieht, auch über die Zahl der Kinder Bestimmungen zu treffen; denn wenn die Zahl der Kinder die Menge der Vermögen übersteigt, so muss dann das Gesetz aufgehoben werden und ausserdem tritt das Schlimme ein, dass dann aus den Reichen viele Arme werden; und es ist dann auch eine schwere Sache, solche Leute von Neuerungen abzuhalten.

Deshalb ist die Gleichheit des Vermögens allerdings von grossem Einfluss auf die staatliche Gemeinschaft und einige der älteren Gesetzgeber scheinen dies erkannt zu haben, wie *Solon* in seiner Gesetzgebung. Auch bei Anderen besteht ein Gesetz, welches verbietet so viel Grundbesitz, als man wolle, zu erwerben. Ebenso verbieten manche Gesetze den Verkauf der Besitzungen; so besteht in Lokri ein Gesetz, wonach sie nicht verkauft werden dürfen, wenn nicht ein offenbarer Unglücksfall nachgewiesen werden kann; auch müssen die alten Stammlose erhalten bleiben. Die Aufhebung dieser Bestimmung führte auch in Leukas die Verfassung zu sehr in's Demokratische über; denn es ging dann nicht mehr, dass die Bürger aus den befreiten Vermögensklassen in die Aemter eintreten konnten. Aber wenn auch eine Gleichheit des Vermögens besteht, so können entweder diese Vermögen zu gross sein, was zur Ueppigkeit führt, oder zu klein, so dass der Inhaber nur elend davon leben kann. Der Gesetzgeber darf sich daher nicht mit der blossen Gleichheit begnügen, sondern muss auch ein mittleres Maass dafür aufstellen. Wenn aber auch Einer ein mittleres Vermögen für Alle vorschriebe, so würde dies doch nichts helfen; denn wichtiger ist es, die Begierden, als die Vermögen gleich zu machen und dies ist ohne eine, durch die Gesetze bestimmte angemessene Erziehung nicht möglich. Vielleicht würde *Phaleas* hierauf erwidern, dass er ja selbst dies sage, denn er meint, dass in zwei Puncten die Gleichheit innerhalb des Staates bestehen müsse; im Besitze und in der Erziehung. Allein es ist nöthig, dass man sagt, *wie* die Erziehung sein solle und es nützt nichts, blos zu sagen, sie solle für Alle eine und dieselbe sein; denn es kann die Erziehung ein und dieselbe, aber doch so beschaffen sein, dass aus ihr die Leidenschaften der Habsucht oder der Ehrsucht, oder beide hervorgehen. Auch entstehen die Unruhen und Aufstände nicht blos wegen der Ungleichheit der Vermögen, sondern auch wegen der Ungleichheit in den Ehrenämtern und zwar bei jeden von diesen beiden aus dem Entgegengesetzten; die Menge treibt zum Aufstande wegen der Ungleichheit des Besitzes, die Gebildeten aber um der Ehre willen, wenn sie für Alle nur gleich ist. Daher heisst es:

„In gleicher Ehre steht der Feige und der Tapfre“

Die Menschen handeln nicht blos um des nothwendigen Lebensbedarfes willen unrecht, wofür Phaleas in der Gleichheit der Vermögen ein Heilmittel zu haben meint, indem sie dann aus Frost oder Hunger nicht die Kleider stehlen würden, sondern es geschieht auch, um sich Genuss zu verschaffen und die Begierden zu stillen. Sobald die Begierde über das Nothwendige hinausgeht, so werden die Menschen gerade wegen dieses Heilmittels unrecht handeln; aber auch nicht blos wegen dieser Einrichtung, sondern auch in Folge der Begierde, die Lust ohne Schmerzen zu geniessen.

Welches Heilmittel giebt es nun für diese drei Fälle? Die Einen meinen, ein solches Heilmittel sei ein mässiger Besitz und Fleiss; Andere suchen es in der Selbstbeherrschung und ein drittes Mittel ist vielleicht für die, welche die Freude in sich selbst suchen, sodass sie das Heilmittel nicht anderswo, als in der Philosophie suchen; denn zu allen anderen Freuden bedarf man der Menschen. Das grösste Unrecht wird immer von denen begangen, welche dem Uebermässigen nachjagen und nicht von denen, welche das Nothwendige begehren; so wird man noch kein Tyrann, blos um nicht zu frieren, und deshalb gilt es auch als eine grosse Ehre, nicht einen Dieb, sondern einen Tyrannen ermordet zu haben. Deshalb schützt diese Einrichtung in der Verfassung des Phaleas blos gegen kleine Unthaten. Ferner ordnet er Vieles an, woraus wohl eine gute Staatsverwaltung unter ihnen selbst hervorgehen soll; allein der Staat muss sich auch gegen die Nachbarn und alle Auswärtigen schützen. Deshalb muss die Verfassung auch auf die kriegerische Stärke eingerichtet sein und darüber hat er nichts gesagt. Dasselbe gilt für das Vermögen; es muss nicht allein für die inneren Staatsbedürfnisse zureichend sein, sondern auch für die Abwendung der von Aussen drohenden Gefahren Deshalb darf das Vermögen auch nicht so gross sein, dass bei den Nachbarn und bei den Stärkeren die Begier danach erweckt wird und die Besitzer dann die Andringenden nicht abwehren können; noch so gering, dass sie nicht einmal mit Ihresgleichen einen Krieg führen können. Er hat darüber zwar nichts festgesetzt, indess darf es nicht übersehen werden, dass ein grosser Besitz nützlich ist.

Vielleicht ist das beste Maass hier, wenn es den Stärkeren dann nicht lohnt wegen desselben, weil der Besitz etwa sehr gross wäre, Krieg anzufangen, sondern wenn er nur so gross ist, dass jene den Krieg auch dann angefangen haben würden, wenn diese nicht einmal so viel besässen. So hiess Eubulos den Autophradates, als er Atarneus belagern wollte, zu überlegen, in wie viel Zeit er den Platz einnehmen werde und die Ausgaben für einen solchen Zeitraum zu berechnen; denn er sei bereit, selbst gegen Empfang einer geringeren Summe als dieser Kostenaufwand betrage, Atarneus zu verlassen. Diese Worte brachten den Autophradates zur Besinnung und er brach die Belagerung ab. Allerdings schützt die Gleichheit der Vermögen die Bürger etwas gegen innere Aufstände, indess, sollte ich meinen, nicht viel. Denn schon die Gebildeten werden die Gleichstellung mit den Anderen, als ihrer nicht würdig, schwer ertragen und deshalb treten sie oft als Aufsässige und Aufständische auf. Auch ist die Schlechtigkeit der Menschen nicht zufrieden zu stellen, und wenn das erste mal eine Gabe von zwei Obolen genügte, so wird, wenn dieselbe bereits herkömmlich geworden ist, mehr verlangt und die Forderungen gehen in's Ungemessene; denn die Begierden, auf deren Befriedigung das Leben der Menge sich richtet, haben von Natur keine Grenze.

Bei solcher Sachlage ist es die Hauptsache, weniger die Vermögen gleich zu machen, als die von Natur guten Bürger so zu stellen, dass sie nicht mehr haben wollen und die schlechten so, dass sie es nicht können. Dies letztere ist der Fall, wenn sie die Schwächeren sind und nicht unrecht behandelt werden. Auch die Gleichheit der Vermögen hat Phaleas nicht recht bestimmt; er ordnet sie nur für den Erwerb der Grundstücke an; es giebt aber auch einen Reichthum an Sclaven und Viehheerden und Geld und grossem Vorrath von Hausgeräthe. Deshalb muss entweder die Gleichheit überall hier eingerichtet werden, oder ein mittleres Maass, oder man muss sich hier gar nicht einmengen. Nach der Art seiner Gesetzgebung scheint er nur einen kleinen Staat einrichten zu wollen, da alle Handwerker Leibeigne des Staates sein und keinen Bestandtheil der Bürgerschaft ausmachen sollen. Wenn aber die, welche für den gemeinen Bedarf arbeiten, sämmtlich Staatseigenthum sein sollen, so muss dies so eingerichtet werden, wie in Epidamnos und wie es Diophantos einmal in Athen anordnete.

Aus dem hier Gesagten wird man wohl genügend entnehmen können, ob *Phaleas* bei seiner Staatsverfassung das Rechte getroffen hat, oder nicht.

Achtes Kapitel.

Hippodamos aus Milet, des Euryphon Sohn, welcher die Eintheilung der Städte in Viertel zuerst vorgeschlagen und den Piräus in gerade Strassen abgetheilt hat, ging auch in seinem sonstigen Verhalten aus Ehrgeiz so in's Maasslose, dass er wegen seines starken und kostbar geschmückten Haarwuchses Manchem als ein Geck erschien. Er trug wohlfeile, aber warme Kleidung nicht blos im Winter, sondern auch in der heissen Jahreszeit und wollte auch in der ganzen Naturwissenschaft erfahren sein. Er war auch der Erste, welcher, ohne mit öffentlichen Angelegenheiten sich beschäftigt zu haben, es unternahm, über die beste Staatsverfassung sich auszusprechen. Sein Staat sollte eine Volksmenge von zehntausend Bürgern haben, und zwar in drei Klassen vertheilt; die eine sollten die Handwerker, die zweite die Landbauer, die dritte sollte für den Krieg sein und Waffen tragen. Auch das Land theilte er in drei Theile; ein Theil war der heilige; der andere blieb im Staatsbesitz; der dritte war im Privatbesitz. Von dem heiligen Theil wurde das bestritten, was man für den Gottesdienst für nöthig hielt; von dem gemeinsamen Theil sollten die Krieger unterhalten werden und der dritte Theil sollte im Einzelbesitz der Landbauer sein. Auch für die Gesetze gab es nach seiner Ansicht nur drei Arten; denn nur über dreierlei sei von den Gerichten zu entscheiden; über Ehrverletzung, Vermögensbeschädigung und Tödtung. Er setzte auch ein oberstes Gericht ein, an welches alle Sachen, die nicht recht entschieden sein sollten, gebracht werden mussten, und dies Gericht setzte er aus einigen gewählten Aeltesten zusammen. Auch sollten die Entscheidungen bei den Gerichten nicht durch Abstimmung mittelst Steinchen erfolgen, sondern Jeder sollte ein Täfelchen haben, auf das er zu schreiben habe, wenn er einfach verurtheile, oder was er leer lassen solle, wenn er gänzlich freispreche; wenn er aber beides theilweise wolle, so solle er dies darauf bemerken. Die jetzige Einrichtung sei nicht gut, weil sie die Richter zu dem falschen Schwur nöthige, entweder um zu verurtheilen oder nur frei zu sprechen. Auch gab er ein Gesetz, wonach die, welche für den Staat etwas Nützliches erfinden würden, eine Auszeichnung erhielten; auch sollten die Kinder der in dem Kriege Gebliebenen auf Staatskosten erzogen werden, als wenn dies noch in keinem Staate gesetzlich bestimmt gewesen sei, obgleich doch ein solches Gesetz sowohl in Athen, als in anderen Staaten schon besteht. Die Beamten liess er sämmtlich von dem Volke wählen und das Volk theilte er in drei Theile; die von diesen Gewählten sollten die Staatsangelegenheiten und die Angelegenheiten der Fremden und der Waisen besorgen.

Dies ist so ziemlich alles Erheblichere in der von *Hippodamos* aufgestellten Verfassung. Zunächst wird man seine Eintheilung der gesammten Bürgerschaft bedenklich finden. Es sollen nach ihm die Handwerker, die Landbauer und die Waffentragenden sämmtlich an der Regierung Theil nehmen; die Landleute haben aber keine Waffen und die Handwerker weder Land, noch Waffen und sie werden deshalb so ziemlich die Sclaven der Bewaffneten werden. Auch können sie nicht Alle an sämmtlichen Aemtern theil nehmen, denn nothwendig müssen aus den Waffentragenden die Feldherren und die Wächter der Bürger, mit einem Wort die wichtigsten Beamten entnommen werden. Wie können aber da die, welche an der Staatsgewalt nicht Theil haben, sich wohlwollend zu denselben verhalten? Auch müssen die Waffentragenden stärker, als die beiden anderen Klassen sein; aber dies ist nicht leicht, wenn sie nicht ihrer viele sind. Und wenn dies der Fall sein wird, weshalb sollen da die Anderen an der Staatsgewalt überhaupt Theil nehmen und über die Bestellung der Beamten entscheiden? Wozu nützen ferner die Landbauer in seinem Staate? Die

Handwerker sind allerdings unentbehrlich; denn der ganze Staat bedarf ihrer und sie können, wie in anderen Staaten, von ihrem Gewerbe leben. Müssten nun die Landbauenden den Bewaffneten den Unterhalt gewähren, so wären sie ein natürliches Glied des Staates; allein sie haben ihr Land im Privatbesitz und bebauen es nur für sich. Was aber das Gemeindeland anlangt, von dem die Bewaffneten unterhalten werden sollen, so werden sie, wenn diese selbst es bebauen sollen, als die zum Kampf bestimmte Klasse sich von der das Land bebauenden nicht unterscheiden, was doch der Gesetzgeber will; sollen aber Andere das Gemeindeland bearbeiten, die weder zu der Klasse der ihr eignes Land bebauenden, noch zu der der Krieger gehören, so würden diese eine vierte Klasse im Staate bilden, die an Nichts Antheil hätte und dem Staate fremd bliebe. Wollte man aber bestimmen, dass dieselbe Klasse ihr eignes und das Gemeindeland bearbeiten sollte, so wird die Menge der Früchte nicht zureichen, womit Jeder zwei Wirthschaften betreiben könnte und weshalb sollten sie da nicht lieber gleich aus den ihnen eigenthümlich zugetheilten Grundstücken den Unterhalt sowohl für sich entnehmen, als auch den Bewaffneten gewähren? Dies Alles bringt also viel Verwirrung mit sich..

Auch das Gesetz über die richterliche Entscheidung ist nicht gut abgefasst, weil es verlangt, dass die Entscheidung getheilt werde, während doch die Klage einfach gestellt ist; der Richter muss danach zum Schiedsmann werden. Bei diesem und bei einer Mehrheit von Entscheidenden ist dies zulässig, (denn sie verhandeln mit einander über die Entscheidung) aber bei den Gerichten geht dies nicht an, vielmehr bestimmen die meisten Gesetzgeber dem entgegen, dass die Richter nicht mit einander berathen dürfen. Wird ferner die Entscheidung nicht verworren ausfallen, wenn der Richter zwar meint, dass der Verklagte eine Summe schulde, aber nicht so viel, als der Kläger verlangt? Dieser verlangt 20 Minen, der Richter entscheidet aber nur für 10 Minen; oder gar der eine Richter mehr, der andere weniger und einer für 5, und ein anderer für 4; es ist klar, dass Manche auf diese Weise nur einen Theil zusprechen werden, Andere aber das Ganze und Andere gar nichts. Wie sollen dann die Stimmen zusammengerechnet werden? Auch nöthigt Niemand den Richter zu einem falschen Eid, wenn er entweder einfach verurtheilt, oder abweist, sofern die Klage nur richtig abgefasst ist; denn der Richter, welcher abweist, erklärt nicht, dass der Verklagte gar nichts schulde, sondern nur, dass er nicht 20 Minen schulde; dagegen verletzt jener Richter seinen Eid, welcher den Verklagten verurtheilt, obgleich er nach seiner Meinung nicht 20 Minen schuldet.

Ein Gesetz ferner, wonach denen, welche etwas für den Staat Nützliches erfunden haben, eine besondere Auszeichnung zu Theil werden soll, hat sein Bedenken, wenn so etwas sich auch gut anhört; denn es führt zu Chikanen und möglicher Weise selbst zu Erschütterungen der Verfassung. Es berührt dies eine andere Frage und gehört in eine andere Untersuchung. Manche zweifeln nämlich, ob es nützlich, oder schädlich für die Staaten sei, die von den Vorfahren überkommenen Gesetze deshalb zu ändern, weil ein anderes Gesetz besser sei. Jedenfalls ist es bedenklich dem Vorschlage des Hippodamos zuzustimmen, da jeder Wechsel in den Gesetzen Schaden mit sich führt, und es dann möglich wird, dass Einzelne die Aufhebung der Gesetze oder der Verfassung, als zum gemeinen Besten nützlich, beantragen.

Da ich dieses Punctes einmal erwähnt habe, so wird es gut sein, ihn noch ein wenig weiter zu erörtern. Diese Frage hat nämlich, wie gesagt, ihre zwei Seiten und man könnte auch umgekehrt die Aenderung der Gesetze für das Bessere halten; denn den anderen Wissenschaften hat das Aendern Nutzen gebracht, z. B. der Arzneikunst, welche gegen die althergebrachte verändert worden ist; ebenso der Turnkunst und überhaupt allen Künsten und Fertigkeiten, und da die Staatskunst auch zu denselben gerechnet werden muss, so müsste es offenbar auch bei ihr sich ebenso verhalten. Man könnte selbst sagen, dass die Erfahrung dafür spreche, weil die alten Gesetze zu einfach seien und zu rohe Bestimmungen enthielten; denn die alten Griechen gingen immer bewaffnet und kauften die Weiber von einander, und was von alten Gesetzen sich erhalten hat, ist höchst ursprünglich; so giebt es z. B. in Kyme ein Gesetz, dass, wenn Einer Jemand des Mordes anklagt und man aus seinen Verwandten eine Anzahl von Zeugen beibringt, der Flüchtige dann des Mordes schuldig sein solle. Ueberhaupt verlangt man nicht nach dem Althergebrachten, sondern nach dem Guten. Auch ist anzunehmen, dass die ersten Menschen, mögen sie nun dem Boden entsprossen sein, oder sich aus einem allgemeinen Verderben gerettet haben, nur den jetzigen gewöhnlichen und unverständigen Menschen gleich gewesen sein werden, wie man dies ja auch von den aus dem Boden entsprossenen sagt; mithin wäre es widersinnig bei ihren Satzungen zu verharren. Ueberdies ist es nicht einmal gut, die geschriebenen Gesetze unverändert zu lassen. Denn es ist bei der Staatskunst ebenso wenig, wie bei den anderen Künsten möglich, Alles genau niederzuschreiben, da man nur das Allgemeine niederschreiben kann, während die Handlungen einzelne sind.

Hieraus erhellt nun zwar, dass einzelne Gesetze dann und wann geändert werden müssen; wenn man die Sache aber von einem anderen Standpuncte betrachtet, so dürfte doch hier grosse Vorsicht nöthig sein. Sofern nämlich die Verbesserung nur eine kleine ist, es dagegen schlimm ist, sich an die leichte Abänderung der Gesetze zu gewöhnen, so erhellt, dass man lieber einzelne Missgriffe der Gesetzgeber und der Herrscher hingehen lassen soll; denn Veränderungen werden hier nicht so viel nützen, als es schadet, wenn die Bürger sich daran gewöhnen, den Herrschern nicht zu gehorchen. Auch ist das Beispiel mit den Künsten falsch; die Veränderungen in der Kunst und in den Gesetzen stehen sich nicht gleich, weil das Gesetz die Kraft, vermöge deren man ihm gehorcht, nur durch die Gewohnheit erlangt und diese bildet sich nur nach langer Zeit. Wenn man also die vorhandenen Gesetze leicht mit neuen Gesetzen vertauscht, so wird die Kraft der Gesetze geschwächt. Aber selbst wenn sie einer Aenderung bedürfen, so fragt es sich, ob sie alle, und in jeder Verfassung zu ändern seien, oder nicht? und ob dies jedem Beliebigen oder nur bestimmten Personen gestattet sein solle? denn dies macht einen grossen Unterschied. Ich lasse deshalb jetzt diese Untersuchung fallen, da sie für eine andere passende Gelegenheit gehört.

Neuntes Kapitel.

In Bezug auf die Verfassung der *Lakedämonier* und der *Kreter* und einiger anderer Staaten ist zweierlei zu untersuchen; einmal, ob im Vergleich mit der besten Verfassung ihre Einrichtungen für gut gelten können, oder nicht und dann, ob die Verfassung in Bezug auf die Grundlage und die besondere Art, wie sie bei ihnen besteht, für gut gelten könne, oder nicht. Dass nun jede einzurichtende Verfassung, wenn sie gut sein soll, den Leuten eine Mussezeit gewähren müsse, wo sie von der Arbeit für den nothwendigen Lebensbedarf frei sind, wird allgemein anerkannt; aber wie dies geschehen soll, ist nicht leicht einzurichten. Denn die Penesten bei den Thessaliern haben sich oft gegen sie erhoben und ebenso die Heloten gegen die Lakonier; sie lauern gleichsam fortwährend auf die Unglücksfälle des Staates. Bei den Kretern ist dergleichen niemals vorgekommen, wahrscheinlich deshalb nicht, weil die benachbarten Staaten, wenn sie auch einander bekriegten, doch niemals mit den Aufständischen gemeinschaftliche Sache machten, da dies auch ihnen schädlich werden konnte, indem sie ebenfalls Hörige besassen. Die Lakonier hatten aber an den Argivern und Messeniern und Arkadiern lauter Feinde zu Nachbarn, und auch bei den Thessaliern fielen die Penesten anfangs ab, als jene mit den Achäern und Perräbern und Magnesiern im Kriege befangen waren. Es scheint deshalb, von Anderem abgesehen, die Behandlung dieser arbeitenden Klasse und die Art, wie man mit ihnen verkehren soll, schwierig zu sein; denn lässt man sie gewähren, so werden sie übermüthig und stellen sich den Herren gleich; und leben sie schlecht, so werden sie hinterlistig und feindselig. Es ist also klar, dass diejenigen nicht das Richtige getroffen haben, welche solche Erfahrungen mit den Heloten gemacht haben.

Auch eine grosse Freiheit der Weiber ist dem Zwecke der Verfassung zuwider und für das Wohl des Staates von Nachtheil. Denn so wie der Hausstand aus Mann und Frau besteht, so ist auch bei dem Staate anzunehmen, dass die Volksmenge ziemlich zur Hälfte aus Männern und zur Hälfte aus Frauen besteht. Wo es daher mit der Verfassung in Bezug auf die Frauen schlecht bestellt ist, da muss man glauben, dass die Hälfte des Staates gesetzlos ist, und dies ist dort auch eingetroffen. Der Gesetzgeber wollte den ganzen Staat wehrhaft machen und an den Männern erkennt man diese seine Absicht deutlich; aber bei den Frauen hat er es versehen; denn sie leben zuchtlos nach allen Richtungen und weichlich. Nothwendig muss in solchen Staaten der Reichthum zu Ehren kommen und besonders, wenn sie noch unter die Weiberherrschaft gerathen, wie es bei vielen soldatischen und kriegerischen Völkerschaften der Fall ist, mit Ausnahme der Kelten und vielleicht einiger anderen Völkerschaften, bei denen der fleischliche Verkehr mit Männern als anständig gilt. Denn der, welcher die Mythen bildete, hat nicht mit Unrecht den Ares mit der Aphrodite verbunden; alle diese Völkerschaften sind dem geschlechtlichen Verkehr entweder mit Männern oder mit Frauen sehr zugeneigt. Deshalb erhielt sich dies auch bei den Lakoniern und während ihrer Herrschaft wurde vieles von den Frauen angeordnet. Denn welcher Unterschied ist es, ob die Frauen herrschen, oder ob die Herrscher von den Frauen beherrscht werden? beides kommt auf dasselbe hinaus. Der Muth ist zu allen gewöhnlichen Geschäften, mit Ausnahme des Krieges, ohne Nutzen und die Lakonischen Frauen wurden selbst hierfür höchst schädlich, wie sich bei dem Einfall der Thebaner offenbarte; sie nützten hier so wenig, wie die Frauen in anderen Staaten, und brachten sogar mehr, als die Feinde, Verwirrung hervor. In den ersten Zeiten scheint allerdings die Zügellosigkeit der Weiber bei den Lakoniern in natürlicher Weise sich gebildet zu haben; denn die Männer waren wegen der Feldzüge lange Zeit vom Hause abwesend und hatten mit den Argivern und dann mit den Arkadiern und Messeniern Kriege zu führen. Als sie nun in die Ruhe kamen, so fügten die Männer in Folge des Lagerlebens (denn es fordert dies viele Arten der Tugend) sich zwar leicht dem Gesetzgeber; dagegen soll *Lykurg* wohl versucht haben, die Frauen unter die Gesetze zu bringen; allein als sie Widerstand leisteten, hat er davon abgestanden. Dies sind die Ursachen, aus denen diese Ereignisse und offenbar auch diese Fehler hervorgegangen sind. Indess kommt es mir nicht darauf an, wer hier Verzeihung erhalten soll und wer nicht, sondern auf das, was richtig und was fehlerhaft ist. Diese schlechten Zustände in Bezug auf die Frauen scheinen, wie ich schon oben gesagt habe, nicht blos der Verfassung an sich eine gewisse Unziemlichkeit gegeben, sondern auch die Habsucht gesteigert zu haben.

Neben dem bisher Dargelegten möchte man auch die Misstände in Bezug auf den Grundbesitz tadeln. Ein Theil von den Bürgern gelangte zu einem sehr grossen Vermögen, ein anderer nur zu einem sehr kleinen; deshalb ging der Grund und Boden in die Hände Weniger über. Auch sind hier die Bestimmungen der Gesetze schlecht. Denn Grundbesitz zu kaufen oder den eignen zu verkaufen, erklärte Lykurg für unziemlich, und that daran recht; dagegen gestattete er das Vermögen zu verschenken, oder zu vermachen an wen man wollte, obgleich doch dies zu demselben Ergebniss, wie jenes, führen musste. Auch gehörten beinahe zwei Fünftel des ganzen Grund und Bodens den Frauen, da viele Erbtöchter vorkamen und grosse Ausstattungen gegeben wurden, obgleich es besser gewesen wäre keine Ausstattung, oder nur eine geringe oder mässige zuzulassen. Jetzt kann Jeder seine Erbtochter geben, wem er will und wenn er ohne eine solche Bestimmung stirbt, so kann der Erbe, den er hinterlässt, sie an wen er will, verheirathen. Während daher das Land sonst 1500 Reiter ernähren und 30,000 Schwerbewaffnete stellen konnte, betrug deren Zahl nicht 1000. Auch hat sich durch die Thatsachen klar herausgestellt, dass die hier getroffene Einrichtung falsch war, denn der Staat hat nicht *eine* Niederlage ertragen können und ging durch seine geringe Volksmenge zu Grunde. Man erzählt zwar, dass unter den früheren Königen noch Bürger in die Staatsverbindung aufgenommen wurden und dass es deshalb damals, trotz der langen Kriege, an Menschen nicht gemangelt habe. Spartaner sollen damals an 10,000 gewesen sein; indess ist es, mag dies wahr sein, oder nicht, doch besser, dass die Zahl der Männer im Staate durch die Ausgleichung des Besitzes anwachse. Hier steht aber das Gesetz über die Kindererzeugung einer solchen Verbesserung im Wege. Der Gesetzgeber wollte, dass die Spartaner die möglichst starke Mehrzahl bilden sollten und er trieb sie deshalb zur Erzeugung vieler Kinder; denn sie haben ein Gesetz, wonach der, welcher drei Söhne hat, frei vom Kriegsdienste ist, und wer viere hat, frei von allen

Abgaben. Allein offenbar müssen, wenn die Volksmenge sich sehr vermehrt und das Land danach vertheilt wird, Viele in Armuth verfallen.

Auch die Bestimmungen über die Ephorie sind nicht zu billigen. Diese Beamten sind bei ihnen die Herren über die wichtigsten Angelegenheiten; sie werden aber alle aus dem Volke erwählt und deshalb gelangen auch oft sehr dürftige Leute, welche wegen ihrer Armuth käuflich sind, zu solcher Amtsgewalt. Dies hat sich schon vormals oft gezeigt und jetzt wieder bei der Gelegenheit mit den Andriern. Einige von den Ephoren waren mit Geld bestochen und hätten, wenn es von ihnen abgehangen, den ganzen Staat zu Grunde gerichtet. Indem ihre Macht sehr gross war und der eines Tyrannen gleich kam, waren selbst die Könige genöthigt, ihnen zu schmeicheln. Auch dies verdarb die Verfassung; aus einer Aristokratie ging sie in eine Demokratie über. Diese Behörde der Ephoren hält allerdings den Staat noch zusammen, denn das Volk verhält sich ruhig, weil es an der obersten Gewalt Theil nimmt; mag dies nun durch den Gesetzgeber, oder durch Zufall so gekommen sein, so ist es doch für die Sache zuträglich; denn wenn eine Verfassung Bestand haben soll, so muss sie darauf Bedacht nehmen, dass alle Bestandtheile des Staates sich in demselben gleichen Zustande erhalten. Nun ist dies bei den Königen wegen der ihnen zugetheilten Würde der Fall und bei der besseren Klasse wegen ihrer Theilnahme an der Rathsversammlung (denn dieses Amt ist der Lohn für ihre Tugend) und bei dem Volke wegen der Ephorie, weil sie aus Allen besetzt wird. Deshalb mögen zwar für dieses Amt Alle wählbar sein, aber nicht in der jetzigen Weise, die gar zu kindisch ist. Auch sind sie die Herren über die wichtigsten Angelegenheiten, obgleich Leute, wie es sich trifft, zu diesem Amte gelangen. Deshalb wäre es besser, sie entschieden nicht nach eignem Ermessen, sondern nach den Vorschriften und den Gesetzen. Auch steht die Lebensweise der Ephoren mit dem Zwecke des Staates nicht in Uebereinstimmung; sie ist sehr ungebunden, während sie bei den Uebrigen in Strenge übertrieben wird, so dass diese die Gesetze hier nicht einhalten können, sondern denselben heimlich entlaufen und den sinnlichen Lüsten sich ergeben.

Auch die Bestimmungen über die Gewalt der Aeltesten sind nicht passend. Allerdings könnte man leicht sagen, dass sie als sittliche und für die Mannestugend hinlänglich erzogene Männer dem Staate nützlich sein müssen; allein es ist doch schon bedenklich, dass sie auf Lebenszeit zu Richtern in den wichtigsten Angelegenheiten bestellt sind; denn es giebt nicht blos ein Alter für den Körper, sondern auch für den Geist. Wenn sie aber gar in der Weise erzogen sind, dass selbst der Gesetzgeber ihnen nicht, als guten Männern, vertrauen kann, dann ist die Einrichtung nicht ohne Gefahr und viele Mitglieder dieser Versammlung scheinen in Staatsangelegenheiten Geschenke angenommen, oder sonst nach Gunst entschieden zu haben. Deshalb wäre es besser, wenn sie nicht unverantwortlich wären, was sie jetzt sind. Man könnte wohl meinen, dass ja das Amt der Ephoren alle Beamten zur Rechenschaft ziehen könne; allein dies ist für die Ephoren ein viel zu grosses Geschenk und ich meine, dass nicht auf diese Weise Rechenschaft abgelegt werden sollte. Auch ist das Verfahren, was für die Wahl der Aeltesten stattfindet, kindisch und es ist nicht recht, dass der, welcher des Amtes würdig erkannt worden, sich selbst darum bewerben soll; denn der, welcher für das Amt passend ist, muss es übernehmen, mag er wollen, oder nicht. Allein der Gesetzgeber verfährt auch hier, wie bei anderen Puncten der Verfassung; er will seine Bürger ehrgeizig machen und deshalb benutzt er dies auch bei der Wahl der Aeltesten, da Niemand sich um ein Amt bewerben wird, wenn er nicht ehrgeizig ist und doch werden die meisten der absichtlichen Vergehen von den Menschen aus Ehrgeiz und Geldgeiz begangen.

Was das Königthum anlangt, so soll später darüber verhandelt werden, ob dessen Bestand den Staaten nützlich ist, oder nicht; aber auf jeden Fall wäre es für den Lakonischen Staat besser, nicht so wie jetzt zu verfahren, sondern jeden König nach seinem Lebenswandel zu beurtheilen. Auch ist selbst der Gesetzgeber offenbar nicht der Meinung, dass er sie zu sittlichen guten Männern machen könne; er traut ihnen nicht, als wären sie keine zuverlässigen und rechtlichen Männer; deshalb sandte er ihnen ihre Gegner als Begleiter auf den Feldzügen mit und er erachtete es zuträglich, wenn die Könige unter einander uneins wären. Auch hat der, welcher zuerst die gemeinsamen Mahle, die sogenannten Phiditien, einführte, dies nicht richtig gemacht. Diese Zusammenkünfte hätten mehr auf Staatskosten eingerichtet werden sollen, wie in Kreta; bei den Lakoniern muss aber Jeder beitragen, obgleich Manche sehr arm sind und den Aufwand dafür nicht bestreiten können. So tritt das Gegentheil von dem ein, was der Gesetzgeber beabsichtigte: er wollte die gemeinsamen Mahle zu einer demokratischen Einrichtung machen, aber bei solcher Anordnung sind sie durchaus nicht demokratisch; die sehr Armen können nicht Theil nehmen und doch ist dies bei ihnen die herkömmliche Bedingung zum Bürgerrecht, denn wer diesen Beitrag nicht leisten kann, ist davon ausgeschlossen.

Das Gesetz über die Befehlshaber zur See ist schon von Anderen getadelt worden und mit Recht; denn es führt nur zu Unruhen, da neben den Königen, als den Feldherren zu Lande, die lebenslängliche Befehlshaberstelle über die Seemacht als ein beinahe zweites Königthum hingestellt worden ist. Auch könnte man den Grundlagen des Gesetzgebers dasjenige zum Vorwurf machen, was schon Plato in seinen „Gesetzen“ geltend gemacht hat, nämlich, dass die ganze Anordnung seiner Gesetze nur auf einen Theil der Tugend und zwar auf die kriegerische abzielt. Diese Tugend ist zwar gut für die Oberherrschaft und deshalb erhielten sie sich auch, so lange sie Krieg führten; aber während ihrer Oberherrschaft gingen sie zu Grunde, weil sie nicht verstanden ihre Musse gut anzuwenden und weil sie sich in keinen von den anderen, aber der Kriegskunst fern stehenden Künsten geübt hatten. Ein nicht geringerer Fehler als dieser, ist es, dass sie glauben, die Güter, um die am meisten gekämpft wird, würden mehr durch Tugend, als durch Schlechtigkeit gewonnen; hierin haben sie wohl Recht, aber dass sie diese Güter noch über die Tugend stellen, ist unrichtig. Auch in Bezug auf die Staatsgelder ist es bei den Spartanern schlecht bestellt; denn in der Staatskasse ist Nichts, obgleich sie zu schweren Kriegen gezwungen sind und die Abgaben schlecht eingehen, da den Spartanern der grösste Theil des Landes gehört und sie deshalb einander in der Steuerzahlung nicht controlliren. So ist das Gegentheil von dem eingetreten, was der

Gesetzgeber Nützliches wollte; den Staat hat er mittellos gemacht und die Einzelnen geldgierig.

So viel über die Staatsverfassung der Lakedämonier denn dies sind die Puncte, die man am meisten tadeln könnte.

Zehntes Kapitel.

Die *Kretische* Verfassung ist der Lakedämonischen nahe verwandt; einzelne ihrer Bestimmungen sind zwar nicht schlechter, aber das meiste ist weniger abgerundet. Denn es scheint und man sagt es auch, dass die lakonische Verfassung in den meisten Stücken der Kretischen nachgebildet worden sei und meistentheils sind ja die älteren Einrichtungen weniger ausgebildet, als die neueren. *Lykurg* soll nämlich nach Niederlegung seiner Vormundschaft über den König Charillos, das Land verlassen und die längste Zeit sich wegen der Stammesverwandtschaft bei den Kretern aufgehalten haben; denn die Lyktier waren eine Colonie der Lakonier und bei ihrer Auswanderung nahmen sie die Einrichtungen und Gesetze so an, wie sie bei den Einwohnern, zu denen sie kamen, bestanden. Deshalb bestehen diese bei ihren Hintersassen auch noch in derselben Weise, wie sie Minos zuerst angeordnet hat. Auch scheint die Insel von Natur wie für die Herrschaft der Griechen geschaffen und zweckmässig belegen zu sein; sie beherrscht das ganze Meer, um welches beinahe alle Griechen sich angesiedelt haben. Auf der einen Seite ist sie nicht weit vom Peloponnes entfernt, auf der anderen Seite, in der Richtung von Triopion und Rhodus nicht weit von Asien. Deshalb besass auch Minos die Herrschaft über das Meer; theils eroberte er, theils colonisirte er die Inseln, bis er zuletzt in dem Kriege gegen Sicilien bei Kaneikos daselbst, sein Leben verlor.

Die Kretische Verfassung ist der Lakonischen ähnlich, Dort bebauen die Heloten und bei den Kretern die Hintersassen das Land; auch bestehen bei beiden die gemeinsamen Mahle; in alten Zeiten hiessen diese Mahle bei den Lakoniern nicht Phiditien, sondern Andrien, wie bei den Kretern, woraus erhellt, dass sie von diesen zu jenen gekommen sind. Dies gilt auch von der Einrichtung der Verfassung. Die Ephoren haben dieselbe Gewalt, wie die in Kreta, wo sie den Namen Kosmi führen; nur sind der Ephoren blos fünf an Zahl, der Kosmi aber zehn. Die Aeltesten sind an Zahl denen in Kreta gleich, wo sie der Rath heissen. In Kreta bestand anfänglich das Königthum; aber später hoben sie es auf und im Kriege haben die Kosmi die Führerschaft. An der Volksversammlung nehmen Alle Theil; allein sie können nichts beschliessen, sondern nur über die Beschlüsse der Aeltesten und der Kosmi abstimmen. Die gemeinsamen Mahle sind bei den Kretern besser eingerichtet, als bei den Lakoniern. In Lakedämon hat Jeder das nach der Kopfzahl Vorgeschriebene mitzubringen und kann ohne dem an dem Bürgerrechte nicht Theil nehmen, wie ich schon früher gesagt habe; dagegen geschieht es in Kreta mehr gemeinschaftlich. Von dem ganzen Erzeugniss des Bodens und der Viehheerden und von dem, was aus dem Staatsgut und den Abgaben der Hintersassen einkommt, ist ein Theil für die Götter und für grosse Staatsleistungen bestimmt, und ein Theil für die Tischgenossen, so dass Alle, die Weiber, Kinder und Männer aus dem gemeinsamen Vorrath ihren Unterhalt empfangen.

Um die Mässigkeit im Essen zu erhalten, hat der Gesetzgeber Vielerlei ausgedacht; ebenso in Bezug auf die Fernhaltung von den Frauen. Damit sie nicht zu viel Kinder bekommen, hat er den geschlechtlichen Umgang mit Männern eingeführt und ob ein solcher schlecht ist oder nicht, ist zu einer anderen passenden Zeit zu untersuchen. Somit sind also die gemeinsamen Mahle bei den Kretern offenbar besser, als bei den Lakoniern eingerichtet; dagegen sind die Anordnungen über die Kosmi noch schlechter, als die über die Ephoren. Das Schlechte findet sich auch bei jenen; ein Kosme wird Jeder, wie es sich trifft, und was dabei für den Staat nützlich ist, besteht in Kreta nicht. In Lakedämon hat das Volk, weil die Wahl aus Allen geschieht, an der höchsten Gewalt Theil und will deshalb die Verfassung behalten; aber hier werden die Kosmi nicht aus Allen, sondern nur aus gewissen Geschlechtern gewählt und die Mitglieder des Raths werden aus denen, welche Kosmi gewesen sind, gewählt. Ueber diese Aeltesten liesse sich wohl dasselbe sagen, was ich über die in Lakedämon gesagt habe; die Unverantwortlichkeit und die Lebenslänglichkeit ihrer Stellen sind Ehrenvorzüge über ihr Verdienst und dass sie nicht nach geschriebenen Gesetzen, sondern nach ihrem Ermessen ihr Amt verwalten, ist gefährlich. Wenn das Volk sich ruhig verhält, obgleich es an der Staatsgewalt keinen Antheil hat, so ist dies noch kein Zeichen, dass die Einrichtung gut ist.

Die Kosmi können nicht, wie die Ephoren, Geschenke annehmen; denn sie wohnen auf der Insel weit von denen, die sie bestechen könnten. Das Heilmittel, was für diese Mängel angeordnet ist, ist verkehrt und nicht so, wie es für einen Freistaat, sondern nur für eine Dynastenherrschaft passt. Oft treten nämlich ihre Amtsgenossen, oder auch einfache Bürger zusammen und setzen die Kosmi ab; auch ist diesen die Niederlegung ihres Amtes gestattet. Nun wäre es aber doch besser, dass dies sich nach Gesetzen regelte und nicht nach dem Belieben der Menschen, denn dieser Anhalt ist nicht zuverlässig. Am schlimmsten von Allem ist aber die von den Mächtigen durchgesetzte zeitweilige Beseitigung der Kosmi, wenn nämlich jene dadurch einer Verurtheilung entgehen wollen. Daraus erhellt, dass die Bestimmungen dieser Verfassung nicht die eines Freistaates, sondern einer Dynastenherrschaft sind. Es kommt auch oft vor, dass mit Hülfe des Volkes und der Freunde eine Alleinherrschaft aufgerichtet wird und dass Unruhen entstehen und die Bürger mit einander kämpfen. Ist dies nicht ebenso, als wenn ein solcher Staat für eine Zeit lang gar nicht bestände und die staatliche Verbindung aufgelöst wäre? Ein Staat in solchem Zustande ist immer der Gefahr ausgesetzt, dass Jedweder ihn angreifen mag und kann; nur durch seine Lage ist der Kretische Staat, wie gesagt, geschützt; denn die Abhaltung der Fremden hat sich hier durch die Entfernung von selbst gemacht. Deshalb verhalten sich auch die Hintersassen bei den Kretern ruhig, während die Heloten oft Aufstände machen; denn die Kreter haben an keiner auswärtigen Herrschaft Theil. Doch hat sich neuerlich ein Krieg zwischen Fremden bis auf ihre Insel ausgedehnt, was die Schwäche der dortigen Gesetze klar gelegt hat. So viel sei über die Staatsverfassung der Kreter gesagt.

Elftes Kapitel,

Auch die *Karthager* haben eine gute Verfassung, welche die anderer Staaten vielfach übertrifft. In einigen Stücken kommt sie der Lakonischen sehr nahe. Die Verfassungen dieser drei Staaten, nämlich die von Kreta, von Lakedämon und von Karthago sind einander nahe verwandt, während sie von den übrigen erheblich abweichen; insbesondere enthält die Karthagische viele gute Bestimmungen. Ein Zeichen für ihre guten Einrichtungen ist, dass das Volk bei den Bestimmungen derselben verbleibt, und dass kein nennenswerther Aufstand und kein Tyrann bei ihnen vorgekommen ist. Ihre gemeinschaftlichen Mahle der Kammeradschaften haben mit den Phiditien in dem Lakonischen Staate viel Aehnliches und ebenso das Amt der Hundert und Vier mit dem der Ephoren (nur mit dem vortheilhaften Unterschied, dass, während die Ephoren aus Leuten, wie es sich trifft, bestehen, hier diese Beamten nach ihrer persönlichen Tüchtigkeit gewählt werden). Auch die Könige und die Versammlung der Aeltesten sind hier ähnlich, wie dort; doch steht es mit den Königen in Karthago besser, weil sie nicht immer aus demselben Geschlecht kommen, noch aus jedem beliebigen. Auch mit den Aeltesten steht es besser, weil sie mehr gewählt, als nach dem Alter bestimmt werden. Diese Aeltesten haben bedeutende Macht und wären es daher niedrig gesinnte Leute, so würden sie viel Schaden anrichten können, wie dies im Lakonischen Staate schon oft geschehen ist. Das Meiste, was wegen Ueberschreitung des richtigen Maasses zu tadeln ist, findet sich bei allen drei genannten Staaten und wenn man, behufs der Vergleichung, von dem aristokratischen Staat und von dem Freistaat als Grundlage ausgeht, so neigt dort Manches mehr zur Demokratie und Anderes mehr zur Oligarchie. Denn ob eine Sache an das Volk gebracht werden soll oder nicht, bestimmen die Könige mit den Aeltesten, sofern sie Alle in der betreffenden Sache einstimmig sind; ist dies nicht der Fall, so entscheidet auch hierüber das Volk.

Was nun von Jenen dem Volke vorgelegt wird, darüber wird die Meinung dieser höchsten Beamten nicht blos zum Anhören vorgetragen, sondern das Volk hat auch das Recht zu entscheiden und Jeder wer will, kann den eingebrachten Anträgen widersprechen, was in den beiden anderen Staaten nicht angeht. Dagegen ist es oligarchisch, dass die Fünf-Männer, welche über Vieles und Grosses zu entscheiden haben, sich selbst durch Wahl ergänzen und dass die Rathsversammlung der Hundert, welche die wichtigste Behörde ist, von den Fünfmännern gewählt wird, und dass sie eine längere Gewalt haben, als die anderen. Denn sie üben schon vor Antritt des Amtes und auch nach Austritt aus demselben, obrigkeitliche Rechte aus. Dagegen ist es aristokratisch, dass die Beamten keine Besoldung bekommen und nicht durch das Loos bestimmt werden. Auch noch manches Andere gehört hierher und ebenso, dass die Processe sämmtlich von allen Beamten zusammen entschieden werden und hier nicht, wie in Lakedämon, die Entscheidung unter verschiedene Beamte vertheilt ist. Am meisten weicht die Karthagische Verfassung von der aristokratischen nach der oligarchischen hin in einer Bestimmung ab, die bei den Meisten Beifall findet, nämlich, dass bei der Wahl der Beamten nicht blos deren persönliche Geschicklichkeit, sondern auch deren Reichthum berücksichtigt werden soll, weil der Unvermögende sein Amt weder gut verwalten könne, noch die dazu nöthige Musse habe. Wenn nun bei der Wahl der Reichthum entscheidet und dies oligarchisch ist, und es dagegen aristokratisch ist, wenn die persönliche Fähigkeit dabei entscheidet, so wäre dies eine dritte Art von Einrichtung, welche in der Verfassung der Karthager getroffen worden ist; denn hier werden beide Umstände bei der Wahl berücksichtigt, insbesondere bei der Wahl der höchsten Beamten, nämlich der Könige und der Feldherren. Diese Ausschreitung aus dem aristokratischen Princip muss als ein Fehler des Gesetzgebers angesehen werden; denn es gehört zu dem Nothwendigsten, dass gleich vom Anfang ab darauf geachtet werde, dass die Besseren Musse behalten und nicht zu niedrigen Arbeiten genöthigt sind, sowohl als Beamte, wie als Privatpersonen. Soll man aber dieser Musse wegen auch auf die Wohlhabenheit Rücksicht nehmen, so ist es schlimm, weil dadurch die wichtigsten Staatsämter, die der Könige und der Feldherren käuflich werden. Das Gesetz macht dann den Reichthum ehrenwerther, als die Tugend und den ganzen Staat geldgierig; denn in dem, was die Machthaber für ehrenwerth halten, folgt auch die Meinung der übrigen

Bürger nach und wo die Tugend nicht am höchsten geehrt wird, da kann die aristokratische Verfassung keinen festen Bestand haben. Wenn die Beamten ihr Amt sich erkaufen müssen, so gewöhnen sie sich natürlich an ein gewinnsüchtiges Handeln; denn wenn schon ein armer, aber guter Mensch Geld zu verdienen sucht, so wäre es verkehrt zu glauben, dass ein schlechterer zu seinem Aufwand es nicht thun sollte. Deshalb müssen nur die, welche am besten regieren können, Beamte sein, und es wäre besser, wenn der Gesetzgeber die Bedürftigkeit der Rechtschaffenen nicht als ein Hinderniss betrachtete, aber dafür sorgte, dass sie in eine unabhängige Lage kämen, wenn sie Beamte werden. Auch dürfte es eine schlechte Einrichtung sein, dass eine Person mehrere Aemter verwaltet, was bei den Karthagern für eine Ehre gilt; denn Einer kann nur *ein* Werk gut vollbringen. Hierauf, dass dies geschehe, muss der Gesetzgeber achten und er darf nicht ein und demselben vorschreiben die Flöte zu spielen und Schuhe zu machen. Wo also der Staat nicht zu klein ist, ist es rathsamer und volksthümlicher, dass Mehrere an den Aemtern Theil haben; denn es liegt darin, wie gesagt, mehr Gemeinsamkeit und Jeder wird dann das Seinige schneller und besser vollbringen. Dies lehrt am deutlichsten die Kriegführung und die Schiffahrt; denn in beiden geht das Befehlen und das Gehorchen gleichsam durch Alle hindurch. Obgleich somit die Verfassung der Karthager oligarchisch ist, so helfen sie sich doch sehr gut dadurch, dass sie einen Theil des Volkes in die Städte umher schicken und so demselben Gelegenheit geben, Reichthum zu erwerben. Dadurch heilen sie die Mängel der Verfassung und machen sie dauerhaft. Dies ist indess ein Werk des Zufalls, während der Aufruhr vielmehr durch den Gesetzgeber verhindert werden soll; denn wenn sie jetzt ein Unglück trifft und die Menge der Beherrschten abtrünnig wird, so haben sie kein Mittel dagegen, weil die Gesetze hierüber schweigen.

So verhält es sich also mit den Staatsverfassungen der Lakonier, Kreter und Karthager, die mit Recht in grossem Ansehen stehen.

Zwölftes Kapitel.

Von denen, welche über Verfassungen sich ausgesprochen haben, haben Manche sich weder an Staatsgeschäften, noch an sonstigen öffentlichen Geschäften betheiligt, sondern haben ihr ganzes Leben als Privatpersonen verbracht. Was nun von diesen an Erheblichem aufgestellt worden, ist bereits ziemlich vollständig von mir mitgetheilt worden. Andere sind aber Gesetzgeber geworden, entweder für ihren eigenen Staat, oder für fremde Staaten, und haben sich auch selbst mit den Staatsgeschäften befasst. Von ihnen haben ein Theil blos einzelne Gesetze gegeben, andere aber auch Verfassungen, wie *Lykurg* und *Solon;* beide haben sowohl eine Verfassung gegründet, wie Gesetze gemacht. Ueber die Lakedämonische habe ich bereits gesprochen, was aber *Solon* anlangt, so gilt er bei Manchen für einen tüchtigen Gesetzgeber, weil er die zu herrschsüchtige Oligarchie abgeschafft, die Dienstbarkeit des Volkes beseitigt und die väterliche Demokratie wieder hergestellt habe, indem er Bestimmungen anderer Verfassungen damit gut gemischt habe; denn in dem Rathe des Areopag sei, wie sie sagen, das oligarchische Element enthalten, in der Wahl der Beamten das aristokratische und in den Gerichten das demokratische. Indess scheint Solon jene Rathsversammlung und die Wahl der Beamten, die schon früher bestanden hat, nur nicht abgeschafft zu haben, aber das Volk hat er dadurch zur Gewalt gebracht, dass er die Gerichte aus allen Bürgern bildete. Deshalb tadeln ihn auch Manche, weil er die anderen Gewalten erschüttert habe, indem er die Gerichte, welche aus allen Bürgern durch das Loos bestimmt wurden, zum Herrn des Staats erhoben habe. Denn nachdem diese Einrichtung die genügende Stärke erlangt hatte, wurde dem Volke, wie einem Tyrannen geschmeichelt und die Verfassung ging in die jetzt bestehende Demokratie über.

Ephialtes und *Perikles* brachen die Gewalt des Areopag, und Perikles gewährte den Richtern einen Sold und so trieb es jeder Volksführer immer weiter in der Steigerung der jetzigen Demokratie. Dies scheint jedoch nicht in der Absicht des Solon gelegen zu haben, sondern ist in Folge des Zusammentreffens vieler Umstände eingetreten. Denn nachdem das Volk in den Perserkriegen die Herrschaft zur See begründet hatte, wurde es übermüthig und wählte schlechte Führer, trotzdem, dass die rechtlichen Bürger dagegen wirkten. Solon hatte dem Volke bereits die nothwendigsten Gesetze verliehen, nämlich die Wahl der Beamten und die Rechenschaftsabnahme, damit es im Besitz dieser Rechte weder knechtisch, noch kriegssüchtig werden sollte. Dagegen besetzte er alle Aemter aus den Gebildeten und Wohlhabenden; nämlich aus der Klasse derer, von welchen das Einkommen zu fünf Hundert Scheffel Getreide abgeschätzt war und aus der Klasse derer, welche noch ein Gespann hatten und drittens aus der sogenannten Klasse der Ritter; die vierte Klasse waren die Lohnarbeiter, welche an keinem Amte Antheil hatten.

Als Gesetzgeber sind auch noch aufgetreten *Zaleikos* in dem westlichen Lokri und der Catanäer *Charondas* für seine Vaterstadt und für die übrigen Chalkidischen Städte in Italien und Sicilien. Manche wollen auch behaupten, dass *Onomakrit* der erste bedeutende Gesetzgeber gewesen sei, der ein Lokrer war und dies in Kreta gelernt haben soll, wo er sich der Wahrsagekunst wegen aufhielt. *Thales* soll sein Freund gewesen sein und *Lykurg* und *Zaleukos* sollen Schüler des Thales gewesen sein und *Charondas* ein Schüler des Zaleukos; indessen wird bei diesen Behauptungen die Zeit nicht beachtet. Auch *Philolaos* aus Korinth trat in Theben als Gesetzgeber auf. Philolaos stammte aus dem Geschlecht der Bakchiaden und war ein Liebhaber des Diokles, welcher in den Olympischen Spielen den Preis gewann. Als dieser aber aus Abscheu vor den Liebesanträgen seiner Mutter Alkyone die Stadt verliess, ging er nach Theben und beide haben dort ihr Leben beschlossen. Noch heute zeigt man dort die Gräber von Beiden; man kann jedes von dem anderen aus gut sehen; aber die Gegend von Korinth ist nur von dem einen; aber nicht von dem anderen sichtbar; sie sollen nämlich die Grabstätten in dieser Weise bestimmt haben, weil Diokles über das, was ihm geschehen, erbittert gewesen und deshalb von seinem Grabhügel aus Korinth nicht sichtbar sein solle, während Philolaos das Gegentheil bestimmt habe. Aus diesem Grunde lebten sie, wie gesagt, in Theben und Philolaos trat als Gesetzgeber in mancherlei Dingen, insbesondere auch in Bezug auf die

Kindererlangung bei ihnen auf, was dort die Adoptivgesetzgebung heisst. Es ist dies eine Einrichtung, die er absichtlich traf, damit die Zahl der Güterloose unvermindert sich erhalten sollte. *Charondas* hat nichts Eigenthümliches eingeführt, mit Ausnahme der Processe gegen meineidige Zeugen, (dieses Anklageverfahren hat er zuerst eingerichtet) aber in der genaueren Abfassung der Gesetze war er gewandter, als die jetzigen Gesetzgeber.

Dem *Phaleas* gehört als eigenthümliche Bestimmung die Ausgleichung der Vermögen an und dem *Plato* die Gemeinschaft der Weiber, Kinder und des Vermögens, sowie die gemeinsamen Mahle der Frauen und das Gesetz über die Trunksucht, wonach die Nüchternen die Leiter der Mahlzeiten sein sollten, und das über die kriegerischen Uebungen, damit durch Gewöhnung beide Hände so stark, wie die rechte würden, weil es sich nicht gehöre, dass von den beiden Händen nur die eine, aber nicht auch die andere zu brauchen sei. Von *Drakon* giebt es zwar Gesetze, indess bestand schon die Verfassung, als er jene gab; von Eigenthümlichem findet sich darin nichts, was des Erwähnens werth wäre, ausgenommen die Härte derselben, wegen der Grösse der Strafen. Auch *Pittakos* hat Gesetze, aber keine Verfassung gemacht; ein eigenthümliches Gesetz von ihm bestimmt, dass Betrunkene, wenn sie Jemand schlagen würden, eine grössere Strafe, als die Nüchternen zahlen sollen, weil nämlich die Betrunkenen mehr dem Uebermuth sich hingeben, als die Nüchternen; deshalb übte er hierbei nicht die Nachsicht, die man den Trunkenen sonst schuldet, sondern er sah nur auf den Nutzen. Auch *Androdamos* von Rhegium gab den Thracischen Chalkidiern Gesetze; von ihm sind die Gesetze über den Mord und über die Erbtöchter; abgesehen von diesen, hätte man nichts Eigenthümliches von ihm zu berichten.

Dies möge über die wichtigsten bestehenden und die von Einzelnen besprochenen Verfassungen in dieser Weise untersucht sein.

Drittes Buch.

Erstes Kapitel.

Bei der Untersuchung über das Wesen und die Beschaffenheit der einzelnen Verfassungen wird zunächst zu ermitteln sein, was denn eigentlich der Staat sei; denn bald sagt man, der Staat habe dies und das gethan, bald, nicht der Staat, sondern die Oligarchie, oder der Tyrann. – Wir sehen nun, dass bei der ganzen Thätigkeit des Staatsmannes und des Gesetzgebers es sich um den Staat handelt; die Verfassung besteht aber in einer gewissen Ordnung in Bezug auf die Einwohner des Staates. Da nun der Staat zu den zusammengesetzten Dingen gehört, gleich anderen Ganzen, die aus vielen Theilen bestehen, so erhellt, dass man zunächst auf den Bürger die Untersuchung zu richten hat; denn der Staat ist eine Menge von Bürgern und man hat also zu ermitteln, wen man Bürger nennen kann und wer ein Bürger ist. Es bestehen hierüber manche Zweifel und in der Frage, wer Bürger sei, stimmen nicht Alle überein. Es trifft sich, dass der, welcher in der Demokratie Bürger ist, es in der Oligarchie nicht ist. Ich lasse hier diejenigen bei Seite, welche sonstwie diesen Namen bekommen, wie z. B. die Ehren-Bürger; indess ist Niemand schon dadurch Bürger, dass er an dem Orte wohnt; denn auch die Hintersassen und die Sclaven nehmen ja an dem Wohnsitze Theil; auch sind die noch keine Bürger, welche an der Gerichtsbarkeit Theil haben, entweder so, dass sie derselben unterworfen sind, oder, dass sie als Richter mit eintreten; denn dies gilt auch für die, welche durch Verträge an der Gerichtsbarkeit Theil nehmen; auch hier besteht für diese das gleiche Verhältniss. An vielen Orten haben indess die Hintersassen dieses Recht nicht einmal vollständig, sondern sie müssen sich einen Schutzherrn annehmen. Deshalb nehmen sie nur unvollständig an dieser Gemeinschaft Theil; man muss zwar, wie bei den Söhnen, die wegen ihrer Jugend noch nicht eingeschrieben sind und bei den ausgeschiedenen Greisen, sie zwar Bürger nennen, allein nicht in vollem Sinne, sondern man muss das „unvollständig“ oder „wegen Alters ausgeschieden“ oder sonst etwas der Art hinzusetzen, wobei es auf die Bezeichnung nicht besonders ankommt, indem der Sinn derselben bekannt ist. Die Frage geht also nach dem vollständigen Bürger, der keines solchen berichtigenden Beiwortes bedarf, zumal selbst bei den Ehrlosen und Flüchtlingen solche Bedenken und Berichtigungen nöthig werden können.

Der Bürger ist nun an nichts mehr erkennbar, als an seiner Theilnahme bei der Rechtsprechung und bei den Aemtern. Von den Aemtern sind manche nach ihrer Dauer verschieden eingerichtet; entweder so, dass ein und derselbe nicht zweimal dasselbe Amt bekleiden darf oder nur erst wieder nach Ablauf eines bestimmten Zeitraumes; bei anderen Aemtern ist dies nicht der Fall, wie bei den Richtern und den zur Volksversammlung Berechtigten. Man könnte nun leicht sagen, dass dergleichen Leute überhaupt keine Beamten seien und deshalb an der Regierung keinen Antheil hätten. Allein es wäre doch lächerlich, denen, welche die höchste Macht üben, die Regierung abzusprechen. In der Sache ist man jedoch hier nicht uneins, und es handelt sich nur um den Namen, wie man nämlich, da beide, sowohl die Richter, wie die Mitglieder der Volksversammlung, keinen besonderen Namen haben, ihre Aemter benennen soll. Der Unterscheidung wegen mögen sie daher die zeitlich unbestimmten Aemter heissen. Als Bürger gelten also nur die, welche an den obengenannten Rechten Theil haben; dagegen ist jener allgemeine Bürger, welcher unter seinem Begriffe alle die vorher genannten Personen umfassen soll, kaum noch als ein Bürger anzusehen, denn man darf nicht übersehen, dass bei den Dingen, deren Begriff verschiedene Arten unter sich befasst, und wo eines das erste, ein anderes das zweite und so weiter ist, das Gemeinsame von ihnen, wodurch sie Alle dies sind, entweder gar nichts, oder nur etwas Dürftiges ist.

Nun sehen wir, dass die Verfassungen der Art nach von einander verschieden sind und dass manche dem Begriffe nach den Vorrang haben, andere diesen nachstehen; denn die fehlerhaften und die, welche das rechte Maass überschritten haben, müssen nothwendig den fehlerfreien nachstehen, und wir werden demnächst sehen, wie wir die über das Maass hinausgegangenen benennen sollen. Deshalb muss auch der Bürger in jeder Verfassung ein anderer sein und deshalb wird der, welcher in dem demokratischen Staate Bürger heisst, dies im vollsten Maasse sein; in den anderen Verfassungen kann wohl das Gleiche stattfinden, aber es ist nicht nothwendig. Denn in einigen ist das Volk ohne Rechte und die Zusammenberufenen gelten da nicht als Volksversammlung und die Processe werden nach den Gegenständen von verschiedenen Beamten entschieden. So entscheidet in Lakedämon jeder einzelne Ephore über andere Arten von Verträgen und Handelsgeschäften, und die Aeltesten entscheiden in Fällen des Todtschlags; ähnlich entscheiden die einzelnen Beamten über andere Vergehen. Ebenso verhält es sich in Karthago; sämmtliche Processe werden da von einzelnen bestimmten Beamten entschieden. Indess hat die obige Definition des Bürgers ihre Richtigkeit; denn in den anderen Verfassungen ist nicht Jedweder als Mitglied der Volksversammlung und als Richter Beamter, sondern nur der, welcher zu dem Amte bestimmt ist; diesen bestimmten Beamten ist, und zwar entweder allen oder einzelnen von ihnen das Berathschlagen und das Aburtheilen entweder in allen oder in einzelnen Sachen übertragen. Hieraus ergiebt sich also, wer ein Bürger ist; ich nenne den, welcher das Recht hat an der berathenden oder richtenden Staatsthätigkeit Theil zu nehmen, einen Bürger dieses Staates, und Staat nenne ich eine solche Anzahl dieser Bürger, welche überhaupt zu einem selbständigen und vollständigen Leben genügt.

Zweites Kapitel.

Im gewöhnlichen Leben wird nur der als Bürger angesehen, welcher nach beiden Seiten von Bürgern abstammt und nicht blos nach einer, wie etwa blos von des Vaters oder der Mutter Seite. Manche verlangen hier noch mehr, etwa, dass auch die Grosseltern oder auch die Vorfahren im dritten und vierten Grade noch Bürger gewesen seien. Bei solchen staatsmännisch und schnell gemachten Bestimmungen kommen Manche darüber in Verlegenheit, wie dann der Ahn im dritten oder vierten Grade noch als Bürger angesehen werden könne. Der Leontiner *Gorgias* sagte daher, vielleicht halb aus Verlegenheit, halb aus Spott, dass ebenso, wie ein Mörser, das sei, was von dem Mörsermacher gemacht sei, so seien auch Larissäer die von den Bürger-Meistern Gemachten; denn es gebe ja auch Kesselmacher. Die Sache ist indess einfach; hatten sie nach der angegebenen Definition das Bürgerrecht, so waren sie auch Bürger; aber auf die ersten Einwohner oder Ansiedler kann die Bestimmung, dass man von einem Bürger und einer Bürgerin abstammen müsse, nicht angewendet werden. Zweifelhafter ist die Sache bei denen, welche von einer Umänderung der Verfassung betroffen werden, wie eine solche Kleisthenes nach der Vertreibung der Tyrannen in Athen machte, der viele Fremde, Sclaven und Hintersassen in die Stammregister einschrieb. Indess betrifft dieser Zweifel nicht die Frage des Bürgerseins, sondern nur die, ob man es mit Recht oder Unrecht ist, obgleich man auch hier noch streiten und sagen könnte, dass, wenn Jemand mit Unrecht Bürger geworden, er vielmehr kein Bürger sei, da ja das „mit Unrecht“ dem „falschen“ gleichgelte. Indess giebt es auch unrechtmässige Herrscher, von denen man doch sagt, dass sie herrschen, wenn auch nicht nach dem Rechte und da der Bürger durch eine Art von Amt gekennzeichnet worden ist (denn der, welcher an einem solchen Amte Theil nimmt, ist Bürger, wie ich gesagt), so muss man offenbar auch die obigen als Bürger ansehen und die Frage, ob sie es mit Recht oder Unrecht seien, fällt mit der eben besprochenen zusammen.

Drittes Kapitel.

Es kann ja auch der Zweifel entstehen, ob der „Staat“ etwas gethan habe, oder ob es nicht der Staat gethan; wenn z. B. aus einer Oligarchie oder Tyrannis eine Demokratie geworden ist. Manche wollen dann auch die Anleihen nicht zurückbezahlen, weil nicht der Staat, sondern der Tyrann das Geld in Empfang genommen habe und gleiches wird in vielen anderen Fällen behauptet, weil manche Beherrschung eines Staates nur auf der Gewalt beruhe, und nicht auf dem allgemeinen Nutzen. Allein wenn auch eine Demokratie auf solcher Gewalt beruhen sollte, so muss man doch von den Handlungen einer solchen Staatsleitung sagen, dass das, was sie thut, Handlungen des Staates seien, ebenso, wie von denen, die von einer Oligarchie oder einem Tyrannen vorgenommen worden sind. Der eigentliche Zweifel bei dieser Frage dürfte wohl der sein, in welchem Falle man sagen könne, der Staat sei noch derselbe, und in welchem Falle, dass er nicht mehr derselbe, sondern ein anderer sei?

Der gebräuchlichste Entscheidungsgrund wird hier von dem Lande oder von den Menschen entnommen; denn es kann vorkommen, dass das Land und die Menschen getrennt worden sind und die Einen dieses, die Anderen jenes Land bewohnen. Dieses Bedenken ist indess als das geringere anzusehen, denn da das Wort: Staat (πολις) mehrere Bedeutungen hat, so ist es in dieser Weise leicht die Frage zu beantworten. Ebenso kann man auch bei den Menschen, welche an *einem* Orte wohnen, fragen, wann sie als *eine* Stadt gelten sollen, denn dazu braucht es keiner Mauern und man könnte ja auch den ganzen Peloponnes mit einer Mauer umgeben. Ziemlich solcher Art ist ja Babylon und jede Stadt, die mehr die Ausdehnung einer Völkerschaft, als einer Stadt hat, und wo, wenn sie erobert worden, ein Theil der Stadt am dritten Tage dies noch nicht bemerkt. Indess mag die Untersuchung dieser Frage besser bei einer anderen Gelegenheit erfolgen, denn allerdings muss der Staatsmann auch wissen, welche Grösse für den Staat zuträglich ist und ob die Vereinigung von einer oder mehreren Völkerschaften dabei nützlich ist.

Aber wenn dieselben Menschen denselben Ort bewohnen, soll man da sagen, der Staat sei derselbe, so lange nur der Stamm der Einwohner immer derselbe ist, wenn auch immer welche sterben und andere geboren werden, wie man ja auch Flüsse und Quellen für dieselben hält, obgleich immer Wasser zufliesst und anderes abfliesst; oder soll man nur sagen, dass zwar aus diesem Grunde die Menschen dieselben seien, aber der Staat ein anderer?

Wenn indess der Staat eine Gemeinschaft ist und zwar eine Gemeinschaft von Bürgern, so scheint es nothwendig, dass, wenn die Staatsverfassung sich der Art nach geändert hat und von der früheren verschieden ist, auch der Staat nicht mehr derselbe sein kann; ebenso, wie man den Chor in einer Komödie nicht für denselben mit dem Chor in einer Tragödie nimmt, wenngleich die Menschen in beiden oft dieselben sind. Auch gilt jede andere Gemeinschaft und Verbindung als eine andere, wenn die Art der Verbindung sich geändert hat, wie beispielsweise ja auch der Zusammenklang derselben Töne als verschieden gilt, je nachdem er dorisch oder phrygisch ist. Wenn dies sich nun so verhält, so ist klar, dass man bei dieser Frage nach der Dieselbigkeit eines Staats hauptsächlich auf die Verfassung Rücksicht nehmen muss. Dagegen ist es hierfür gleichgültig, ob der Name geändert worden ist, oder derselbe geblieben, oder ob dieselben Menschen oder ganz andere die Stadt bewohnen. Ob aber der Staat, wenn er zu einer anderen Verfassung übergeht, seiner Verbindlichkeiten sich mit Recht entschlagen könne oder nicht, ist eine andere Frage.

Viertes Kapitel.

An das Bisherige schliesst sich die Untersuchung an, ob die Tugend eines guten Mannes und eines tüchtigen Bürgers als dieselbe anzusehen ist, oder nicht. Will man hier ein Ergebniss gewinnen, so ist zunächst die Tugend des Bürgers gleichsam im Umriss darzulegen. So wie der Schiffsmann *einer* von der gesammten Mannschaft ist, so meint man es auch bei dem Bürger. Wenn auch die Schiffsleute nach ihren Verrichtungen verschieden von einander sind, (denn der eine ist ein Ruderer, der andere Steuermann, der dritte Vordersteuermann und andere haben noch andere Namen), so bezeichnet doch der genauere Begriff eines Jeden das Eigenthümliche seiner Fertigkeit, aber zugleich wird auch ein gemeinsamer Begriff für Alle passen. Denn eine glückliche Schiffsreise ist die Aufgabe Aller und jeder der Schiffsleute sorgt dafür. So ist es nun auch bei den Bürgern, wenn sie auch gegen einander ungleich sind; das Wohl der Gemeinschaft ist die Aufgabe Aller und diese Gemeinschaft liegt in der Verfassung und Regierung; deshalb muss die Tugend des Bürgers sich hierauf beziehen. Da es indess verschiedene Arten von Verfassungen giebt, so erhellt, dass die vollkommene Tugend des tüchtigen Bürgers nicht *eine* und dieselbe sein kann, während man doch den Mann wegen der *einen* vollkommenen Tugend gut nennt. Hieraus erhellt, dass der tüchtige Bürger nicht diejenige Tugend zu besitzen braucht, vermöge welcher er ein tüchtiger Mann ist.

Man kann indess die Frage noch auf eine andere Weise untersuchen, indem man von dem Begriffe der besten Verfassung ausgeht. Es ist nämlich unmöglich, dass ein Staat aus lauter guten Menschen besteht, aber doch muss jeder Einzelne sein Werk gut verrichten und zwar vermöge seiner Tugend. Da es aber unmöglich ist, dass alle Bürger sich einander gleich seien, so dürfte auch deshalb die Tugend eines guten Bürgers nicht dieselbe mit der eines guten Mannes sein; denn die Tugend eines tüchtigen Bürgers muss allen Bürgern einwohnen (denn nur so kann der Staat der beste sein), dagegen kann die Tugend des guten Mannes nicht Allen einwohnen, wenn es nicht nothwendig ist, dass alle Bürger in diesem tüchtigen Staate gute Menschen sind. Auch besteht der Staat aus ungleichen Theilen, wie z. B. schon das Lebendige aus Seele und Körper und die Seele aus Denken und Wollen und die Familie aus Mann und Frau und das Vermögen aus dem Herrn und seinen Sclaven; ebenso ist auch der Staat aus allen diesen und noch aus anderen unähnlichen Arten zusammengesetzt und deshalb kann es nicht *eine* Tugend für alle Bürger geben, so wenig wie *eine* für den Chorführer und den Nebenmann bei den Chorleuten.

Hieraus erhellt, dass die Tugend des guten Bürgers und des guten Mannes nicht schlechthin dieselbe ist. Aber sollte nicht in Etwas die Tugend beider dieselbe sein? Man sagt doch von einem tüchtigen Herrscher, dass er gut und klug sei, folglich muss der Staatsmann klug sein. Auch muss schon die Erziehung eines Herrschers nach Einigen eine andere sein, und die Söhne der Könige werden ja auch, wie man sieht, in der Reitkunst und Kriegskunst unterrichtet und *Euripides* sagt:

„Für mich keine Zierrath, sondern das, wessen der Staat bedarf“,

als wenn der Herrscher einer besonderen Erziehung bedürfe. Wenn sonach die Tugend des guten Herrschers und des guten Mannes dieselbe ist, Bürger aber auch der Beherrschte ist, so ist zwar die Tugend des Bürgers und des Mannes schlechthin nicht dieselbe, aber doch die eines gewissen Bürgers; denn die Tugend des Herrschers und des Bürgers ist nicht dieselbe und deshalb sagt wohl Jason, dass er hungere, weil er nicht Alleinherscher sei, indem er nicht verstand, ein Privatmann zu sein.

Indess wird doch auch die Fähigkeit zu herrschen und beherrscht zu werden, gelobt und die Tugend eines angesehenen Bürgers besteht darin, dass er sowohl gut zu herrschen, wie gut zu gehorchen vermag. Setzen wir nun die Tugend des guten Mannes in das Herrschen und die des Bürgers in Beides, so wären die Tugenden beider nicht gleich lobenswerth. Dass sonach der Herrscher und der Beherrschte dieses Beides, aber nicht jeder dasselbe von diesen beiden lernen sollen, der Bürger aber beides verstehen und innehaben muss, dürfte sich auch aus Folgendem ergeben. Es giebt nämlich in der Herrschaft des Herrn über den Sclaven etwas, was der Herr nicht selbst zu üben, sondern nur zu benutzen wissen muss; das Gegentheil wäre ja sclavenartig; unter dem Gegentheil meine ich nämlich, dass der Herr auch selbst die Dienste des Sclaven zu leisten vermag. Von den Sclaven giebt es nun verschiedene Arten, da deren Verrichtungen mehrfach sind. Eine Art von diesen Verrichtungen betreiben auch die Handarbeiter; es sind, wie schon der Name anzeigt, die, welche von ihren Händen leben, zu denen auch der gemeine Handwerker gehört. Deshalb hatten auch in alten Zeiten diese Handwerker in einigen Staaten keinen Antheil an den Aemtern, so lange die Demokratie noch nicht den äussersten Grad erreicht hatte. Die Arbeiten dieser so beherrschten Leute braucht nun weder der gute Mann, noch der gute Staatsmann, noch der gute Bürger zu erlernen, ausser, wenn er es einmal für sich selbst brauchen sollte, denn sonst wäre kein Unterschied zwischen Herrn und Sclaven mehr vorhanden. Nun giebt es aber auch eine Herrschaft, wonach man über freie und der Art nach gleiche Menschen herrscht und diese Herrschaft nennt man die staatliche. Diese muss der Herrscher durch das Beherrschtwerden lernen, wie der Reiteroberst seine Herrschaft lernt, indem er unter einem Reiteroberst dient, und wie der Feldherr die seine lernt, indem er unter einem Feldherrn dient und ebenso der Hauptmann und der niedere Vorgesetzte. Deshalb sagt man auch ganz richtig, dass man nicht gut herrschen kann, wenn man nicht gehorcht hat. So ist die Tugend dieser zwar eine verschiedene, aber der gute Bürger muss sowohl das Herrschen, wie das Gehorchen verstehen und können und dies ist die Tugend des Bürgers, dass er die Herrschaft über Freie nach beiden Richtungen verstehe. Auch die Tugend des guten Mannes muss beides befassen, wenn auch die Mässigung und Gerechtigkeit des Herrschers von anderer Art ist. Auch bei dem guten beherrschten Freien ist offenbar die Tugend nicht blos *eine*, z. B. die Gerechtigkeit, sondern sie hat verschiedene Arten, nach denen er herrscht und beherrscht wird; ebenso wie die Mässigkeit und die Tapferkeit bei dem Manne eine andere ist, als bei der Frau. Ein Mann würde ja für feig gelten, wenn er nur so tapfer, wie eine Frau wäre und eine Frau für ausgelassen, wenn sie nur so züchtig wäre, wie ein guter Mann. Auch die Hauswirthschaft ist für den Mann eine andere, wie für die Frau; der eine hat zu erwerben; die andere zu hüten. Dagegen ist die Klugheit die eigenthümliche Tugend des Herrschers, während die anderen Tugenden wohl den Beherrschten und den Herrschern gemeinsamer sind. Nicht die Klugheit, sondern richtiges Verständniss ist die Tugend des Beherrschten; wie der Flöten-Verfertiger der Beherrschte und der, welcher sie gebraucht, der Herrschende ist.

Fünftes Kapitel.

Ob nun die Tugend des guten Mannes und des tüchtigen Bürgers dieselbe ist, oder nicht, und wie sie dieselbe ist und wie eine andere, erhellt aus dem Gesagten; dagegen ist noch ein Zweifel in Bezug auf den Bürger übrig geblieben; ob nämlich anzunehmen sei, dass nur derjenige Bürger sei, welcher an der Staatsgewalt Theil nimmt, oder ob auch die gemeinen Handwerker als Bürger gelten sollen? Sollten auch letztere, die an der Herrschaft keinen Antheil haben, als Bürger gelten, so kann die Tugend jedes Bürgers nicht ein und dieselbe sein, denn dann ist auch der Handwerker Bürger. Soll aber keiner von letzteren als Bürger gelten, so fragt es sich, wohin sie zu stellen sind? Denn sie sind weder Fremde, noch Hintersassen. Oder sollte bei solcher Ansicht wohl keineswegs etwas Verkehrtes herauskommen? Denn auch die Sclaven und die Freigelassenen fallen ja unter keine der obigen Bestimmungen. So viel ist jedenfalls wahr, dass man nicht alle die, ohne welche der Staat nicht bestehen kann, auch als Bürger ansehen kann, da ja auch die Knaben nicht ebenso Bürger sind, wie die Männer; sondern diese sind es schlechthin und jene nur unter einer Voraussetzung; sie sind zwar Bürger, aber noch keine vollendeten. In alten Zeiten galt in einigen Staaten der Handwerker als Sclave oder Fremder; deshalb giebt es auch jetzt noch viele solche Handwerker. Indess wird der beste Staat den Handwerker nicht zum Bürger machen und wenn auch dieser Bürger ist, so gilt doch die von mir bezeichnete Tugend des Bürgers nicht für jeden Bürger, und auch nicht für jeden Freien, sondern für die, welche von dem Erwerb des nothwendigen Lebensunterhaltes befreit sind. Wer mit der Beschaffung des nothwendigen Lebensunterhaltes zu thun hat, ist, wenn er für *Einen* arbeitet, Sclave, und wenn er für die Gesammtheit arbeitet, Handwerker oder Tagelöhner. Hieraus kann man leicht ersehen, wie es sich mit diesen Leuten verhält; denn das, was man sieht, macht das Gesagte klar.

Da es verschiedene Verfassungen giebt, so muss es auch verschiedene Arten von Bürgern geben, namentlich von solchen, die beherrscht werden; deshalb kann es kommen, dass bei der einen Verfassung auch der Handwerker und Tagelöhner als Bürger gelten muss, dass aber in anderen dies nicht angeht, namentlich nicht in der sogenannten aristokratischen Verfassung, in welcher die Ehrenstellen nach der Tugend und nach dem persönlichen Werthe vergeben werden. Denn ein im Handwerk oder Tagelöhnerdienst verbrachtes Leben kann die der Tugend zugehörenden Eigenschaften nicht herbeiführen. Dagegen kann in der Oligarchie zwar der Tagelöhner nicht Bürger sein (denn die Theilnahme an den Aemtern hängt da von einer hohen Einschätzung ab) wohl aber die Handwerker, da viele von diesen reich sind. In Theben gab es ein Gesetz, dass, wer nicht zehn Jahre lang sich der Marktgeschäfte enthalten habe, an der Staatsgewalt keinen Antheil haben solle. In manchen Verfassungen zieht das Gesetz auch die Fremden herbei; wenn man da nur der Sohn einer Bürgerin ist, so ist man in einigen demokratischen Staaten auch Bürger. Ebenso verhält es sich in vielen Staaten mit den unehelichen Kindern. Da indess nur aus Mangel an ächten Bürgern solche Personen zu Bürgern gemacht werden (denn man nimmt nur wegen des Mangels an Männern zu solchen Gesetzen seine Zuflucht), so werden, wenn die Volksmenge wieder genügend angewachsen ist, nach kurzer Zeit zunächst die Kinder von Sclaven oder Sclavinnen wieder ausgeschlossen und später auch die, wo nur die Mutter eine Bürgerin ist, so dass zuletzt nur die als Bürger gelten, welche beiderseits von Bürgern abstammen. Hieraus erhellt, dass es verschiedene Arten von Bürgern giebt und dass derjenige Bürger im vorzüglichsten Sinne ist, welcher an den Ehrenämtern Theil nimmt, wie schon *Homer* sagt „gleich einem, der Ehren unfähigen Fremdlinge“, indem derjenige als Hintersasse gilt, wer an diesen Ehren nicht Theil nimmt. Wo aber diese Sachlage verhüllt ist, da geschieht es, um die Miteinwohner zu täuschen. Ob nun die Tugend, vermöge welcher ein Mann gut und ein Bürger tüchtig ist, als dieselbe oder als verschieden anzunehmen ist, erhellt aus dem Gesagten. In dem einen Staate ist sie für beide einerlei, in dem anderen Staate nicht; und auch dort nicht für jeden Bürger, sondern nur für den Staatsmann und Herrn oder für den, welcher wenigstens, sei es allein, oder mit Anderen, Herr in Bezug auf die Besorgung der gemeinsamen Angelegenheiten werden kann.

Sechstes Kapitel.

Nachdem dies festgestellt worden ist, so habe ich nun zu untersuchen, ob man blos *eine* Staatsverfassung anzunehmen habe, oder mehrere und wenn mehrere, welche und wie viele und wie sie sich unterscheiden. Die Verfassung besteht in der Feststellung der Staatsämter überhaupt und insbesondere des obersten von allen. Denn das Oberste ist überall das Regierende im Staate, und wer dieses Regierende ist, darin besteht die Verfassung. Ich meine dies so, dass in den demokratischen Staaten das Volk der Herr ist; dagegen in den Oligarchien die Wenigen; deshalb sagt man auch, dass diese Verfassungen von einander verschieden seien. Dasselbe wird auch von den übrigen Verfassungen zu sagen sein.

Zunächst ist nun zu erörtern, weshalb der Staat sich gebildet hat und wie viel Arten der Herrschaft über den Menschen und die Gemeinschaft für's Leben bestehen. Nun habe ich schon bei den ersten Untersuchungen, in denen die Hauswirthschaft und das Verhältniss zwischen Herrn und Sclaven näher bestimmt wurde, gesagt, dass der Mensch von Natur ein staatliches Wesen sei; wenn die Menschen daher auch keiner Hülfe von einander bedürften, so würden sie doch nicht minder ein gemeinsames Leben begehren; indess führt auch der Nutzen aus der Gemeinschaft in so weit zusammen, als er für jeden Einiges zum sittlich-schönen Leben beiträgt. Dies ist ja das vornehmste Ziel für Alle, mögen sie vereint, oder vereinzelt sein; indess treten die Menschen auch schon um des Lebens selbst willen zusammen (denn es enthält wohl schon einen Theil des sittlich-schönen Lebens), und sie halten die staatliche Gemeinschaft auch um des Lebens allein willen aufrecht, so lange sie nicht zu sehr in dem überwiegt, was das Leben schwer macht. Dies erhellt aus dem vielen Ungemach, was die Menschen aus Anhänglichkeit an's Leben überwinden, als wäre im Leben an sich ein gewisses Wohlbehagen und eine natürliche Süssigkeit.

Aber auch die gewöhnlichen Arten der Herrschaft kann man leicht von einander sondern, und ich habe schon in meinen gemeinverständlichen Vorträgen oft das Nähere darüber angegeben. Obgleich die Herrschaft über den Sclaven für den in Wahrheit von Natur zum Sclaven und für den von Natur zum Herrn bestimmten Menschen gleich nützlich ist, so besteht sie trotzdem hauptsächlich nur zum Nutzen des Herrn und der Nutzen für den Sclaven tritt nur nebenbei ein, weil, wenn der Sclave umkommt, auch das Recht des Herrn zu Grunde geht. Dagegen besteht die Herrschaft über die Kinder, die Frau und über das ganze Haus, welche die hauswirthschaftliche heisst, entweder nur der Untergebenen wegen, oder wegen eines für beide Gemeinsamen; an sich jedoch der Untergebenen wegen, wie das sich ja auch bei den anderen Künsten, z. B. der Arzneikunst und der Turnkunst zeigt; nebenbei kann sie aber auch den Gebietern von Nutzen sein; denn es ist ja möglich, dass der Turnmeister mitunter auch selbst an den Turnübungen Theil nimmt, wie ja auch der Steuermann immer einer von der Schiffsmannschaft ist. Sonach sieht der Turnmeister und Steuermann auf den Vortheil seiner Untergebenen; wenn er aber selbst sich zu einem von diesen macht, so hat er nebenbei auch Theil an dem Vortheil; denn der Steuermann ist ein Seefahrer und der Turnmeister ist dann einer von denen, die sich in der

Turnkunst üben. Ist daher ein Staat der Gleichheit und Aehnlichkeit der Bürger entsprechend gebildet, so verlangen diese ihren Theil an den Aemtern. In früherer Zeit verlangten die Bürger in natürlicher Weise der Reihe nach dem Staate zu dienen und es sollte demnächst wieder ein Anderer für ihn und sein Wohlergehen so sorgen, wie er selbst vorher im Amte für den Vortheil des Anderen gesorgt hatte. Jetzt will man aber wegen der Vortheile, welche aus der Gemeinschaft und aus dem Amte erwachsen, die Aemter ohne Unterlass behalten, gleich als wenn die kränklichen Beamten dadurch gesund werden könnten; denn so ungefähr jagt man jetzt nach den Aemtern. Hiernach ist also klar, wie alle Verfassungen welche das gemeine Beste erstreben, sich in Bezug auf das schlechthin Gerechte richtig verhalten; wie alle, welche nur das Beste der Herrschenden im Auge haben, fehlerhaft und Ueberschreitungen der richtigen Verfassungen sind. Denn sie sind von despotischer Art, während der Staat eine Gemeinschaft Freier ist.

Siebentes Kapitel.

An diese Auseinandersetzungen schliesst sich die Betrachtung der einzelnen Verfassungen, nach ihrer Zahl und Beschaffenheit und zwar zunächst die der richtigen, da die Ueberschreitungen derselben sich von selbst ergeben, wenn jene begrifflich bestimmt worden sind. Da nun Verfassung und Regierendes dasselbe bezeichnet und letzteres das in dem Staate Herrschende ist, so muss dieses Herrschende entweder Einer oder Einige, oder die Menge sein und wenn der Eine, oder die Einigen oder die Menge die Herrschaft zu dem allgemeinen Besten führen, so müssen dies die richtigen Verfassungen sein; geschieht es aber nur zu dem besonderen Nutzen des Einen, oder der Wenigen, oder der Menge, so sind sie Ausschreitungen; denn die Theilnehmer an der Gemeinschaft kann man entweder nicht Bürger nennen, oder sie müssen an dem Nutzen Theil nehmen.

Man pflegt nur von den Alleinherrschaften diejenigen, welche das gemeine Beste im Auge haben, *Königthümer* zu nennen; die, wo Einige, aber doch mehr, als Einer herrschen, heissen *Aristokratien*, sei es, weil die Besten herrschen, oder weil das Beste für den Staat und seine Mitglieder verfolgt wird; wenn aber die Menge zum gemeinen Besten herrscht, so nennt man dies den Staat, (Freistaat) also mit einem Namen, welcher der gemeinsame für alle Verfassungen ist. Es ist dies ganz folgerecht; denn dass Einer oder Einige sich durch Tugend auszeichnen, kann schon kommen; dass aber Viele alle Tugenden streng einhalten, ist schwer; am ehesten ist es noch für die kriegerische Tugend möglich, da diese innerhalb der Menge sich bildet. Deshalb haben in dieser Verfassung die Wehrhaften die oberste Herrschaft und die, welche die Waffen tragen, sind in deren Besitz.

Die Ausschreitungen bei diesen genannten Verfassungen sind, und zwar bei dem Königthume die Tyrannis, bei der Aristokratie die Oligarchie, bei dem Freistaate die Demokratie. Die Tyrannis ist nämlich die Herrschaft eines Einzigen, lediglich zum Besten des Herrschers; die Oligarchie zum Besten der Wohlhabenden und die Demokratie zum Besten der Armen; den Nutzen für das Gemeinsame hat aber keine derselben zum Zweck.

Achtes Kapitel.

Ich habe jedoch diese einzelnen Verfassungen noch ein wenig ausführlicher zu besprechen, da hier sich noch einige Bedenken erheben, und es gehört zu der Eigenthümlichkeit dessen, welcher hier in jeder Weise wissenschaftlich verfahren und nicht auf die blosse Praxis achten will, dass er nichts übersieht und nichts unbeachtet lässt, sondern die Wahrheit über alles klar darlegt. Die Tyrannis ist nur, wie gesagt, die Herrschaft eines Einzigen, welcher über die staatliche Gemeinschaft nach Art des Herrn über die Sclaven herrscht; die Oligarchie ist dann vorhanden, wenn die Vermögenderen Herren des Staates sind; die Demokratie dagegen dann, wenn nicht die Vermögenderen, sondern die arme Menge herrscht. Das nächste Bedenken betrifft hier die Begriffsbestimmung; denn wenn die Menge als die Herren des Staates, wohlhabend wäre, und die Demokratie da ist, wo die Menge die

Herrschaft hat und ebenso, wenn es sich wo träfe, dass die Armen an Zahl geringer, als die Wohlhabenden wären, aber als die stärkeren die Herren des Staates wären, und wenn die Oligarchie da sein soll, wo nur eine geringe Zahl Herr des Staates ist, so scheinen die Definitionen dieser Verfassungen nicht richtig bestimmt zu sein. Wenn nun auch Jemand mit der Wohlhabenheit die geringe Anzahl und mit der Armuth die Menge verbinden und diese Verfassungen so definiren wollte, dass die Oligarchie da sei, wo wenige an Zahl, aber Wohlhabende die Herrschaft haben, und die Demokratie da, wo die Armen und an Zahl die grosse Menge bildenden sie haben, so würde ein anderes Bedenken entstehen. Wie soll man nämlich dann die oben erwähnten Verfassungen benennen, wo die Wohlhabenden die Vielen oder die Armen die Wenigen sind, aber beide doch die Herrschaft im Staate haben, wenn neben den früher genannten es keine Verfassungen weiter giebt? Jener Grund lehrt also, dass die Wenigen oder die Vielen bei der Herrschaft nur etwas Nebensächliches sind, und zwar dieses für die Demokratien, jenes für die Oligarchien, weil nämlich überall der Wohlhabenden nur wenige, der Armen aber viele sind. Deshalb kommt es auch nicht vor, dass die erwähnten Umstände Grund zu unterschiedenen Verfassungen gegeben haben; vielmehr ist das, wodurch die Demokratie und die Oligarchie sich unterscheiden, die Armuth und der Reichthum, und nothwendig ist da eine Oligarchie, wo die Herrschaft auf dem Reichthume beruht, mögen es wenige oder viele sein, und wo die Armen herrschen, ist eine Demokratie vorhanden. Allerdings trifft es sich nebenbei, dass, wie gesagt, dort ihrer nur wenige, hier ihrer viele sind; denn nur wenige sind wohlhabend, aber an der Freiheit nehmen alle Theil und auf diese Gründe gestützt, machen beide Anspruch auf die Regierung.

Neuntes Kapitel.

Ich habe nun zunächst die Begriffe zu erörtern, welche für die Oligarchie und Demokratie aufgestellt werden und was das Gerechte in beiden sein soll. Alle nehmen ein Gerechtes in beiden an, aber nur bis zu einem gewissen Grade und nicht das Gerechte an sich. So scheint das

Gerechte in dem Gleichen zu bestehen und dies ist auch richtig; aber es ist nicht das Gerechte für Alle, sondern nur für die Gleichen; ebenso scheint auch das Ungleiche das Gerechte zu sein und dies ist auch richtig, aber nicht für Alle, sondern nur für die Ungleichen. Wer dies weglässt, nämlich die Bestimmung, für welche Personen es gilt, der urtheilt auch falsch, und zwar, weil das Urtheil ihn selbst betrifft und die Meisten beinahe immer schlechte Richter in ihren eignen Angelegenheiten sind. Während so das Gerechte nur für bestimmte Personen bestehen soll, und derselbe Unterschied auch bei den Söhnen und wem sie gehören statt finden soll, wie ich in meiner Ethik gesagt habe, stimmt man wohl sachlich in der Gleichheit überein, aber nicht in den Personen, für welche sie bestehen soll und zwar hauptsächlich, weil man, wie ich eben bemerkt habe, in seinen eignen Angelegenheiten falsch urtheilt und ausserdem, weil beide Theile, indem sie von dem Gerechten nur bis zu einem gewissen Grade sprechen, doch meinen, von dem Gerechten schlechthin zu sprechen. So meinen die, welche in einem Punkte ungleich sind, z. B. im Vermögen, ganz ungleich gegen einander zu sein und die, welche in *einem* Punkte gleich sind, z. B. in der Freiheit, ganz gleich mit einander zu sein; aber das, was die Hauptsache ist, erwähnen sie nicht. Wären die Menschen nur des Vermögens wegen zusammengetreten und hätten sie sich nur deshalb verbunden, so möchten sie am Staate so weit Antheil haben, als ihr Vermögen beträgt und dann würde das, was die Oligarchen sagen, gelten müssen, denn es ist nicht gerecht, dass beide an den hundert Minen gleichen Antheil haben, wenn der eine nur eine Mine eingebracht hat und der andere das Uebrige ganz allein gegeben hat; und dies gilt sowohl für die anfänglichen hundert Minen, wie für das, was später hinzugetreten ist. Wie aber, wenn sie nicht blos des Lebens wegen, sondern des guten Lebens wegen zusammengetreten sind? (denn sonst gäbe es ja auch einen Staat für Sclaven und für Thiere, was doch nicht der Fall ist, denn diese haben nicht an der Glückseligkeit Theil und können auch nicht nach ihrem Belieben ihr Leben einrichten). Und wenn es auch nicht der Bundesgenossenschaft wegen, um von Niemand verletzt zu werden, geschehen ist und auch nicht des Handels und des gegenseitigen Nutzens wegen? Denn auch die Kyrener und die Karthager und alle, welche Verträge mit einander geschlossen haben, müssten dann als Bürger *eines* Staates gelten. Alle diese haben zwar Verträge über die Einfuhr von Waaren geschlossen und Uebereinkommen getroffen, einander nicht zu beschädigen und schriftliche Abkommen über Bundesgenossenschaft; aber sie haben deshalb keine gemeinsamen Obrigkeiten für Alle eingerichtet, sondern jeder hat seine eignen; auch bekümmern sich die Einen nicht um die inneren Zustände bei den Anderen, noch darum, dass keiner von den Vertragschliessenden ungerecht werde oder in eine Schlechtigkeit verfalle, sondern sie sorgen nur, dass die Vertragschliessenden einander nicht verletzen. Dagegen richten die, welche für eine gute Gesetzgebung sorgen wollen, ihr Augenmerk auf die politische Tugend und Schlechtigkeit. Hieraus erhellt, dass ein Staat, der in Wahrheit als ein solcher gelten will und dem es nicht blos um den Namen zu thun ist, für die politische Tugend Sorge tragen muss. Denn sonst würde die Staatsgemeinschaft nur zu einer Bundesgenossenschaft, welche sich von den entfernt von einander wohnenden Bundesgenossen nur dem Ort nach unterschiede, und das Gesetz würde zu einem Bundesvertrag und, wie der Sophist *Lykophron* sagte, blos ein Bürge für die gegenseitigen Rechte, aber es vermöchte nicht die Bürger zu guten und gerechten zu machen.

Dass es sich so verhält, ist klar; denn wenn auch Jemand die verschiedenen Orte in *einen* zusammenbrächte, so, dass die Städte Megara und Korinth sich mit den Mauern berührten, so wären sie gleichwohl nicht *ein* Staat; auch nicht, wenn sie Heirathen mit einander abschlössen, obgleich dies zu den eigenthümlichen Verbindungsmitteln der Staaten gehört. Ebenso auch dann nicht, wenn Einige zwar getrennt wohnten, aber nicht so entfernt, dass sie nicht mit einander verkehren könnten, und Gesetze für sie beständen, wonach sie einander im Verkehr nicht Unrecht thun dürften; z. B. wenn der eine ein Zimmermann, der andere ein Landbauer, der dritte ein Schuhmacher und wieder einer ein anderer der Art wäre und die Menge zehn Tausend betrüge und ihre Gemeinschaft sich nur auf dergleichen, wie Tauschverkehr und Kriegsgenossenschaft erstreckte, so würde auch dann noch kein Staat vorhanden sein. Und aus welchem Grunde nicht? Keineswegs deshalb, weil die Gemeinschaft nicht örtlich nahe genug wäre. Denn wenn sie auch zusammen kämen und so diese Gemeinschaft hätten, aber jeder sein Haus so wie einen Staat benutzte und sie einander, als wenn nur eine Kriegsgenossenschaft bestände, blos gegen diejenigen beistünden, welche ihnen Unrecht thäten, so würde auch dann für den strengen Beurtheiler noch kein Staat vorhanden sein; nämlich wenn sie an dem *einen* Orte so verkehrten, als wären sie örtlich getrennt.

Es ist also klar, dass der Staat keine Gemeinschaft blos dem Orte nach oder nur zum Schutze gegen Beschädigungen oder um des blossen Austausches willen ist; vielmehr müssen diese Bedingungen zwar vorhanden sein, wenn ein Staat werden soll; aber wenn sie auch alle vorhanden sind, ist deshalb noch kein Staat vorhanden, sondern dieser ist eine Gemeinschaft zum Gutleben für die Familien und Geschlechter um eines vollkommenen und sich selbst genugsamen Lebens willen. Deshalb kann diese Gemeinschaft nicht vorhanden sein, wenn die Mitglieder nicht ein und denselben Landstrich bewohnen und eheliche Verbindungen unter einander eingehen. Deshalb entstanden auch Verschwägerungen in den Staaten, und Stammverwandtschaften und gesellige Vereine; allein diese sind das Werk der Freundschaft; denn die Freundschaft ist der Entschluss zusammen zu leben. Sonach ist das Ziel des Staates das Gutleben und jene Verbindungen geschehen nur dieses Zieles wegen; der Staat dagegen ist die Gemeinsamkeit der Geschlechter und Ortschaften zu einem vollkommenen und sich selbst genugsamen Leben. Dieses ist aber, wie ich behaupte, das glückselige und sittlich schöne Leben. Die staatliche Gemeinschaft hat also das sittlich-schöne Handeln zum Zweck und nicht blos das Zusammenleben. Die also, welche am meisten zu einer solchen Gemeinschaft beitragen, haben mehr Theil am Staate, als die, welche zwar an Freiheit und edler Abstammung ihnen gleich sind, oder noch vorstehen, aber in der Bürgertugend ihnen nicht gleichen; oder als die, welche sie zwar an Reichthum übertreffen, aber in der Tugend von ihnen übertroffen werden. Somit erhellt aus dem hier Gesagten, dass alle, welche über die Verfassungen mit einander streiten, dabei nur einen Theil des Rechten treffen.

Zehntes Kapitel.

Indess entsteht nun das Bedenken, wer der Herrschende in dem Staate sein solle? ob etwa die Menge, oder die Reichen, oder die sittlich Guten, oder der *eine* beste von Allen, oder der Tyrann? Jede dieser Annahmen hat ihre Schwierigkeiten; denn gesetzt, die Armen vertheilten, weil sie die Mehrzahl sind, das Eigenthum der Reichen unter sich, so wäre dies dann kein Unrecht; denn es hat ja, beim Zeus, dem Herrn mit Recht so gefallen. Was könnte man da zuletzt noch als eine Ungerechtigkeit behaupten? Und wenn wieder von der ganzen Volksmenge die Mehrheit die Güter der Minderheit unter sich vertheilte, so ist klar, dass sie den Staat zu Grunde richtete. Nun verdirbt aber die Tugend nicht den, der sie besitzt, und auch das Gerechte zerstört den Staat nicht; also erhellt, dass ein solcher Beschluss nicht gerecht sein kann. Ferner müssten auch alle Handlungen des Tyrannen nothwendig gerecht sein, denn er ist der Machthabende und als solcher vergewaltigt er, ebenso wie dort die Menge es thut, die Reichen. Sollte es also deshalb wohl gerecht sein, dass die Wenigen und die Reichen herrschen? Aber wenn auch diese dasselbe thun, wenn sie rauben und der Menge ihr Eigenthum wegnehmen, sollte dies gerecht sein? Dann wäre es ja auch in jenem Falle gerecht. Es ist also klar, dass dies alles schlecht und ungerecht ist. Aber sollen deshalb die Sittlich-Guten herrschen und die Herren über Alle sein? Folgt dann nicht, dass alle Anderen ehrlos sind, da sie nicht der Staatsämter werth gehalten werden? Denn die Aemter gelten als die Ehren und wenn immer dieselben Personen in den Aemtern bleiben, müssen die Anderen die Ehrlosen werden. Also wäre es besser, dass nur *einer* und zwar der Rechtlichste herrsche? Allein dies wäre nur noch oligarchischer; denn dann wären der Ehrlosen noch mehr.

Nun könnte vielleicht Jemand sagen, es sei überhaupt falsch, dass der Herrscher ein Mensch und nicht das Gesetz sein solle, da der Mensch den

Leidenschaften unterworfen sei. Aber wenn nun das Gesetz selbst oligarchisch oder demokratisch ist, welcher Unterschied wäre dies in Bezug auf die besprochenen Bedenken? Das vorher Erwähnte würde dann ebenso eintreten.

Elftes Kapitel.

Die Untersuchung der anderen Bedenken soll später erfolgen; aber die Annahme, dass eher die Menge, als die Besten, aber Wenigen, die Herren sein sollen, dürfte vielleicht eine Lösung bieten und, wenn sie auch nicht ohne Bedenken ist, doch wohl die Wahrheit enthalten. Denn die Vielen können, wenn auch der Einzelne in ihnen kein sittlich-guter Mann ist, doch durch ihr Zusammentreten besser, als jene werden; nicht als Einzelne, sondern als Alle zusammen, gleich wie ein Schmaus, zu dem Viele beitragen, besser ist, als der, welche nur auf Kosten Eines veranstaltet wird. Denn da es Viele sind und jeder einiges an Tugend und Klugheit besitzt, so kann durch ihren Zusammentritt die Menge gleichsam zu *einem* Menschen mit vielen Füssen, Händen und vielen Sinnen werden; und dies gilt auch in Bezug auf die Sittlichkeit und Einsicht. Deshalb beurtheilt die Menge auch die Werke der Musiker und der Dichter besser; denn der eine fasst zwar nur diesen, der andere nur jenen Theil davon auf; aber Alle zusammen das Ganze. Eben dadurch unterscheidet sich der wahrhaft sittliche Mensch von dem Einzelnen der Menge, wie man es auch bei dem Schönen gegenüber dem Hässlichen sagt und von den Gemälden des Künstlers, gegenüber den wirklichen Menschen; nämlich dadurch, dass das Zerstreute und Getrennte bei ihm in Eins zusammengebracht ist, während bei den Einzelnen allerdings bei dem Einen das Auge und bei dem Anderen ein anderer Theil des Körpers sich besser verhalten kann, als in dem Gemälde. Ob nun aber bei allen Völkern und bei jeder Volksmenge dieser Unterschied der Vielen gegen die wenigen Sittlichen eintreten könne, ist nicht zu sagen; ja bei einigen dürfte es, beim Zeus, unmöglich sein; denn dann müsste dieser Satz auch für die Thiere passen und worin unterscheiden sich wohl manche Völker, so zu sagen von den Thieren?

Allein für die Menge eines bestimmten Volkes hindert nichts, dass jener Satz richtig ist.

Deshalb könnte man damit das früher erwähnte Bedenken und das daran sich anschliessende lösen, nämlich worüber die freien Bürger und die Menge Herren sein sollen? Die Einzelnen sind so beschaffen, dass sie weder reich sind, noch durch irgend eine Tugend sich auszeichnen; mithin wäre deren Theilnahme an den wichtigsten Aemtern nicht ohne Gefahr (denn in Folge ihrer Ungerechtigkeit und der ihnen fehlenden Selbstbeherrschung würden sie sowohl ungerecht handeln, wie Fehler begehen) auf der anderen Seite wäre es aber gefährlich, wenn sie daran keinen Theil haben sollten und ihnen kein Amt übergeben würde; denn wenn die Vielen ungeehrt und arm sind, so muss ein solcher Staat voller Feinde stecken. Es bleibt also nur übrig, dass sie an den Berathungen und dem Rechtsprechen Theil nehmen. Deshalb übergaben *Solon* und einige Andere ihnen die Wahl der Beamten und deren Rechenschaftsabnahme; aber zur Amtsführung liessen sie sie nicht einzeln zu. Alle zusammen haben nämlich die genügende Einsicht und werden, wenn sie mit den Besseren des Staates vermischt handeln, nützlich, ähnlich wie die unreine Speise, wenn sie der reinen zugemischt wird, die ganze Speise nahrhafter macht, als die reine allein es ist. Nur einzeln genommen, sind die Leute aus der Menge zu urtheilen nicht vollständig fähig.

Eine solche Einrichtung der Staatsordnung hat indess zunächst das Bedenken, dass es doch wohl ein und derselben Person zukommen dürfte, Jemand zu prüfen, ob er recht geheilt hat, und auch selbst zu heilen und den Kranken von seiner gegenwärtigen Krankheit zu befreien; nämlich dem Arzt; und ähnlich verhält es sich auch bei den anderen auf Erfahrung beruhenden Geschäften und Künsten. So wie also ein Arzt Rechenschaft nur vor Aerzten geben kann, so auch die Anderen nur vor ihres Gleichen. Arzt ist aber nun sowohl der, welcher die Kunst ausübt, wie der Gelehrte, welcher sie wissenschaftlich bearbeitet und drittens der, welcher in dieser Kunst unterrichtet worden ist; denn es giebt auch solche, und ich möchte sagen, in allen Künsten überweist man das Urtheil ebenso den Unterrichteten, wie den Wissenden. Auch bei der Auswahl von Personen dürfte es sich ebenso verhalten; denn die richtige Auswahl ist die Sache des Wissenden; so ist die Wahl eines Feldmessers Sache der Feldmesser und die eines Steuermannes Sache der Steuermänner; denn wenn auch manche Laien in einzelnen Arbeiten und Künsten etwas verstehen, so doch nicht mehr, als die Wissenden. Hiernach dürfte also die Menge zum Herrn weder über die Wahl der Beamten, noch über deren Rechenschaftslegung gemacht werden. Indess dürften diese Gründe wegen des früher Gesagten doch nicht überall zutreffen, sobald nur die Menge nicht zu sehr sclavischer Natur ist. Wie gesagt, wird nämlich der Einzelne zwar ein schlechterer Richter, als der Wissende sein, aber alle Einzelnen zusammen sind besser, oder doch nicht schlechter. Auch kann in Manchem nicht blos der Verfertiger am besten urtheilen, so weit nämlich auch die, welche die Kunst nicht innehaben, doch die Leistung kennen; so kann eine Wohnung nicht blos derjenige kennen, welcher sie gebaut hat, sondern noch besser der, welcher sie gebraucht (und dies ist der Hausverwalter) und ebenso kann der Steuermann besser, als der Zimmermann das Steuerruder und der Gast besser, als der Koch ein Gericht beurtheilen.

Somit wäre dieses Bedenken leicht genügend zu beseitigen; allein ein anderes hängt mit ihm zusammen. Es scheint nämlich widersinnig, dass über die wichtigeren Dinge die Schlechten und nicht die Guten die Entscheidung haben sollen, da die Rechenschaftsabnahmen und die Wahlen der Beamten zu den bedeutendsten Geschäften gehören. Diese sind in manchen Staaten, wie gesagt, dem Volke zugetheilt, indem die Volksversammlung in allen diesen Dingen entscheidet. Indess nehmen die niedrig Geschätzten ohne Unterschied des Alters zwar an den Volksversammlungen, Berathungen und dem Rechtsprechen Theil, aber nur die hoch Eingeschätzten haben die Verwaltung, sind die Feldherren und haben die höchsten Staatsämter inne.

So liesse sich wohl auch dieses Bedenken in gleicher Weise erledigen; denn hiernach ist diese Einrichtung wohl richtig, indem nicht der Einzelne als Richter und als Berathender und als Mitglied der Volksversammlung entscheidet, sondern das Gericht, die

Rathsversammlung und das Volk, von dem die Beamten jeder nur ein Theil sind; ich meine nämlich mit „Theil" das Rathsmitglied, und den in der Volksversammlung Abstimmenden und den Richter. Deshalb ist mit Recht die Menge der Herr über die bedeutenderen Staatsangelegenheiten, denn das Volk und die Rathsversammlung und das Gericht besteht ja aus den Vielen, und die Einschätzungen aller dieser zusammen betragen mehr, als die Einschätzungen derer, welche einzeln oder nur mit Wenigen die wichtigen Aemter verwalten. In dieser Weise mag also dieser Punkt erledigt sein.

Die Besprechung dieses ersten Bedenkens lehrt nun nichts so deutlich, als dass die richtig abgefassten Gesetze die Herrschaft haben müssen und dass die verwaltenden Beamten, seien es nun Einer oder Mehrere, nur über diejenigen Dinge entscheiden dürfen, wo die Gesetze keine genaue Entscheidung geben können, weil es nicht leicht ist, durch allgemeine Bestimmungen auch alle Einzelfälle zu befassen. Wie aber nun die richtig abgefassten Gesetze beschaffen sein sollen, ist noch nicht klar, sondern ist seit alten Zeiten bis heute eine noch unerledigte Frage. Indess müssen nothwendig, so wie die Verfassungen, so auch die Gesetze entweder gut oder schlecht, gerecht oder ungerecht sein, und ausserdem ist klar, dass die Gesetze der Verfassung entsprechen müssen und wenn dies richtig ist, so erhellt, dass die den guten Verfassungen entsprechenden Gesetze gerecht und die den ausgearteten Verfassungen entsprechenden Gesetze ungerecht sein müssen.

Zwölftes Kapitel.

Da nun das Ziel aller Wissenschaften und Künste das Gute ist, und das höchste und wichtigste Gute das Ziel der vornehmsten Kunst ist und diese die Staatsleitung ist und da das staatliche Gute in dem Gerechten besteht und dieses das dem Allgemeinen Nützliche ist und Alle sagen, dass das Gerechte etwas Gleiches sei, so stimmen sie bis zu einem gewissen Punkte mit den philosophischen Begriffen, die in der Ethik aufgestellt worden sind, überein; denn diese bestimmen, was gerecht ist und für welche

Personen und dass für die Gleichen auch nur Gleiches gelten müsse. Allein man muss auch wissen, welche Personen als gleiche und welche als ungleiche anzusehen sind; denn dies ist eine schwierige Frage, welche zur Staatswissenschaft gehört. Denn man könnte wohl behaupten, dass die Aemter je nach dem höheren Grade des Guten ungleich zugetheilt werden müssten, auch wenn in allem Anderen kein Unterschied bestände, sondern darin die Betreffenden einander sonst gleich wären, weil für die in dem Guten Unterschiedenen auch das Gerechte und Werthzuschätzende verschieden sei. Wäre indess dies richtig, so müssten auch die, welche in der Farbe, oder in der Grösse ihres Körpers oder in sonst einem Guten hervorragen, an dem Staatlich-Gerechten einen grösseren Antheil haben. Wäre dies aber nicht ein handgreiflicher Irrthum? Offenbar, wie ja dies sich auch bei allen anderen Wissenschaften und Fertigkeiten zeigt; denn wenn mehrere Flötenspieler in ihrer Kunst sich gleich stehen, so darf man doch denen, welche von edlerer Abkunft sind, deshalb nicht mehr Flöten geben; denn sie werden damit nicht besser blasen; vielmehr hat man nur dem, welcher in seiner Kunst sich auszeichnet, ein Mehr an Instrumenten zu geben; und sollte dies noch nicht klar genug sein, so mag man nur diesen Gedanken weiter führen, um es ersichtlich zu machen. Denn selbst wenn der in dem Flötenspiel Hervorragende in edler Abkunft oder Schönheit den Anderen viel nachstände und wenn auch jede dieser Eigenschaften als Gut werthvoller wäre, als das Flötenspiel (ich meine die edle Abkunft und die Schönheit) und wenn die Anderen mit ihren Vorzügen den Flötenspieler so weit überragten, wie dieser jene in seiner Kunst überragte, so müsste man doch diesem die vorzüglichere Flöte geben. Denn der Vorrang muss sich auf die Leistung selbst beziehen; dies ist aber bei dem Reichthum und der edlen Geburt hier nicht der Fall. Auch müsste nach dieser Behauptung jedes Gut mit jedem anderen Gut vergleichbar sein; denn wenn ein bestimmtes Maass von Grösse einen Vorzug gäbe, so müsste überhaupt die Grösse mit dem Reichthume und mit der Freiheit im Wettkampf gleichen Werth haben. Wenn also das Uebermaass des Einen in der Grösse bedeutender wäre, als das Uebermaass des Anderen in der Tugend und wenn überhaupt die Grösse die Tugend überragen könnte, so würde alles mit einander vergleichbar sein. Denn wenn ein bestimmtes Maass von Grösse mehr gilt, als ein bestimmtes Maass von Tugend, so muss es auch offenbar ein Maass von Grösse geben, welches jenem Maasse von Tugend gleich ist. Da nun dies nicht möglich ist, so ist klar, dass man auch im Staate folgerecht nicht jede Ungleichheit bei dem Streit um die Aemter geltend machen kann. Ist z. B. der eine langsam, der andere schnell, so darf deshalb der eine nicht geringer, als der andere für die Aemter gehalten werden; dagegen gewährt bei den Wettkämpfen in der Turnkunst dieser Unterschied Ehre. Vielmehr muss im Staate nur auf diejenigen Rücksicht genommen werden, aus welchen der Staat überhaupt zusammengesetzt ist. Deshalb werden mit gutem Grunde die von edler Geburt und die Freien und die Reichen in den Ehrenrechten vorgezogen; denn es muss im Staate Freie und auch Steuerzahler geben; aus lauter Armen kann so wenig, wie aus lauter Sclaven ein Staat bestehen. Wenn also zwar auch diese nöthig sind, so bedarf der Staat offenbar auch der Gerechtigkeit und der kriegerischen Tugend, denn ohne diese kann man im Staate nicht leben; nur mit dem Unterschiede, dass ohne die ersteren Personen der Staat überhaupt unmöglich ist, ohne diese Tugenden aber der Staat nicht gut verwaltet werden kann.

Dreizehntes Kapitel.

Alles dieses oder Einiges davon kann nun wohl mit Recht darauf Anspruch machen, dass der Staat ohne dasselbe nicht bestehen kann; für ein gutes Leben jedoch dürften die Erziehung und die Tugend mit Recht am nothwendigsten sein, wie ich schon früher gesagt habe. Da man nun diejenigen, welche nur in *einer* Beziehung gleich sind, nicht durchaus und in allem gleich nehmen darf und ebenso die, in *einer* Beziehung Ungleichen, als nicht durchaus ungleich, so erhellt, dass alle Verfassungen, wo dies doch geschieht, Ausartungen sind. Ich habe nun schon früher gesagt, dass in gewisser Hinsicht Alle im Staate Ansprüche auf Theilnahme an demselben mit Recht erheben können; aber doch nicht Alle schlechthin mit Recht; die Reichen verlangen es, weil ihnen der grösste Theil des Grund und Bodens gehört und der Boden zum Staate gehört; auch gelten sie meist für zuverlässiger im Verkehr. Desgleichen erheben die Freien und die von edler Geburt als einander nahe stehend, gleiche Ansprüche, indem die letzteren mehr Bürger, als die von geringer Herkunft seien und die edle Abstammung bei Allen in ihrer Heimath geehrt werde; auch ist es wahrscheinlich, dass die Abkömmlinge der Besseren selbst besser sind; denn der Adel ist eine Vorzüglichkeit in der Abstammung. Aehnlich wird man auch sagen können, dass die Tugend mit Recht Ansprüche erheben könne; denn die Gerechtigkeit sei die gemeinsame Tugend, aus der alle anderen Tugenden hervorgehen. Und ebenso erheben die Vielen Ansprüche vor den Wenigen, weil die Vielen zusammengenommen mächtiger, reicher und besser sind, als die Wenigen. Wenn nun aber alle diese in *einem* Staate wären, ich meine z. B. die Guten und die Reichen und die von edler Abkunft und ihnen gegenüber die Menge eine zweite bürgerliche Gemeinschaft wäre, würde man da auch noch darüber streiten können, welche von diesen beiden Abtheilungen herrschen solle oder wäre hier kein Zweifel mehr?

In Bezug auf jede der angegebenen Verfassungen ist nun zwar die Entscheidung, wer herrschen soll, unzweifelhaft; denn nach den Personen, welche sie beherrschen, unterscheiden sie sich von einander; so z. B. die eine dadurch, dass hier die Reichen herrschen, und die andere dadurch, dass hier die sittlichen Männer herrschen, und in dieser Weise auch jede der übrigen; dennoch fragt es sich, wie der Fall zu entscheiden ist, wo alle diese Personen zu gleicher Zeit in einem Staate vorhanden sind. Wenn also z. B. die Tugendhaften an Zahl nur sehr Wenige wären, wie soll man da die Entscheidung treffen? soll man darauf sehen, ob die Wenigen der Aufgabe gewachsen und ob sie im Stande seien, den Staat zu verwalten, oder müssen sie vielmehr an Zahl so viele sein, dass sie allein einen Staat bilden könnten?

Es besteht indess noch ein Bedenken in Bezug auf Alle, welche um die staatlichen Ehrenämter mit einander streiten; denn wenn die Einen wegen ihres Reichthums die Herrschaft beanspruchen, so scheint dies keine gerechte Forderung und dasselbe gilt für die Edel-Geborenen; denn es ist klar, dass wenn dann wieder *Einer* reicher, als alle Anderen wäre, es dann aus demselben Grunde recht wäre, dass dieser *Eine* über Alle herrschen müsste; und ebenso der, welcher alle Anderen, die wegen ihrer freien Geburt Ansprüche erhöben, an edler Abkunft überträfe. Ganz dasselbe wird nun in der Aristokratie in Bezug auf die Tugend der Fall sein. Denn wenn einer ein besserer Mann wäre, als alle die anderen an der Regierung theilnehmenden tüchtigen Männer, so müsste nach solcher Regel dieser *Eine* der Herr sein. Ebenso müssten, wenn überhaupt die Menge deshalb, weil sie stärker ist, als die Wenigen, der Herr sein soll, auch im Fall, dass *einer* oder auch Mehrere als dieser Eine, aber doch Wenigere, als die Vielen die stärkeren wären, vielmehr diese die Herren sein und nicht die Menge.

Dies alles dürfte ergeben, dass keines dieser Merkmale richtig ist, wonach Einer oder Mehrere verlangen, dass sie herrschen und alle anderen von ihnen beherrscht werden sollen. Selbst gegen die, welche wegen ihrer Tugend die Herrschaft im Staate beanspruchen und ebenso gegen die, welche dies wegen ihres Reichthums verlangen, dürfte die Menge gerechte Einwendungen erheben können. Denn es kann sehr wohl kommen, dass einmal auch die Menge besser und reicher ist, als die Wenigen; zwar nicht jeder Einzelne, aber doch alle zusammen. Deshalb kann man auch dem Bedenken, was Manche hier hervorsuchen und vorbringen, auf diese Weise entgegentreten. Manche haben nämlich, im Fall der erwähnte Zustand einträte, das Bedenken, ob der Gesetzgeber, wenn er die richtigsten Gesetze geben wollte, die Gesetze nur zum Nutzen der Besseren, oder zum Nutzen der Meisten einzurichten habe? Indess ist hier das Richtige als das Gleiche zu fassen und dieses ist das für den *ganzen* Staat und für die Gemeinsamkeit der Bürger Nützliche. Bürger ist aber im Allgemeinen nur derjenige, welcher an dem Herrschen und Beherrschtwerden Theil hat; bei den einzelnen Verfassungen ist dies aber in jeder ein Anderer und in der besten Verfassung ist derjenige Bürger, welcher, um ein der Tugend gemässes Leben zu führen, herrschen und beherrscht werden kann und will.

Wenn aber *ein* Bürger in so grossem Uebermaasse an Tugend sich auszeichnet, oder wenn dies bei Mehreren der Fall ist, sie aber allein eine

Stadt anzufüllen nicht vermögen und wenn die Tugend und die staatliche Kraft aller Anderen zusammengenommen mit der jener nicht vergleichbar wäre, mögen es einer oder mehrere sein, so dürfen diese Besseren gesetzlich gar nicht als Angehörige des Staates erachtet werden; denn sie würden unrecht behandelt werden, wenn sie mit den Anderen gleich geschätzt würden, obgleich sie doch an Tugend und staatlicher Kraft so ausserordentlich sie überträfen. Ein solcher Einzelner würde ja ein Gott unter den Menschen sein. Hieraus erhellt, dass die Gesetzgebung nur für solche geschehen kann, die nach Abstammung und Macht einander gleich sind; für jene ausserordentlichen Menschen giebt es kein Gesetz; sie sind sich selbst das Gesetz. Es wäre lächerlich, wenn Jemand ihnen Gesetze zu geben versuchen wollte; sie würden ihm wohl dasselbe sagen, was nach Antisthenes die Löwen den Hasen gesagt haben, als sie öffentlich Reden hielten und verlangten, dass Alle gleich viel haben müssten. Deshalb richten auch die demokratisch regierten Staaten das Scherbengericht ein; sie halten dafür, dass vor allem die Gleichheit Aller erhalten bleiben müsse und deshalb wurden die, welche nach ihrer Meinung übermächtig geworden waren, sei es durch Reichthum, oder durch Volksbeliebtheit, oder durch eine andere staatliche Macht, durch das Scherbengericht auf bestimmte Zeit aus dem Staate verwiesen. Auch die Argonauten sollen nach der Sage den Herkules aus diesem Grunde zurückgelassen haben, denn die Argo habe ihn nicht mit den Anderen aufnehmen und fortführen wollen, weil er die Schiffsmannschaft zu sehr überragt habe. Deshalb kann man auch nicht unbedingt zugeben, dass die, welche die Tyrannis und den von *Periander* dem *Thrasybul* gegebenen Rath tadeln, dies mit Recht thäten. Periander soll nämlich dem Herold, der, um dessen Rath einzuholen zu ihm gesandt war, nichts gesagt haben, aber er soll die hervorragenden Kornähren ausgerissen und so das Getreidefeld gleich gemacht haben. Obgleich nun der Herold den Sinn dieses Benehmens nicht verstanden hatte, aber den Vorfall doch meldete, so soll Thrasybul doch verstanden haben, dass die übermüthigen Männer beseitigt werden müssten. Dies ist nicht blos für die Tyrannen nützlich und wird nicht blos von diesen verübt, sondern es geschieht auch ebenso in den Oligarchien und Demokratien; denn das Scherbengericht hat dieselbe Wirkung, indem es in gewisser Weise die zu sehr Hervorragenden fortstösst und aus dem Lande verweist. Dasselbe thun auch die Inhaber der Staatsgewalt gegen andere Staaten und Völkerschaften, wie z. B. die Athener gegen die Samier, Chier und Lesbier; (denn nachdem jene eine hinlänglich starke Oberherrschaft erlangt hatten, drückten sie diese gegen die Verträge danieder) und ebenso hat der persische König die Meder und Babylonier und andere Völkerschaften, welche wegen ihrer früheren Herrschaft übermüthig waren, oft herabgedrückt.

Es handelt sich indess bei dieser Frage allgemein um alle Verfassungen, die guten mit eingeschlossen. Nicht blos in den ausgearteten Verfassungen, wo nur der Privatvortheil verfolgt wird, verfährt man so, sondern auch in denen, welche das gemeinsame Wohl im Auge haben. Offenbar findet dies auch bei anderen Künsten und Wissenschaften statt; auch der Maler wird es nicht zulassen, dass sein Thier einen, das Ebenmaass überschreitenden Fuss habe, selbst wenn er von besonderer Schönheit wäre und ebenso der Schiffsbauer ein unpassendes Vordertheil, oder einen anderen Theil seines Schiffes, und eben so wenig wird der Gesanglehrer Einen, der stärker und schöner, als die Anderen singt, im Chore mit singen lassen und es kann deshalb die Monarchen nichts abhalten, hier ebenso wie die Verfassungsstaaten zu verfahren, wenn diese zum Nutzen ihrer eignen Herrschaft dies thun. Deshalb hat die Einrichtung des Scherbengerichts gegen anerkannte Ueberlegenheiten eine staatliche Berechtigung. Besser ist es allerdings, wenn der Gesetzgeber gleich von Anfang ab die Verfassung so einrichtet, dass sie eines solchen Heilmittels nicht bedarf; wenn dies aber nicht gelingt, so kann mit Recht eintretenden Falles von solch einer Zurechtstellung Gebrauch gemacht werden. In den Verfassungsstaaten ist dies freilich nicht so geschehen; sie sahen nicht auf das, was ihrer eignen Verfassung zuträglich war, sondern benutzten das Scherbengericht in aufrührerischer Weise. Dass dasselbe bei den ausgearteten Verfassungen wegen deren Eigenthümlichkeit zuträglich und gerecht ist, ist klar; aber wohl auch eben so klar, dass es nicht schlechthin gerecht ist. Indess hat es selbst bei der besten Verfassung grosse Bedenken, was zu thun ist, nicht wenn Jemand in sonstigen Vorzügen, z. B. in Macht, Reichthum, Volksbeliebtheit sehr hervorragt, sondern wenn dies bei Einem in der Tugend statt hat. Man kann doch hier nicht wohl behaupten, dass ein solcher ausgestossen und verbannt werden müsse; aber über einen solchen zu herrschen, geht auch nicht an; das wäre beinahe so, als wenn sie, in Folge reihenweiser Bekleidung der Aemter auch über Zeus zu herrschen verlangten; es bleibt also nur übrig, wie es auch natürlich ist, dass Alle freiwillig einem solchen gehorchen, so dass solche Männer lebenslänglich Könige in den Staaten werden.

Vierzehntes Kapitel.

Es dürfte nunmehr angemessen sein, nach diesen Auseinandersetzungen auf das Königthum überzugehen und es zu betrachten; denn ich habe es für eine der guten Verfassungen erklärt. Es ist hier zu untersuchen, ob es einem Staate und einem Lande zum Wohle gereicht, dass das Königthum bei ihm bestehe, oder ob eine andere Verfassung besser für es geeignet ist, oder ob das Königthum wohl für manchen Staat zuträglich sein mag, für manchen aber nicht. Hier muss nun zuerst festgestellt werden, ob es blos *eine* Art des Königthums giebt, oder ob hier mehrere Unterschiede vorkommen. Es ergiebt sich dies leicht, weil das Königthum verschiedene Arten aufzeigt und die Weise der Herrschaft nicht ein und dieselbe bei allen Königen ist. So scheint zwar in der lakonischen Verfassung das Königthum am meisten dem durch Gesetze geregelten Königthume zu entsprechen; allein es ist doch nicht Herr über Alles, sondern nur wenn der König ausser Landes geht, hat er in den Kriegsangelegenheiten die oberste Gewalt; auch ist alles, was den Gottesdienst betrifft, dort den Königen zugewiesen worden. Dieses Königthum ist also eigentlich nur ein unumschränktes und lebenslängliches Feldherrnamt; denn der König ist nicht Herr über Leben und Tod, ausser, wie in alten Zeiten, in den Feldzügen ausserhalb des Landes nach dem Standrecht; wie aus *Homer* erhellt, wo Agamemnon in den Volksversammlungen selbst Schmähungen ertrug, aber, wenn sie zur

Schlacht ausrückten, war er Herr über Leben und Tod; denn er spricht: „Wen ich aber fern von der Schlacht antreffe, der soll sicherlich dem Frasse der Hunde und Geier nicht entgehen; denn bei mir steht Leben und Tod." *Eine* Art des Königthums ist also dieses lebenslängliche Feldherrnamt; und diese Könige sind es entweder durch Geburt oder durch Wahl. Eine *andere* Art der Alleinherrschaft neben dieser ist das Königthum bei einigen rohen Völkern. Diese Könige haben beinahe ganz die Gewalt eines Tyrannen; trotzdem beruht ihre Herrschaft auf Gesetzen und besteht von Alters her. Denn diese rohen Völker sind von Natur mehr knechtisch in ihren Sitten, als die Griechen und die rohen Völker in Asien noch mehr, als die in Europa; sie ertragen deshalb die despotische Herrschaft nicht widerwillig. Das Königthum ist daher bei solchen Völkern tyrannisch, aber zugleich gesichert, weil es althergebracht und gesetzlich ist; auch ist aus dieser Ursache die Leibwache desselben eine königliche und nicht die eines Tyrannen; denn die Bürger beschützen in Waffen den König, während bei den Tyrannen dies durch Fremde geschieht; jene herrschen nach dem Gesetz und mit Willen der Bürger, die Tyrannen aber gegen den Willen der Bürger und deshalb haben jene die Leibwache aus den Bürgern, diese aber gegen die Bürger. Dies wären zwei Arten des Königthums. Dann giebt es eine *dritte* Art, wie sie bei den Griechen in alten Zeiten bestand, wo die Könige Aesymneten hiessen. Es ist dies, kurz gesagt, eine auf Wahl beruhende Tyrannis, welche sich von dem Königthum der rohen Völker nicht durch Ungesetzlichkeit, sondern nur dadurch unterschied, dass es nicht erblich war. Manche solcher Könige herrschten lebenslänglich, andere bis zu einer bestimmten Zeit oder nur für ein bestimmtes Geschäft. So wählten einst die Mytilener den *Pittakos* zur Vertheidigung gegen die Flüchtlinge, deren Führer *Antimenides* und der Dichter *Alkäos* waren. Aus einem seiner Tischlieder erhellt, dass die Mytilener den Pittakos zum Tyrannen erwählten; denn Alkäos wirft ihnen vor, dass sie „den Vaterlandsverderber Pittakos mit lautem einstimmigen Zuruf der entmuthigten, schicksalbedrängten Stadt zum Tyrannen gesetzt." Dieses Königthum ist und war wegen seiner tyrannischen Gewalt von despotischer Natur, dagegen im Uebrigen ein Königthum, weil es auf der Wahl beruhte und mit dem Willen des Volkes bestand. Eine *vierte* Art der königlichen Alleinherrschaft sind die in den heroischen Zeiten mit Willen des Volkes entstandenen Königthümer, welche alt hergebracht waren und gesetzmässig bestanden. Sie waren die ersten Wohlthäter des Volkes gewesen, entweder in den Künsten, oder im Kriege oder weil sie die zerstreuten Einwohner zusammenbrachten und ihnen Land verschafften; so wurden sie mit dem Willen derselben ihre Könige und für die Späteren, welche diese Einrichtung überkamen, war sie damit althergebracht. Sie waren die Herren in der Führung des Krieges und bei den Opfern; so weit diese nicht den Priestern zustanden; sie entschieden ausserdem die Processe; manche Könige wurden darauf vereidet, andere nicht; der Schwur wurde durch Aufhebung des Scepters geleistet. In den alten Zeiten erstreckte sich ihre Herrschaft ohne Unterschied sowohl auf die inneren, wie auf die äusseren Angelegenheiten des Staates; später gaben die Könige selbst einzelne dieser Rechte auf; andere wurden ihnen von der Menge genommen und so blieben in den meisten Staaten den Königen nur noch die Besorgung der Opfer und da, wo man allenfalls noch von einem Königthume sprechen kann, noch die Heerführung in den auswärtigen Kriegen.

Dies sind also die Arten des Königthumes; vier an Zahl; die eine ist das Königthum der heroischen Zeiten (es bestand mit dem Willen des Volkes, war aber auf bestimmte Geschäfte beschränkt; denn der König war nur Feldherr und Richter und Leiter der Opfer für die Götter); die zweite Art ist das bei den rohen Völkern bestehende Königthum (dieses ist eine zwar despotische, aber gesetzliche und auf Erbschaft beruhende Herrschaft); die dritte ist die sogenannte Aesymnetie (dies ist eine auf Wahl beruhende Tyrannen-Herrschaft) und die vierte ist das Lakonische Königthum, welches, kurz ausgedrückt, nur ein lebenslängliches, auf Abstammung beruhendes Feldherrnamt ist. Diese Arten des Königthums unterscheiden sich in dieser Weise von einander. Eine fünfte Art des Königthums ist die, wo der König alleiniger Herr über Alles so ist, wie jedes Volk und jede Stadt Herr über das gemeinsame Vermögen ist und nach Art der Hauswirthschaft; denn so wie die Hauswirthschaft eine Art Königthum über das Haus ist, so ist dies Königthum eine Hauswirthschaft über eine Stadt oder über ein oder mehrere Völker.

Fünfzehntes Kapitel.

Es dürften wohl nur zwei Arten des Königthums näher zu betrachten sein; nämlich dies letztere und das Lakonische; die anderen stehen zwischen diesen; sie haben weniger Rechte, als das alles befassende Königthum und mehr als das Lakedämonische. Sonach sind wohl nur zwei Punkte in Betracht zu ziehen, einmal, ob es den Staaten nützt oder nicht, wenn das Feldherrnamt lebenslänglich ist und einem bestimmten Geschlechte zukommt, oder wenn es wechselt und zweitens, ob es nützlich ist, dass *Einer* über Alles Herr ist, oder nicht. Die Untersuchung über eine solche Feldherrnschaft gehört indess mehr zu der Untersuchung der Gesetze, als der Verfassung; denn in allen Verfassungen kann eine solche Feldherrnschaft vorkommen; ich kann also den ersten Fall hier bei Seite lassen. Die andere Form des Königthums ist dagegen eine besondere Art von Staatsform; ich habe also sie in Betracht zu nehmen und die dabei auftretenden Bedenken zu erörtern. Die Grundlage für diese Untersuchung bildet die Frage, ob es nützlich ist, von dem besten Mann, oder von den besten Gesetzen beherrscht zu werden? Die, welche das Königthum für die beste Staatsform halten, meinen, dass die Gesetze nur das Allgemeine fortsetzen, aber für die einzelnen vorkommenden Fälle nichts vorschreiben und deshalb sei es, wie in jeder anderen Kunst, thöricht, nur nach den Buchstaben zu regieren. Auch in Aegypten sei es den Aerzten mit dem vierten Tage erlaubt, von der Regel abzuweichen; nur wenn sie es früher thun, geschehe es auf ihre Gefahr. Aus demselben Grunde erhelle, dass eine Verfassung, in der blos nach den Buchstaben und den Gesetzen regiert werden solle, nicht die beste Verfassung sei. Indess muss das Allgemeine zwar auch den Herrschern einwohnen aber dasjenige ist mächtiger, welchem das Leidenschaftliche gar nicht einwohnt, als das, bei dem es mit zu seiner Natur gehört. Dem Gesetze wohnt es nun nicht ein, während jeder Mensch es nothwendig in seiner Seele hat.

Vielleicht könnte man aber sagen, dass dafür das Einzelne besser werde überlegt werden. Es ist also klar, dass der König Gesetzgeber sein muss und dass Gesetze bestehen müssen, die aber nicht da die Herren sein dürfen, wo sie das rechte Maass überschreiten; aber sonst müssen sie in allen anderen Fällen die Herren sein. In den Fällen aber, wo das Gesetz überhaupt nichts oder nicht richtig entscheiden kann, soll da nur der Beste allein regieren oder Alle? Denn auch gegenwärtig tritt das Volk zusammen und richtet und berathet und entscheidet, und alle diese Entscheidungen betreffen nur einzelne Fälle; Hier ist nun dieser oder jener Einzelne im Vergleich zu dem Besten sicherlich der schlechtere; allein der Staat besteht aus Vielen und so wie ein Festmahl besser ist, zu dem Viele beitragen, als ein einfaches, nur von *Einem* ausgerichtetes, so urtheilt auch die Menge besser, als der Einzelne, wer es auch sei. Auch ist die Menge nicht so leicht zu verderben; denn so wie viel Wasser schwerer zu verderben ist, so sind es auch Viele schwerer, als Wenige, während das Urtheil des Einzelnen, wenn er vom Zorn oder einem anderen solchen Affect überwältigt wird, dadurch verdorben werden muss; dort müsste es aber hoch kommen, wenn Alle in Zorn gerathen oder fehlgreifen sollten. Die Menge darf aber nur aus Freien bestehen, welche nicht gegen das Gesetz handeln, sondern nur da eintreten, wo das Gesetz nicht zureicht. Da diese Bedingung nicht leicht von den Vielen eingehalten wird, so fragt es sich, ob, wenn doch die Mehrzahl gute Männer und Bürger sind, der *eine* Herrscher, oder diese der Zahl nach Mehreren, die aber alle gut sind, weniger der Verderbniss unterliegen? Sind dies nicht offenbar die Mehreren? Indess entgegnet man, dass unter diesen sich Aufruhr erheben könne, bei dem *Einen* aber dies nicht möglich sei. Aber darauf kann man wohl entgegnen, dass diese Mehreren ebenso tüchtig an Character, wie der Eine, seien. Wenn nun die Herrschaft der Mehreren, die sämmtlich gute Männer sind, als eine Aristokratie anzusehen ist, und die Herrschaft des Einen als ein Königthum, so würden demnach die Staaten die Aristokratie dem Königthum vorzuziehen haben, mag seine Herrschaft mit der Gewalt über die bewaffnete Macht verbunden sein, oder nicht, sobald nur eine Mehrzahl tüchtiger Männer zu erlangen ist. Auch mag vielleicht das Königthum früher deshalb bestanden haben, weil die in

Tugend ausgezeichneten Männer seltener zu finden waren, und überdem damals die Staaten nur eine sehr geringe Einwohnerzahl hatten. Auch wurden die Könige aus Dankbarkeit eingesetzt, wie dies die That tugendhafter Männer ist. Nachdem man aber dahin gelangt war, dass die Zahl gleich tugendhafter Männer grösser geworden war, so blieb man nicht bei dem Königthume, sondern verlangte nach einer Gemeinsamkeit der Staatsgewalt und errichtete den Freistaat. Als die Bürger aber schlechter wurden und sich aus dem Staatsgute bereicherten, so werden wahrscheinlich dadurch die Oligarchien aufgekommen sein; denn der Reichthum war ehrenvoll geworden. Dieser Zustand verwandelte sich dann in die Tyrannenherrschaft und diese in die Demokratie. Aus Gewinnsucht wurde nämlich die Macht auf immer Wenigere beschränkt und damit wurde das Volk immer mächtiger, so dass die Errichtung der Demokratie die Folge war. Als dann die Staaten sich mehr vergrösserten, so war es wohl nicht mehr leicht, dass eine andere Verfassung, als die demokratische, entstehen konnte.

Wenn man es aber für das Beste erklärt, dass die Staaten von Königen beherrscht werden, wie soll es dann mit den Kindern derselben gehalten werden? Soll das Königthum sich in *einem* Geschlecht vererben? Allein wenn die Nachkommen, so wie es der Zufall bringt, ausarten sollten, so wäre dies schädlich. Indess meint man, dass, da der König der Herr sei, so werde er solchen Kindern die Staatsgewalt nicht übergeben; allein darauf kann man sich keineswegs verlassen; es fällt dies schwer und verlangt eine die menschliche Natur übersteigende Tugend. Auch in Bezug auf die Macht des Königs erhebt sich das Bedenken, ob der, welcher es werden soll, eine Macht um sich haben soll, durch die er die Ungehorsamen mit Gewalt zwingen kann, oder wie er sonst seine Herrschaft geltend machen soll? Denn wenn er auch ein gesetzmässiger Herrscher ist und nichts gegen das Gesetz und aus blosser Willkür thut, so muss er doch eine Macht haben, um damit über die Einhaltung der Gesetze zu wachen. Indess dürfte sich diese Schwierigkeit bei einem solchen König leicht lösen lassen. Er muss nämlich zwar eine Macht haben, aber nur eine gewisse, so dass sie zwar stärker ist, als die jedes Einzelnen und auch

Mehrerer, aber schwächer als die Macht der Menge. In dieser Weise wurde in alten Zeiten die Leibwache bewilligt, wenn ein König, den sie den Aesymneten oder Tyrannen nannten, bestellt wurde und ebenso rieth Jemand den Syracusanern, dem *Dionys*, als er eine Leibwache verlangte, nur eine solche zu geben.

Sechzehntes Kapitel.

Die Untersuchung ist bei dem Könige stehen geblieben, der Alles nach seinem Ermessen bestimmt und die Betrachtung hat sich daher wieder zu ihm zu wenden, da der in den Gesetzen als König genannte keine besondere Staatsform, wie gesagt, ausmacht, denn in allen Verfassungen kann ein lebenslänglicher Feldherr bestehen, z. B. in der Demokratie und in der Aristokratie und viele Verfassungen übertragen einer Person die gesammte bürgerliche Gewalt, wie ein solches Amt auch in Epidamnos besteht und in etwas beschränkterem Maasse bei den Opuntiern. Was nun das sogenannte Voll-Königthum anlangt, wo der König über Alle nach seinem Ermessen herrscht, so halten es Manche für unnatürlich, dass Einer der Herr über alle Bürger da sein solle, wo der Staat aus gleichen Personen bestehe; denn unter Gleichen müsse naturgemäss dasselbe Recht und dieselbe Werthschätzung für Alle bestehen und so wie es für den Körper schädlich sei, wenn Ungleiche gleiche Nahrung oder gleiche Kleidung erhielten, so verhalte es sich auch mit den Ehrenstellen. Ebenso sei das Ungleiche für die Gleichen schädlich, und deshalb sei es gerecht, dass keiner mehr herrsche, als er beherrscht werde, und ebenso, dass dies abwechselnd geschehe. Dies sei also schon das Gesetz; denn jede Anordnung sei ein Gesetz, und daher sei es besser, dass das Gesetz herrsche, als *Einer* aus den Bürgern. Aus demselben Grunde müssten, wenn es besser sei, dass mehrere Personen herrschen, diese zu Wächtern und Dienern der Gesetze bestellt werden; denn einige obrigkeitliche Aemter seien schon nothwendig, aber dass *Einer* allein die Staatsgewalt da habe, wo Alle einander gleich seien, halten sie nicht für gerecht. Sie sagen auch, dass da, wo das Gesetz keine Bestimmung treffen könne, auch ein Mensch dies nicht verstehen werde und deshalb bestelle das Gesetz nur gut erzogene Bürger zu Beamten, um das Uebrige nach ihrem gerechten Ermessen zu entscheiden und zu verwalten. Auch lasse das Gesetz seine Verbesserung zu, wenn in Folge der gemachten Erfahrungen sich etwas Besseres, als das Bestehende herausstelle.

Wer also verlangt, dass das Gesetz herrschen solle, verlangt gleichsam, dass die Gottheit und die Vernunft herrschen sollen; wer dagegen verlangt, dass ein Mensch herrsche, lässt auch das Thierische dabei zu, denn ein solches ist die Begierde und der Eifer führt selbst die besten Männer, wenn sie herrschen, irre. Deshalb ist das Gesetz die von der Begierde freie Vernunft und das von den Künsten hergenommene Beispiel passt nicht, denn das Heilen nach dem Buchstaben der Vorschrift ist schädlich und es ist besser, Menschen, welche die Kunst inne haben, dafür zu gebrauchen. Denn diese handeln nicht etwa aus Gunst gegen die Regeln, sondern erhalten ihren Lohn, wenn sie die Kranken geheilt haben; dagegen handeln die Machthaber im Staate vielfach nach Gunst oder Ungunst; ja man würde auch von den Aerzten verlangen, dass sie die Kur mehr nach dem Buchstaben der Regeln einrichteten, wenn sie in den Verdacht kämen, dass sie um Gewinnes halber sich von den Feinden zu verderblichen Handlungen überreden liessen. Auch nehmen sich ja die kranken Aerzte selbst andere Aerzte zur Heilung und wenn die Erzieher sich selbst in der Turnkunst üben, nehmen sie sich Turnlehrer, indem sie da nicht richtig zu urtheilen vermögen, wo es sie selbst betrifft und sie sich in Aufregung befinden. Es erhellt daraus, dass, wer das Gerechte sucht, das Mittlere sucht und das Gesetz ist das Mittlere. Auch stehen die auf der Sitte beruhenden Gesetze höher und betreffen wichtigere Gegenstände, als die geschriebenen Gesetze; und deshalb ist der Mensch, welcher nach den Buchstaben der Gesetze regiert, unzuverlässiger, als der, welcher nach der Sitte regiert. Ueberdem ist es nicht leicht, dass ein Einziger alles beaufsichtige; er wird also mehrerer Unterbeamten bedürfen und was ist dann für ein Unterschied vorhanden, ob man dies gleich von Anfang ab so einrichtet, oder ob man einen Einzigen auf diese Weise bestellt? Auch ist schon früher gesagt worden, dass, wenn der tüchtige Mann, weil er der bessere ist, gerecht herrschen wird, dann zwei gute Männer noch besser, als der eine herrschen werden; denn dies will Homer mit seinem Vers sagen: „Wenn zweie mit einander gehn, so denkt dann dieser für jenen“ und dasselbe liegt in dem Wunsche des Agamemnon „hätte ich doch zehn solche Berather.“ Auch jetzt haben in einigen Staaten die Beamten, wie der Richter, die entscheidende Gewalt nur in den Fällen, wo das Gesetz die Bestimmung nicht geben kann; wo es aber dies vermag, da ist Niemand zweifelhaft, dass es da am besten ist, wenn das Gesetz herrscht und entscheidet.

Weil indes Manches zwar von dem Gesetz bestimmt werden kann, bei Anderem dies aber unmöglich ist, so entsteht eben hieraus der Zweifel und die Frage, ob es vorzuziehen sei, dass das beste Gesetz herrsche, oder der beste Mann; denn über Dinge, worüber man sich berathet, kann kein Gesetz gemacht werden. Es bestreiten also jene nicht, dass in solchen Dingen ein Mensch die Entscheidung treffen müsse, aber sie verlangen, dass nicht *einer*, sondern viele dies thun. Denn es urtheilt zwar jeder Beamte, der unter Gesetzen aufgewachsen und erzogen worden ist, richtig; aber es wäre doch wohl ungereimt, wenn Einer, der nur mit zwei Augen sieht und nur mit zwei Ohren hört und nur zwei Hände und Füsse zum Handeln hat, dies besser könnte, als Viele mit vielen solchen Sinneswerkzeugen, da ja auch jetzt die Alleinherrscher sich viele Augen, Ohren und viele Hände und Füsse anschaffen, indem sie die, welche dieser Art von Herrschaft und ihnen selbst gewogen sind, zu Gehülfen in der Herrschaft annehmen. Wären diese nicht dem Alleinherrscher gewogen, so würden sie nicht nach seinem Willen verfahren, aber wohl wird dies geschehen, wenn sie seine und dieser Herrschaft Freunde sind. Nun ist jeder Freund dem anderen gleich und ähnlich; wenn der Herrscher also meint, dass diese mit herrschen müssen, so erkennt er selbst damit ebenfalls an, dass die Gleichen und Aehnlichen herrschen sollen.

Dies ist ungefähr das, was die, welche über das Königthum sich streiten, anführen.

Siebzehntes Kapitel.

Indess mag es sich wohl für gewisse Menschen in dieser Weise verhalten; dagegen dürfte es für andere nicht der Fall sein; denn manche Menschen sind von Natur für die Herrschaft, wie sie der Herr über die Sclaven führt, geeignet, Andere für die Herrschaft eines Königs, Andere für die in einem Freistaate und diese Staatsformen sind danach gerecht und zuträglich; dagegen ist die Herrschaft des Tyrannen nicht naturgemäss und eben so wenig sind es die Ausartungen der übrigen Verfassungen, denn sie laufen alle gegen die Natur. Dagegen hat sich aus dem Gesagten ergeben, dass es für die Gleichen und Aehnlichen weder nützlich noch gerecht ist, wenn *Einer* der Herr über Alle ist, mögen nun keine Gesetze bestehen, sondern er das Gesetz sein, oder mögen Gesetze bestehen. Dies gilt, wenn der Herrscher gut und über Gute herrscht, auch ebenso, wenn er schlecht und über Schlechte herrscht und auch wenn er an Tugend vielleicht vorzüglicher ist, ausgenommen vielleicht, wenn dies in einer gewissen Weise statt hat, und welche dies ist, habe ich nun anzugeben, obgleich es schon früher gewissermaassen gesagt sein dürfte.

Vorher habe ich aber zu bestimmen, welche Menschen sich dazu eignen von einem Könige beherrscht zu werden, und welche von einer Aristokratie, und welche für den Freistaat passen. Von einem Könige beherrscht zu werden ist eine Menge geeignet, welche von Natur ein in Tugend ausgezeichnetes Geschlecht für die Führung der Staatsangelegenheiten ertragen kann; zur Beherrschung durch Aristokraten eignet sich die Menge, welche in der Weise der freien Männer von an Tugend Ausgezeichneten beherrscht werden kann; für den Freistaat eignet sich dagegen eine kriegerische Menge, welche sowohl herrschen, wie gehorchen kann nach einem Gesetz, welches die Staatsämter nach dem Maasse der Würdigkeit den Wohlhabenden zutheilt.

Wenn es sich nun trifft, dass entweder ein ganzes Geschlecht oder auch ein Einzelner aus den Anderen an Tugend sich in so hohem Maasse auszeichnet, dass seine Tugend die aller Anderen überragt, so ist es dann gerecht, dass dieses Geschlecht das königliche und Herr über Alle, oder dass dieser Eine König werde. Denn so entspricht es, wie ich schon früher gesagt habe, nicht allein der Gerechtigkeit, welche diejenigen geltend zu machen pflegen, welche die freistaatlichen und die aristokratischen, und die oligarchischen und endlich die demokratischen Verfassungen eingeführt haben (denn alle diese stützen ihre Forderungen auf einen Vorzug, nur nicht auf denselben Vorzug), sondern so entspricht es auch dem, was ich früher gesagt habe. Denn es ziemt sich nicht, einen so hervorragenden Mann entweder zu tödten oder zu verjagen oder durch das Scherbengericht zu verbannen; eben so wenig ist hier eine Herrschaft der Reihe nach zulässig; denn von Natur übertrifft zwar der Theil nicht das Ganze, aber wohl hat sich dies bei Dem getroffen, der ein solches Uebermaass besitzt. Es bleibt also hier nur übrig, dass man einem solchen gehorcht, und dass er nicht blos der Reihe nach, sondern durchaus Herr sei.

So viel mag in dieser Weise über das Königthum gesagt sein und über seine Unterschiede und ob es den Staaten nützlich ist oder nicht, und für welche und wie es denselben nützlich ist.

Achtzehntes Kapitel.

Da ich nun annehme, dass drei Arten der Verfassungen die richtigen seien, so muss von diesen die von den Besten geleitete nothwendig die beste sein und eine solche ist die, wo es sich getroffen hat, dass *Einer* von Allen, oder ein ganzes Geschlecht oder die Menge in der Tugend den Vorrang hat und wo die Einen fähig sind zu gehorchen und die Anderen zu herrschen, um das wünschenswertheste Leben zu führen.

Nun habe ich schon früher dargelegt, dass die Tugend des Mannes und des Bürgers in dem besten Staate nothwendig dieselbe ist und es erhellt, dass auf dieselbe Weise und durch dieselben Mittel sowohl der Mann ein tüchtiger wird, wie ein aristokratischer, oder königlicher Staat gebildet werden kann. Also sind die Erziehung und die Sitten, welche den Mann zu einem tüchtigen machen, ziemlich dieselben, wie die, welche den zum Freistaate, oder zum Königthume tüchtigen Mann machen.

Nachdem dies über die Verfassungen festgestellt worden, muss ich versuchen, über die beste Verfassung zu sprechen und zu zeigen, in welcher Weise sie entstehen kann und wie sie einzurichten ist.

Viertes Buch.

Erstes Kapitel.

Wenn man über die beste Verfassung die entsprechende Untersuchung anstellen will, so muss man zunächst bestimmen, welches das wünschenswertheste Leben sei; bleibt dieses ungekannt, so muss auch die beste Staatsverfassung ungekannt bleiben; denn den am besten Regierten muss es je nach ihren Mitteln am besten gehen, so lange nicht etwas Ungewöhnliches sich ereignet. Deshalb muss man zunächst darüber einig sein, welches Leben, so zu sagen, das wünschenswertheste für Alle ist und dann, ob dies Leben sowohl für den in der Gemeinschaft befindlichen, wie für den vereinzelten Menschen dasselbe ist, oder ob verschieden. Ich glaube nun, dass über das beste Leben schon genügend Vieles gesagt worden ist, insbesondere auch in meinen gemeinverständlichen Vorträgen und ich werde dies deshalb auch hier benutzen. In der That wird wohl Niemand bestreiten, dass, da alle Güter in drei Arten zerfallen, nämlich in die äusseren, in die körperlichen und in die geistigen, die Glücklichen alle diese Güter besitzen müssen; denn Niemand möchte wohl denjenigen für einen Glücklichen erklären, welcher keinen Antheil an der Tapferkeit und an der Selbstbeherrschung und an der Gerechtigkeit und Klugheit hätte, sondern sich von vorbeifliegenden Mücken erschrecken liesse, aber, wenn ihm die Begierde zu essen oder zu trinken ankäme, sich der schlechtesten Thaten nicht enthielte und der wegen eines Hellers seine liebsten Freunde in's Verderben brächte und rücksichtlich seines Verstandes so thöricht und verwirrt, wie ein Kind oder Wahnsinniger wäre.

Alles dies giebt nun wohl Jedermann zu, aber in dem zulässigen Maasse und in dem Uebermaasse herrschen verschiedene Ansichten. Bei der Tugend halten Viele schon jedweden Grad derselben für genügend, dagegen erstreben sie bei dem Reichthume und dem Gelde und der Macht und der Ehre und allen anderen solchen Gütern das Uebermaass bis in's Grenzenlose. Ich entgegne nun solchen Männern, dass sie hierüber leicht aus dem, was geschieht, die Gewissheit erlangen können, wenn sie sehen, dass man die Tugenden erwirbt und bewahrt, nicht durch die äusseren Güter, sondern diese vielmehr durch jene und dass das glückliche Leben, mag es nun in der Lust oder in der Tugend oder in beiden für die Menschen bestehen, sich mehr bei Denen findet, welche ihren Charakter und ihren Verstand bis zum Uebermaass geschmückt haben, aber in dem Erwerb der äusseren Güter Maass halten, als bei denen, welche von letzteren mehr als sie brauchen, erworben haben, aber in jenen zurück bleiben. Indess ist dies auch für den, welcher dies nach Vernunftgründen untersucht, leicht ersichtlich. Denn die äusseren Güter haben, als eine Art Werkzeuge, ihre Grenze und alles Nützliche ist von solcher Art, dass sein Uebermaass dem Besitzer schadet, oder nichts nützt. Dagegen wird jedes Gut der Seele, je mehr es im Grade zunimmt, um so nützlicher, insofern man diese Güter nicht blos als schön, sondern auch als nützlich bezeichnen darf. Ueberhaupt erhellt, dass der beste Zustand des einen Dinges zu dem besten eines anderen sich in Beziehung auf den höheren Vorzug so verhält, wie der Unterschied der Dinge selbst, um deren Zustände es sich handelt. Ist daher die Seele besser, als der Vermögensbesitz oder als die Güter des Leibes sowohl an sich, wie für uns, so muss auch der beste Zustand eines jeden dieser Dinge sich demgemäss verhalten. Auch sind nur der Seele wegen diese anderen Dinge wünschenswerth und nur deshalb soll jeder vernünftige Mensch nach denselben streben, aber die Seele ist nicht dieser Dinge wegen wünschenswerth. Dass mithin jedem Menschen so viel an Glückseligkeit zufällt, als er Tugend und Klugheit besitzt und dem gemäss handelt, werden wir einräumen müssen und man kann dafür die Gottheit als Zeugen nehmen, welche nicht durch die äusseren Güter glücklich und selig ist, sondern durch sich selbst und dadurch, dass sie ihrer Natur nach von solcher Beschaffenheit ist.

Deshalb muss auch das Glück nothwendig von der Glückseligkeit verschieden sein; denn von den Gütern ausserhalb der Seele ist der Zufall und das Glück die Ursache, während Niemand aus Zufall oder durch Glück gerecht oder mässig wird: daran schliesst sich aus denselben Gründen auch der Satz, dass der beste Staat auch glückselig ist und sich wohl befindet. Wohl kann sich aber kein Staat befinden, wenn er nicht sittlich schön handelt und ausserhalb der Tugend und der Klugheit giebt es weder für den Menschen, noch für den Staat eine schöne That. Die Tapferkeit und Gerechtigkeit und Klugheit und Mässigkeit eines Staates hat dieselbe Kraft und Gestalt, wie die, vermöge deren Besitz der einzelne Mensch tapfer und gerecht und klug und mässig genannt wird. So viel sei als Vorwort der Untersuchung vorausgeschickt (denn ich konnte dies weder unberührt lassen, noch alles dazu Gehörige durchgehen, da dies die Aufgabe einer anderen Wissenschaft ist); hier mag nur so viel nunmehr feststehen, dass das beste Leben sowohl für den Einzelnen als solchen, wie für die Staaten, als Gemeinschaften dasjenige ist, wo die Tugend mit so viel Mitteln ausgestattet ist, dass sie in guten Handlungen sich verwirklichen kann. Was aber die etwaigen Einwendungen anlangt, so will ich sie bei dieser Untersuchung für jetzt bei Seite lassen und sie später in Betracht nehmen, im Fall Jemand durch das Bisherige noch nicht überzeugt worden sein sollte.

Zweites Kapitel.

Ich habe noch zu untersuchen, ob man die Glückseligkeit des einzelnen Menschen mit der eines Staates für gleich annehmen könne oder nicht. Indess ist auch darüber kein Zweifel, denn Jedermann wird einräumen, dass beider Glückseligkeit dieselbe ist. Die, welche bei dem Einzelnen das glückliche Leben in den Reichthum setzen, werden auch den ganzen Staat, wenn er reich ist, für glücklich halten; wer dagegen das Leben eines Tyrannen am höchsten schätzt, der wird auch den Staat, welcher über die Meisten herrscht, für den glücklichsten erklären; wenn aber Jemand den Einzelnen wegen seiner Tugend für glückselig hält, so wird er auch den sittlich guten Staat für den glückseligen erklären. Indess ist hier zweierlei, was noch der Untersuchung bedarf; einmal, welches Leben vorzuziehen ist, ob das als Bürger und Mitglied eines Staates oder vielmehr das eines Fremden, der von aller staatlichen Gemeinschaft gelöst ist; und zweitens, welche Verfassung und welche Einrichtung als die beste für den Staat anzunehmen ist, mögen nun Alle das Leben im Staate vorziehen, oder doch die Meisten, wenn auch nicht alle. Da nun letztere Frage die Aufgabe der Wissenschaft und der Erkenntniss vom Staate ist, und das dem Einzelnen Wünschenswerthe nicht dazu gehört, und ich jetzt nicht diese Untersuchung mir vorgesetzt habe, so würde dieses zu einer Abschweifung führen, aber jenes zur vorliegenden Untersuchung gehören.

So viel ist nun klar, dass diejenige Verfassung nothwendig die beste ist, nach deren Ordnung Jedweder am tugendhaftesten handelt und glückselig lebt. Wenn man indess auch darin einig ist, dass ein tugendhaftes Leben das wünschenswertheste sei, so streitet man doch darüber, ob das Leben dessen, der sich mit den Staatsangelegenheiten thätig befasst, den Vorzug verdiene, oder mehr das Leben dessen, der von allen äusseren Verbindungen sich gelöst hat und ein blos beschauliches Leben führt, was allein nach der Meinung Mancher ein philosophisches ist. Denn diese beiden Lebensweisen sind es wohl, welche von den Menschen, welche die Tugend am höchsten stellen, allen vorgezogen werden, sowohl in alten Zeiten, wie in der Gegenwart; ich meine das Leben des Staatsmannes und das des Philosophen. Ob nun dieses, oder jenes das wahre ist, macht einen grossen Unterschied; denn nothwendig muss sowohl der Einzelne, wie der Staat als Gesammtheit, wenn er richtig verfahren will, das bessere Ziel sich vorsetzen. Nun meinen Einige, seine Nebenmenschen zu beherrschen sei, wenn es despotisch geschehe, eine der grössten Ungerechtigkeiten; wenn es aber in der Weise eines Freistaates geschehe, sei es zwar nicht ungerecht, aber doch ein Hinderniss für das eigne Wohlbefinden. Dem gleichsam entgegen sind Andere der Meinung, dass nur das thätige und mit den Staatsangelegenheiten sich befassende Leben für den Mann sich gezieme, denn in jeder Tugend habe nicht der für sich Lebende, sondern der, welcher das Allgemeine vollführe, und im Staate betreibe das grössere Feld für seine Thätigkeit. Während dies auf der einen Seite behauptet wird, halten Andere die despotische und tyrannische Weise zu regieren für die allein glücklich machende; ja in manchen Staaten sind auch die Verfassungen und die Gesetze nur so bemessen, dass sie ihre Nachbarn nur despotisch beherrschen können. Wenn daher auch bei den Meisten die gesetzlichen Anordnungen so zu sagen ausgeschüttet durch einander liegen, so haben doch da, wo die Gesetze auf *einen* Punkt abzielen, alle Gesetze nur die Herrschaft im Auge. So ist in Lakedämon und in Kreta die Erziehung und eine Menge von Gesetzen beinahe nur auf den Krieg berechnet. Auch wird bei allen Völkern, welche zu einer Uebermacht gelangt sind, eine solche Herrschaft geehrt, wie z. B. bei den Skythen, den Thraziern und Kelten. Bei Manchen bestehen auch Gesetze, welche zu dieser Tugend besonders anregen; so soll man bei den Karthagern so viel Ringe zum Schmuck erhalten, als man Feldzüge mitgemacht hat. Auch bei den Mazedoniern gab es früher ein Gesetz, wonach der Mann, welcher noch keinen Feind getödtet hatte, sich die Halfter umbinden musste, und bei den Skythen durfte der, welcher noch keinen Feind getödtet hatte, aus dem bei den Festen herumgereichten Becher nicht mit trinken. Bei den Iberiern, einem kriegerischen Volke werden so viele Spiesse auf den Grabhügel gesteckt, als der Verstorbene Feinde getödet hat; und dergleichen Bestimmungen sind noch viele bei anderen Völkern, theils in deren Gesetzen, theils in deren Sitten enthalten.

Dennoch dürfte es sich bei genauerer Betrachtung wohl als widersinnig ergeben, dass es die Aufgabe des Staatsmannes sei, nur dahin zu sehen, wie er die Nachbarn mit, oder gegen ihren Willen beherrschen und despotisch behandeln könne. Denn wie könnte wohl dergleichen dem Staate angemessen oder wie durch Gesetze anzuordnen sein, was an sich nicht gesetzlich ist und dazu gehört nicht allein die Herrschaft, wenn sie nicht gerecht, sondern auch, wenn sie ungerecht geführt wird; denn Gewalt ausüben, kann man auch ohne das Recht. Man findet dergleichen ja auch in anderen Wissenschaften nicht; denn weder des Arztes, noch des Steuermannes Aufgabe ist es, die Kranken, oder die Reisenden zu überreden oder mit Gewalt zu zwingen. Allein die Meisten scheinen die despotische Herrschaft für die staatliche zu halten und was sie für sich selbst nicht für gut und zuträglich halten, dess schämen sie sich nicht gegen Andere zu üben; bei sich zu Hause streben sie zwar nach einer gerechten Herrschaft, aber Anderen gegenüber kümmert sie das Gerechte nicht. Dies ist aber ungereimt, so weit nicht von Natur das eine Volk zu einer despotischen Beherrschung geeignet ist, und das andere nicht; und wenn dies sich so verhält, so soll man doch nicht unternehmen, über Alle despotisch zu herrschen, sondern nur über die von Natur dazu Geeigneten; wie man ja auch behufs eines Schmauses oder Opfers nicht auf Menschen Jagd macht, sondern auf das zur Jagd Bestimmte und das sind die wilden essbaren Thiere. Ueberdem könnte ja auch ein Staat allein für sich selbst glücklich sein, wenn er offenbar gut verwaltet wird, sofern es anders möglich ist, dass ein Staat irgendwo bestehen kann, der für sich selbst mit guten Gesetzen ausgestattet ist und dessen Verfassungseinrichtung weder auf den Krieg, noch auf die Bewältigung der Feinde berechnet ist; denn keines von beiden soll Statt finden.

Es erhellt also, dass alle Sorgfalt für den Krieg zwar als gut anzusehen ist, aber nicht als das höchste Ziel von Allem, sondern nur als Mittel für das Ziel, und es ist die Aufgabe des tüchtigen Gesetzgebers den Staat oder einen Stamm von Menschen und jede andere Gemeinschaft in Betracht zu nehmen und zu erwägen, wie sie eines guten Lebens und der möglichsten Glückseligkeit theilhaftig werden können. Indess wird immer einiger Unterschied in den gesetzlichen Bestimmungen bestehen und auch darauf hat der Gesetzgeber zu achten, wie man, sofern Nachbarn vorhanden sind, sich gegen sie nach ihrer Beschaffenheit einzurichten habe und wie man in angemessener Weise gegen jeden Einzelnen sich zu verhalten habe. Indess dürfte die Frage, welches Ziel die beste Staatsverfassung sich vorzusetzen habe, wohl erst Gegenstand einer späteren Untersuchung sein.

Drittes Kapitel.

Denen, welche darin übereinstimmen, dass ein tugendhaftes Leben das vorzüglichste sei, aber über die Art seiner Einrichtung verschiedener Meinung sind, habe ich und zwar beiden zu sagen (die einen verwerfen nämlich die Uebernahme staatlicher Aemter und meinen, dass das wünschenswertheste Leben eines freien Mannes nicht das des Staatsmannes sei; dagegen halten die Anderen dies für das Beste, denn der Unthätige könne unmöglich sich wohl befinden und das Wohlbefinden sei auch die Glückseligkeit), dass in einer Hinsicht beide Recht haben, in einer anderen aber nicht. Die einen haben darin Recht, dass das Leben eines freien Mannes besser ist, als das eines Despoten; denn einen Sclaven als Sclaven zu gebrauchen, hat nichts Ehrwürdiges und das Befehlen in den zum Leben nothwendigen Dingen hat nichts Schönes an sich. Aber sie haben nicht Recht, wenn sie meinen, dass jede Herrschaft eine Despotie sei; vielmehr ist die Herrschaft über Freie von der über Sclaven ebenso verschieden, als das von Natur Freie von dem von Natur Sclavischen. Hierüber habe ich bereits früher genügend mich ausgesprochen. Auch ist es falsch, wenn man das Nichthandeln höher stellt, als das Handeln; denn die Glückseligkeit besteht im Handeln, und die Handlungen des gerechten und sich selbst beherrschenden Mannes haben Vieles und Schönes zum Ziele. Freilich könnte wohl Jemand dies so auffassen, dass es das beste sei, Herr über Alle zu sein; denn dann wäre man auch Herr der meisten und schönsten Thaten und deshalb dürfe der, welcher zu herrschen vermöge, die Herrschaft nicht dem Nächsten überlassen, sondern er müsse vielmehr sie ihm entreissen und der Vater habe weder seine Kinder, noch die Kinder ihren Vater und überhaupt der Freund seinen Freund zu beachten und auf sie seine Gedanken zu richten; denn das Beste sei auch das, was man vor allem zu erwählen habe und das Sichwohlbefinden sei das beste. Darin möchten sie völlig Recht haben, wenn das Loos derer, die rauben und Gewalt brauchen wirklich das beste von allen wäre; allein dies dürfte wohl nicht möglich sein und sie nehmen dies nur fälschlich an. Wenn ein Herrscher sich nicht so weit von den Anderen unterscheidet, wie der Mann von der Frau oder der Vater von den Kindern, oder der Herr von den Sclaven, so vermag er auch keine schönen Thaten zu vollbringen, wer aber darüber hinausgeht, kann später nicht so viel wieder gut machen, als er vorher die Tugend überschritten hat. Unter Gleichen besteht das Schöne und Gerechte darin, dass jeder daran Theil hat; dies ist das Gleiche und Aehnliche; dagegen ist es gegen die Natur, dass unter Gleichen das Ungleiche und unter Aehnlichen das Unähnliche bestehe, und alles Unnatürliche ist auch unschön. Wenn daher Jemand an Tugend und an der Macht, die das beste vollbringt, hervorragt, so ist es schön, diesem zu folgen und gerecht, ihm zu gehorchen. Er muss aber nicht blos die Tugend besitzen, sondern auch die Macht und das Geschick zum Handeln haben. Wenn dies richtig ist und Glückseligkeit in dem guten Handeln besteht, so wird sowohl für die Gesammtheit des Staates, wie für den Einzelnen das thätige Leben das beste sein.

Dieses Thätige braucht aber nicht auf Andere sich zu richten, wie Manche meinen und diejenigen Gedanken sind nicht allein als practische anzusehen, welche sich blos mit den Folgen ihrer Handlungen beschäftigen, sondern mehr noch sind es die, welche in sich selbst vollendet sind, und die, welche die Erkenntniss und Einsicht nur um ihrer selbst willen zum Ziele haben. Denn das Ziel besteht in der guten Thätigkeit, also auch in irgend einer besonderen Thätigkeit, und die Bildner der Einsicht gelten hauptsächlich und selbst für die nach Aussen gerichtete Thätigkeit am meisten als die Thätigen. Ueberdem ist es nicht nothwendig, dass Staaten, welche sich in dieser Weise ruhig verhalten und zu leben vorziehen, deshalb unthätig seien; denn auch hier kann die practische Thätigkeit unter den Theilen des Staates statt haben; denn die einzelnen Theile eines Staates können gar manche Beziehungen und Verbindungen mit einander haben und ebenso verhält es sich auch bei dem einzelnen Menschen, wer er auch sei. Nur die Gottheit und die Welt als Ganzes wird in ihrer Weise sich wohl befinden, obgleich beiden keine Thätigkeit nach Aussen neben der ihnen eigenthümlichen obliegt.

Sonach hat sich ergeben, dass das beste Leben nothwendig dasselbe ist, sowohl für den einzelnen Menschen, wie für die Staaten, als Gemeinschaften.

Viertes Kapitel.

Nachdem ich diese Bemerkungen vorausgeschickt habe und auch die anderen Verfassungen von mir schon in Betracht gezogen worden sind, so habe ich nun in Bezug auf das noch Uebrige zunächst über die Voraussetzungen eines Staates zu sprechen, der so gebildet werden soll, dass er den Wünschen entspricht; denn auch die beste Verfassung kann ohne die angemessene Ausstattung mit äusseren Mitteln nicht errichtet werden. Deshalb müssen wir, gleich den Wünschenden, vieles voraussetzen; so z. B. in Bezug auf die Menge der Bürger und die Grösse des Landes, wobei nur nichts Unmögliches darunter sein darf. Auch andere Werkmeister, wie der Weber und der Schiffsbaumeister bedürfen des zu ihrer Arbeit nöthigen Stoffes (und je mehr einer von ihnen mit demselben gut versorgt ist, um so besser muss auch das Werk ihrer Kunst ausfallen); ebenso muss auch der Staatsmann und der Gesetzgeber mit dem dazu nöthigen Stoffe in genügendem Maasse versehen sein. Nun ist das erste bei der Ausstattung eines Staates eine solche Menge von Menschen, wie sie nach Zahl und Beschaffenheit derselben von Natur dazu erforderlich ist; und ebenso in Bezug auf das Land eine solche Grösse und Beschaffenheit desselben, wie sie nöthig ist.

Hier meinen nun die Meisten, dass der Staat, wenn er sich wohl befinden solle, gross sein müsse. Wenn nun dies auch richtig ist, so wissen sie doch nicht, welcher Staat als gross und welcher als klein anzusehen ist. Sie beurtheilen die Grösse des Staates nach der Zahl seiner Einwohner; allein man hat hier mehr auf die Kraft, als auf die Menge der Einwohner zu sehen. Denn der Staat hat eine Aufgabe zu erfüllen, und der Staat, welcher dies am besten vermag, muss auch für den grössten Staat gehalten werden, so wie man ja auch den *Hippokrates* nicht als Menschen, sondern als Arzt, für grösser erklären wird, wie den, der ihn an Körpergrösse überragt. Wenn man indess auch mit Rücksicht auf die Volksmenge hier das Urtheil abgeben soll, so darf doch nicht die zufällige Anzahl hier entscheiden (denn in jedem Staate muss es ja auch eine Anzahl Sclaven und Anwohner und Fremde geben), sondern nur die Zahl derer, welche Bestandtheile des Staates bilden und welche die eigenthümlichen Glieder sind, aus welchen der Staat sich zusammensetzt. Ein grosser Ueberfluss von solchen ist das Kennzeichen eines grossen Staates; aber ein Staat, der zwar an Zahl viele gemeine Handwerker hat, aber Schwerbewaffnete nur wenige, kann kein grosser sein; denn ein grosser Staat ist nicht dasselbe, wie ein volkreicher Staat. Ueberdem lehrt die Erfahrung, dass es schwer, ja vielleicht unmöglich ist, für einen stark bevölkerten Staat gute Gesetze herzustellen. So ist auch von den Staaten, welche als mit einer guten Verfassung ausgestattet gelten, keiner zu finden, welcher in Bezug auf die Volksmenge nicht eine Schranke kennte.

Dasselbe lässt sich auch aus Vernunftgründen beweisen; denn das Gesetz ist eine Art Ordnung und eine gute Gesetzgebung muss eine gute Ordnung enthalten. Nun kann aber eine sehr grosse Zahl der Ordnung nicht theilhaftig werden; dies wäre vielmehr das Werk einer göttlichen Kraft, welche auch dieses Weltall zusammenhält. Da nun das Schöne sich an der Menge und der Grösse zu entwickeln pflegt, so muss der Staat, welcher in der Grösse die erwähnte Grenze einhält, auch der schönste sein. Es giebt aber auch für die Staaten ebenso ein Maass in Bezug auf ihre Grösse, wie für die Thiere, Pflanzen und Werkzeuge; jedes davon wird, weder wenn es zu klein, noch wenn es zu gross ist, seine volle Kraft haben, sondern wird dann entweder seiner Natur nach ganz ausgeartet sein, oder sich in einem ganz schlechten Zustande befinden, so wie z. B. ein Schiff, was nur eine Spanne lang ist noch kein Schiff sein wird, und eben so wenig eines, was zwei Stadien lang ist, sondern nur das, was eine solche Grösse hat, dass es weder wegen seiner Kleinheit, noch wegen seiner Uebergrösse die Schiffahrt mit ihm gefährdet.

So verhält es sich auch mit dem Staate; hat er nur wenig Einwohner, so ist er sich selbst nicht genug (der Staat muss aber sich selbst genug sein); hat er aber sehr viele, so genügt er sich wohl in den nothwendigen Dingen gleich einer Völkerschaft, ist aber kein Staat, da eine Verfassung dann nicht leicht einzurichten ist; denn wer sollte der Herrscher für eine solche übertrieben zahlreiche Volksmenge sein? wer ihr Herold ohne eine Stentorstimme zu haben? Deshalb muss der Staat vor allem mindestens mit einer solchen Volksmenge beginnen, die zu einem glücklichen gemeinsamen Leben genügt. Indess kann auch ein Staat, der eine, dieses Maass übersteigende Volksmenge hat, noch ein Staat sein; doch hat dieses Uebermaass, wie gesagt, seine Grenze und welche diese ist, kann aus der Erfahrung leicht ersehen werden; denn die Thätigkeit eines Staates ist theils eine der Herrschenden, theils eine der Beherrschten und die Aufgabe der ersten ist das Anordnen und das Entscheiden. Um aber in Rechtssachen zu entscheiden und um die Aemter nach der Würdigkeit zu vertheilen, müssen die Bürger einander und zwar nach ihrer Beschaffenheit kennen und wo dies nicht der Fall ist, da muss nothwendig diese Vertheilung der Aemter und die Rechtspflege schlecht werden, da man beides nicht unüberlegt verrichten kann, wie es doch in einem sehr übervölkerten Staate offenbar geschehen würde. Auch können in diesem Fremde und Anwohner leicht an der Regierung theil nehmen, da bei einer sehr grossen Volksmasse dies leicht unbemerkt bleiben kann. Offenbar ist also die beste Grenze in dieser Hinsicht für den Staat, dass selbst die grösste zur Selbstgenügsamkeit des Lebens nöthige Volksmenge noch übersehbar bleibt.

So viel über die Grösse der Stadt; und ziemlich ebenso verhält es sich mit der Grösse des Landes.

Fünftes Kapitel.

Was aber die Beschaffenheit des Landes anlangt, so ist klar, dass Jedermann diejenige billigen wird, welche am meisten sich selbst genug ist. Das Land muss also Alles hervorbringen; denn das sich Selbstgenügende besteht darin, dass alles vorhanden ist und nichts fehlt. Es muss also das Land an Menge und Mannigfaltigkeit der Erzeugnisse so viel haben, dass die Bewohner ein Leben in Musse, Freiheit und Mässigkeit führen können. Ob ich diese Grenze hier richtig bestimme oder nicht, soll später noch genauer untersucht werden, wenn ich an dem passenden Orte vollständig von dem Erwerb und von der Wohlhabenheit des Staates rücksichtlich seines Vermögens und wie und zu welchem Zweck davon Gebrauch zu machen ist, zu sprechen haben werde. Denn es giebt bei dieser Untersuchung viel streitige Punkte, weil man nach beiden Seiten hin das Leben übertreibt, die Einen nach der Aermlichkeit, die Anderen nach der Ueppigkeit hin.

Wie die Gestalt des Landes beschaffen sein müsse, ist leicht anzugeben; einigermaassen muss man hier auch den Kriegserfahrenen folgen, wonach für die Feinde es schwer sein muss, in das Land einzudringen und für die Einwohner leicht, aus demselben auszuziehen. Und wenn ich gesagt habe, dass die Volksmenge leicht übersehbar sein soll, so gilt dies auch für das Land. Hier besteht das Uebersehbare darin, dass man jedem Orte leicht zu Hülfe kommen kann. Wenn man nun die Stelle für die Hauptstadt nach Wunsch auswählen kann, so muss sie sowohl nach dem Meere, wie nach dem Lande zu eine passende Lage haben; eine weitere Bedingung ist schon von mir genannt; sie muss der Hülfsleistung wegen mit allen Orten in Verbindung stehen und weiter muss die Zufuhr der erbauten Früchte zu ihr leicht sein. Auch in Bezug auf die Holzvorräthe und das, was sonst das Land für seine Werkthätigkeit braucht, muss die Stadt sich leicht dergleichen verschaffen können.

Sechstes Kapitel.

Ueber die Frage, ob für gut eingerichtete Staaten die Verbindung mit dem Meere nützlich oder schädlich sei, wird viel gestritten. Man sagt, dass der Andrang von Fremden, die in anderen Sitten auferzogen sind, der guten Verfassung schädlich sei; ebenso die grosse Menge von Menschen. Denn aus dem Verkehr zur See entstehe eine Menge von Handelsleuten, die hin und her reisen, was sich mit einer guten Staatsverwaltung nicht vertrage. Im Fall dies indess nicht eintritt, so ist klar, dass die Verbindung des Landes und der Stadt mit der See für die Sicherheit und für den leichten Bezug der nothwendigen Bedürfnisse grossen Nutzen gewährt; denn um in den Kriegen leicht Hülfe zu bekommen, muss das Gebiet sowohl zu Lande, wie zur See für den Schutz der Einwohner leicht zugänglich sein; und ebenso werden die, welche den Zugang zu beiden besitzen leichter im Stande sein, angreifenden Feinden Schaden zuzufügen, und wenn dies nicht in beiden Richtungen möglich ist, so wird für die, welche den Zugang nach beiden haben, doch immer noch einer eher möglich bleiben. Ferner können die nothwendigen Güter, welche das Land nicht besitzt, dann leicht erlangt und der Ueberfluss der eignen leicht ausgeführt werden; denn in dieser Weise mag der Staat Handel treiben, aber nicht in anderer Art. Die Staaten, welche Allen einen Markt bei sich eröffnen, thun dies der Einkünfte wegen; allein der gute Staat soll an solcher Gewinnsucht nicht Theil nehmen und keinen solchen Handelsplatz besitzen. Indess sehen wir, dass auch gegenwärtig viele Landschaften und Städte Schiffswerften und Häfen besitzen, welche so günstig für die Stadt liegen, dass sie weder einen Theil derselben bilden, noch zu weit entfernt sind und die durch Mauern und andere Befestigungen geschützt sind. Wenn in diesen Fällen aus dieser Verbindung ein Vortheil erwächst, so wird er auch dem Staate zu gute kommen und so weit sie Schaden bringt, kann man dem leicht durch Gesetze vorbeugen, indem bestimmt wird, welche Personen mit einander verkehren dürfen und welche nicht.

Was die Seemacht anlangt, so ist klar, dass ihr Besitz bis zu einem gewissen Grade für den Staat sehr vortheilhaft ist, denn nicht nur für sich selbst, sondern auch zu Gunsten mancher seiner Nachbarn muss der Staat Furcht einflössen, und sowohl zur See, wie zu Lande Hülfe bringen können. Was aber die Menge und die Grösse der Seemacht anlangt, so hängt dies von der Lebensweise der Einwohner des Staates ab; besteht eine kriegerische Lebensweise und will man die Führerschaft haben, so muss auch eine solche Macht da sein, wie sie dieser Richtung entspricht. Wenn in Bezug auf die Schiffsleute sich eine zu grosse Menschenmenge bildet, so braucht sie nicht nothwendig zum Staat zu gehören, vielmehr darf sie keinen Theil des Staates ausmachen. Die Seetruppen müssen allerdings aus freien Leuten bestehen und dem Fussvolke entnommen werden; sie haben den Befehl und die Gewalt über die Schiffsleute und wenn die Zahl der Anwohner und der Landbauenden gross ist, so wird man auch keinen Mangel an Schiffsleuten haben. Man kann dies auch jetzt bei manchen Staaten sehen, z. B. bei dem Staate der Herakleier; sie bemannen viele dreirudrige Schiffe, obgleich der Staat an Grösse geringer ist, als andere.

So viel mag über das Land und die Häfen und über die See und die Seemacht gesagt sein.

Siebentes Kapitel.

Welche Grenze bei der Menge der Bürger einzuhalten ist, habe ich früher besprochen; jetzt werde ich sagen, von welcher Beschaffenheit sie ihrer Natur nach sein müssen. Man wird dies ziemlich erkennen können, wenn man die in gutem Rufe stehenden griechischen Staaten und die ganze bewohnte Erde überhaupt, wie sie unter die Völker vertheilt ist, betrachtet. Die Völker in den kalten Gegenden und auf dem Festlande von Europa sind zwar voll Muth, aber es fehlt ihnen an Einsicht und Kunstfertigkeit; deshalb bewahren sie sich mehr ihre Freiheit, aber sind ohne staatliche Verbindung und können über ihre Nachbarn nicht herrschen. Dagegen sind die Völker in Asien ihren geistigen Anlagen nach zwar einsichtig und kunstfertig, aber ohne Muth und deshalb befinden sie sich stets in Unterwerfung und Sclaverei. Der Stamm der Griechen hat, so wie er schon zwischen jenen die Mitte hält, auch an den Vorzügen jener beiden Theil und ist sowohl muthig, wie einsichtig. Deshalb hält sich dieser Stamm immer frei, ist am besten staatlich eingerichtet und würde, wenn er in *einen* Staat zusammengefasst wäre, über alle anderen Völker herrschen. Uebrigens bestehen unter den einzelnen griechischen Völkerschaften dieselben Unterschiede; manche neigen von Natur nur zu *einer* Richtung, bei anderen sind beide Richtungen in guter Mischung vorhanden. Es ist oft klar, dass diejenigen, welche der Gesetzgeber leicht zur Tugend leiten soll, von Natur sowohl einsichtig, wie muthig sein müssen.

Wenn Einige sagen, dass den Wächtern die freundliche Gesinnung zu den Bekannten und die rauhe gegen die Unbekannten einwohnen müsse, so ist es der Muth, welcher jene freundliche Gesinnung hervorbringt; denn er ist dasjenige der Seele, mittelst dessen wir leben, wie man daran erkennt, dass der Zorn sich stärker gegen die Genossen und Freunde, als gegen die Unbekannten erhebt, wenn man glaubt, von ihnen geringgeschätzt zu werden. Deshalb wendet sich *Archilochos* bei seinen Vorwürfen gegen die Freunde passend mit den Worten gegen den Muth: „Quältest Du nicht um der Freunde Dich!" Die Neigung zum Herrschen und zur Freiheit beruht bei Jedermann auf diesem Vermögen, denn der Eifer will herrschen und lässt sich nicht beugen. Dagegen ist es unrecht, wenn man sagt, dass man gegen Unbekannte schwierig sein solle; es ist dies gegen Niemand nöthig und grossherzige Naturen sind nicht rauh und wild, ausgenommen gegen die, welche unrecht handeln. Eher verhalten sie sich, wie gesagt, gegen ihre Genossen so, wenn sie sich für verletzt halten. Dies ist auch ganz folgerecht; denn da, wo sie erwarten, dass Andere ihnen für das empfangene Gute Dank schuldig seien, werden sie neben dem Schaden noch um diesen Dank betrogen. Deshalb sagt das Sprüchwort: „Unter Brüdern ist der Krieg gar schwer." und „Wer ohne Maass geliebt, der hasst auch ohne Maass."

Hiermit dürfte genügend bestimmt sein, wie gross die Zahl der Einwohner eines Staates sein muss und wie sie von Natur beschaffen sein sollen, und ferner, wie gross und von welcher Beschaffenheit das Land sein muss; denn bei den Untersuchungen mittelst der Vernunft darf man nicht dieselbe Genauigkeit, wie bei den durch die Sinne wahrgenommenen Dingen verlangen.

Achtes Kapitel.

So wie nun bei den von Natur zusammengesetzten Dingen nicht alles das, ohne welches das Ganze nicht bestehen könnte, deshalb als Glied der ganzen Zusammensetzung gelten kann, so kann auch bei dem Staate nicht alles, was dem Staate nothwendig ist, auch als ein Theil des Staates angesehen werden, und dies gilt auch bei jeder anderen Gemeinschaft, die in ihrer Gattung als eine Einheit gelten will. Denn Etwas muss für die Genossen gemeinsam und für Alle dasselbe sein, mögen sie daran gleich oder ungleich Theil nehmen; sei dies die Nahrung, oder ein Ueberfluss an Land oder etwas anderes der Art. Ist das aber hier nur Mittel und das Andere nur Zweck, so besteht zwischen beiden keine Gemeinschaft, als nur so, dass das Eine schafft und das Andere empfängt. Ich meine es in der Weise, wie sich alles Werkzeug und die Werkmeister zu dem vollendeten Werke verhalten; so hat z. B. das Haus als solches mit dem Baumeister, der es baut, nichts gemeinsames, sondern die Kunst des Baumeisters ist nur des Hauses wegen da. Deshalb bedarf ein Staat wohl der Besitzthümer, aber diese sind kein Theil des Staates, obgleich ein Theil dieser Besitzthümer auch aus lebenden Wesen besteht; vielmehr ist der Staat eine Gemeinschaft von Gleichen, welche das bestmögliche Leben zum Ziel hat. Da nun die Glückseligkeit das Beste ist und diese in der Verwirklichung und vollendeten Ausübung der Tugend besteht und da die Verhältnisse der Art sind, dass Manche dieser Glückseligkeit theilhaftig werden können, bei Anderen aber dies nur zu einem kleinen Theile, oder gar nicht statt hat, so erhellt, wie dies der Grund ist, dass verschiedene Arten von Staaten und mehrere Verfassungsformen sich gebildet haben. Indem jeder Einzelne in anderer Weise und durch andere Mittel dies Ziel verfolgt, wird damit selbst das Leben derselben verschieden und auch die Staatsverfassung.

Man muss aber auch ermitteln, wie viel solcher Dinge sind, ohne die ein Staat nicht bestehen kann. Denn aus dem, was man als Theile des Staates anerkennt, muss derselbe nothwendig bestehen. Deshalb ist die Zahl der Thätigkeiten zu ermitteln, da hieraus sich jene ergeben werden. Zuerst muss die erforderliche Nahrung vorhanden sein; dann sind die Gewerbe und Künste nöthig (denn das Leben bedarf vieler Werkzeuge); drittens Waffen (denn die Bürger eines Staates müssen nicht nur bei sich selbst Waffen für die Herrschaft haben, um der Ungehorsamen willen, sondern auch gegen die, welche von aussen her ihnen Unrecht zufügen wollen); ferner einen reichlichen Vorrath an Geld, theils für den inneren Bedarf, theils zu dem kriegerischen Unternehmen; fünftens und hauptsächlich die Sorge für den Gottesdienst, was man das Priesterthum nennt und sechstens als das nothwendigste von allem, eine Behörde, welche über das Nützliche und Gerechte unter den Bürgern entscheidet. Diese Einrichtungen und Thätigkeiten sind es, deren so zu sagen jedweder Staat bedarf. Denn der Staat ist nicht jede zufällige Volksmenge, sondern er muss, wie ich gesagt, sich selbst zum Leben genug sein, und wenn eine dieser Thätigkeiten ausfällt, so kann eine solche Gemeinschaft durchaus nicht sich selbst genug sein. Der Staat muss sich also nach diesen Thätigkeiten zusammensetzen und es muss sonach die genügende Menge von Landbauenden da sein, welche die Nahrungmittel beschaffen; ferner der Stand der Handwerker, der Stand der Bewaffneten, der Kaufleute, der Priester und derer, welche über das Recht und das Wohl entscheiden.

Neuntes Kapitel.

Nachdem ich so die verschiedenen Thätigkeiten gesondert habe, bleibt noch zu untersuchen, ob alle Bürger an allen diesen Geschäften Theil nehmen sollen (denn es ist ausführbar, dass Alle zugleich Landbauende, Handwerker, Berather und Richter sind) oder ob für jedes dieser Geschäfte Verschiedene anzustellen sind, oder ob einzelne derselben besonders, andere aber nothwendig gemeinsam ausgeführt werden müssen. Indess ist dies nicht bei jeder Verfassungsform nothwendig; denn, wie gesagt, können Alle an allen Geschäften Theil nehmen, oder es kann auch jede dieser Thätigkeiten einer besonderen Klasse zugewiesen werden. Dies macht den Unterschied der Verfassungen aus. So haben in dem demokratischen Staate Alle an allem Theil und das Entgegengesetzte findet in den Oligarchien statt. Da es sich indess jetzt um die Untersuchung der besten Staatsverfassung handelt, und diese diejenige ist, vermöge deren der Staat am glückseligsten ist und da die Glückseligkeit, wie ich früher gesagt, ohne Tugend nicht möglich ist, so erhellt, dass in dem Staate mit der besten Verfassungsform und mit

Bürgern, welche schlechthin und nicht blos beziehungsweise, gerechte Männer sind, die Bürger nicht im niederen Handwerk, noch in Krämerart ihr Leben verbringen dürfen; denn ein solches Leben ist kein edles und verträgt sich nicht mit der Tugend; auch dürfen sie deshalb nicht Ackerbauer sein; denn zur Entwickelung der Tugend und für die staatliche Thätigkeit bedarf es der Musse. Da nun aber auch die kriegerische Thätigkeit und das Berathen über das Nützliche und das Entscheiden in Rechtssachen im Staate statt hat, und diese Personen die hauptsächlichsten Bestandtheile des Staates bilden, so fragt es sich, ob auch diese Thätigkeiten an verschiedene Personen zu vertheilen sind, oder ob beide denselben übertragen werden sollen? Indess ist hier kein Zweifel, dass sie in der einen Weise denselben Personen und in einer anderen Weise verschiedenen Personen zugetheilt werden müssen. So weit jede dieser Thätigkeiten eines anderen Lebensalters bedarf, und die eine mehr Klugheit, die andere mehr Kraft verlangt, muss jede an verschiedene überwiesen werden; so weit es aber unmöglich ist, dass diejenigen, welche Gewalt zu brauchen und Andere zu hemmen vermögen, immer blos Gehorchende bleiben wollen, in so weit sind diese beiden Thätigkeiten denselben Personen zuzuweisen. Denn die, welche Herren der Waffen sind, sind auch Herren über den Bestand oder die Abänderung der Verfassung; deshalb bleibt nur übrig, dass man diese Staatsthätigkeit beiden Klassen übergiebt, aber nicht gemeinschaftlich; sondern, so wie von Natur diese Kraft bei den Jüngeren und die Klugheit bei den Aelteren besteht, so ist es auch nützlich und gerecht, diese Thätigkeiten unter sie so zu vertheilen; denn dies entspricht ihrer Würdigkeit. Indess müssen auch die Besitzthümer des Staates bei diesen sich befinden; denn die Bürger müssen sich in Wohlstand befinden und Bürger sind nur diese, da der Handwerkerstand an dem Staate nicht Theil hat und ebenso keine andere Klasse, welche bei der Verwirklichung der Tugend nicht thätig ist. Dies ergiebt sich aus dem, was ich vorausgesetzt habe, wonach die Glückseligkeit nothwendig mit der Tugend verbunden ist und man über die Glückseligkeit eines Staates nicht blos im Hinblick auf einen Theil desselben, sondern nur im Hinblick auf alle Bürger urtheilen darf. Auch ergiebt sich, dass die Besitzthümer jenen gehören müssen, wenn es nothwendig ist, dass die Ackerbauenden Sclaven oder Barbaren oder Hintersassen sind. Es ist sonach von den aufgezählten Klassen nur noch der Priesterstand übrig. Dessen Ordnung ist ebenfalls leicht ersichtlich; man darf keine Landbauern oder gemeine Handwerker zum Priester bestellen; denn es ziemt sich, dass die Götter von den Bürgern geehrt werden und da ich die Bürger in zwei Theile getheilt habe, in die Waffen Tragenden und in die Berathenden, so ziemt es sich, dass diejenigen Bürger, welche Alters halber von den öffentlichen Geschäften zurückgetreten sind, die Sorge für den Dienst der Götter und damit die nöthige Ruhe für sich selbst erhalten und deshalb werden diese zur Besorgung des Gottesdienstes zu bestellen sein.

Somit sind die Personen bezeichnet worden, ohne welche der Staat nicht bestehen kann und ebenso ist gesagt, aus wie viel Theilen der Staat besteht. Die Landbauer und die Gewerbe und die ganze Klasse der Lohnarbeiter müssen im Staate vorhanden sein, aber Theile des Staates bilden nur die Waffentragenden und die Berathenden; auch ist jede dieser Klassen von der anderen gesondert worden, theils für immer, theils abwechselnd.

Zehntes Kapitel.

Es scheint indess nicht erst jetzt und nicht erst neuerlich von den über die Einrichtung des Staates Philosophirenden erkannt zu sein, dass der Staat nach den verschiedenen Klassen getheilt und gesondert werden müsse und dass die Waffentragenden verschieden von den Landbauenden sein müssen; denn in Aegypten verhält es sich noch jetzt in dieser Weise und ebenso in Kreta; indem *Sesostris*, wie man sagt, dies in Aegypten gesetzlich bestimmt haben soll und *Minos* in Kreta. Auch die gemeinsamen Mahle scheinen eine alte Einrichtung zu sein; in Kreta sollen sie um die Zeit, wo *Minos* König war, entstanden sein und in Italien sollen sie noch viel älter sein. Nach den Sagenkundigen unter den dortigen Einwohnern soll ein gewisser *Italos* König von Oinotrien gewesen sein und durch Vertauschung mit dessen Namen sollen sie sich statt Oinotrier, nunmehr Italer genannt haben und diese schroffe Küste von Europa soll den Namen Italien bekommen haben, so weit sie von dem Skylletischen und Lametischen Meerbusen eingefasst ist; beide sind eine halbe Tagereise von einander entfernt. Dieser *Italos* soll die Oinotrier, welche Nomaden waren, zum Landbau gebracht und andere gesetzliche Einrichtungen, insbesondere auch zuerst die gemeinsamen Male angeordnet haben. Deshalb sind in einigen Staaten noch jetzt die gemeinsamen Male und einzelne von seinen Gesetzen dort in Uebung. An der Tyrrhenischen Küste wohnten sonst und noch jetzt die Opiker, mit dem Zunamen der Ausoner; den Strich nach Japygien und nach dem Ionischen Meerbusen hin, in der sogenannten Syrte bewohnten die Choner, welche nach ihrer Abstammung ebenfalls Oinotrier waren. Die Einrichtung der gemeinsamen Male ist dort zuerst geschehen, die Trennung der Bürger in besondere Klassen stammt aber aus Aegypten; denn die Herrschaft des Königs *Sesostris* reicht viel weiter zurück, als die des Königs *Minos*. Auch die sonstigen Einrichtungen werden in der langen Vorzeit öfters, ja vielleicht unzählige Male ausgedacht worden sein; denn das Nothwendige lehrt wohl schon das Bedürfniss; aber das, was zur Verschönerung und zum Ueberfluss gehört, wird wohl erst, wenn jenes Nothwendige vorhanden war, sein Wachsthum begonnen haben, und in gleicher Weise wird es sich mit den, zum Staate gehörenden Einrichtungen verhalten haben. Aegypten lehrt, dass alles dazu Gehörige schon aus alten Zeiten herstammt. Man hält die Aegypter für das älteste Volk, welches Gesetze und eine staatliche Verfassung gehabt hat. Deshalb muss man von den schon erfundenen Einrichtungen den passenden Gebrauch machen und das, was noch fehlt, muss man zu finden versuchen.

Dass nun das Land denen zukommt, welche die Waffen tragen und welche an der Staatsleitung Antheil nehmen , habe ich früher gesagt; auch dass deshalb die Landbauenden von ihnen verschieden sein müssen und ebenso, welche Grösse und Beschaffenheit das Land haben müsse. Ich habe nun zunächst auch über die Vertheilung des Landes, sowie darüber zu sprechen, welche Personen die Bebauer des Landes sein sollen, da, wie ich gesagt, der Grund und Boden nicht im gemeinsamen Besitz sein darf, wie Einige behauptet haben, sondern nur durch die Bebauung in freundschaftlicher Weise gemeinsam werden und kein Bürger des Unterhaltes entbehren soll.

Was nun die gemeinsamen Mahle anlangt, so ist die Ansicht allgemein, dass sie für gut eingerichtete Staaten nützlich seien und weshalb auch ich dieser Meinung bin, werde ich später sagen. Aber alle Bürger müssen an denselben Theil nehmen, da die Armen nicht leicht den dazu vorgeschriebenen Theil herbeibringen und daneben noch ihren sonstigen Haushalt versehen können. Auch der Aufwand für den Dienst der Götter ist eine gemeinsame Angelegenheit des ganzen Staates. Deshalb muss der gesammte Grund und Boden in zwei Theile getheilt werden, von denen der eine gemeinsam bleiben, der andere aber den Einzelnen gehören kann. Auch von diesen Theilen muss ein jeder noch einmal getheilt werden und die eine Hälfte des gemeinsamen Grundbesitzes ist zur Bestreitung der Ausgaben für den Dienst der Götter zu verwenden, und die andere Hälfte zur Deckung der Kosten für die gemeinsamen Mahle. Von der im Privatbesitz befindlichen Hälfte muss der eine Theil nach der Grenze zu, der andere nach der Stadt zu belegen sein; denn indem so Jedwedem zwei Loose zugetheilt sind, haben Alle an beiden Oertlichkeiten Antheil, und die Gleichheit und Gerechtigkeit ist so gewahrt und zugleich die Einstimmigkeit bei Kriegen gegen die Nachbarstaaten mehr gesichert. Da, wo dies nicht so eingerichtet ist, schätzen die Einen die Feindschaft in Bezug auf die Grenznachbarn gering, die Anderen aber machen sich darüber mehr Sorge, als es recht ist. Deshalb besteht in einigen Staaten das Gesetz, dass die, den Grenznachbarn nahe wohnenden Besitzer bei den Kriegen gegen dieselben nicht mit rathen dürfen, da sie wegen ihres Privatbesitzes gut zu berathen nicht im Stande seien. In dieser Weise muss aus den angegebenen Ursachen der Grund und Boden vertheilt werden. Die Landbauenden müssen, wenn man es nach Wunsch einrichten kann, Sclaven, und auch nicht Alle gleichen Stammes sein; auch dürfen sie nicht von muthiger Sinnesart sein (alsdann sind sie nämlich für die Arbeit am brauchbarsten und in Bezug auf Neuerungen zuverlässig); im zweitbesten Falle müssen sie Hintersassen aus barbarischem Stamme und von ähnlichem Character sein. Von denselben muss ein Theil als zugehörig auf den Grundstücken derer sich befinden, welche dieselben zum Privatbesitz erlangt haben; ein zweiter Theil muss auf dem Gemeinlande sich befinden und dem Staate gehören. Ueber die Art, wie die Sclaven zu benutzen sind und weshalb es besser ist, wenn alle Sclaven als Lohn für ihr Verhalten die Freiheit in Aussicht haben, werde ich später sprechen.

Elftes Kapitel.

Dass nun die Stadt mit dem Festlande ebenso, wie mit dem Meere und so viel als möglich mit dem ganzen Staatsgebiete in Verbindung stehen müsse, habe ich schon früher gesagt. Was aber sie selbst anlangt, so ist zu wünschen, dass ihre Lage nach vier Rücksichten gut gewählt werde; und zwar zuerst, als das Nothwendigste, rücksichtlich der Gesundheit. Die Städte, welche eine abfallende Lage nach Osten und nach den, von da kommenden Winden haben, sind die gesündesten; demnächst die gegen den Nordwind geschützten, da sie einen milderen Winter haben; im Uebrigen muss die Lage für die staatliche und kriegerische Thätigkeit passen. In Bezug auf letztere muss sie leichte Ausgänge haben, dagegen den Feinden schwer zugänglich sein und nicht leicht eingeschlossen werden können. Ferner muss die Stadt hauptsächlich an Wasser und eignen Quellen einen Ueberfluss haben, und wo dies nicht ist, muss dieser dadurch beschafft werden, dass viele und grosse Behälter für das Regenwasser angelegt werden, so dass das Wasser den Bewohnern niemals fehlen kann, wenn sie im Kriege vom Lande abgesperrt werden. Da für die Gesundheit der Einwohner gesorgt werden muss und diese zunächst durch die gute Lage des Ortes und seine Richtung bedingt ist, zweitens durch die Zugänglichkeit zu gesundem Wasser, so muss man auch auf letzteres eine besondere Sorgfalt verwenden. Alles, dessen man am meisten und häufigsten für den Körper bedarf, trägt auch am meisten zu dessen Gesundheit bei, und dies gilt besonders von dem Einfluss des Wassers und der Winde. Deshalb muss in wohl berathenen Städten, wo das Wasser nicht überall gleich, und solche Quellen nicht im Ueberfluss vorhanden sind, das Wasser zum Trinken und das zu anderem Bedarf gesondert gehalten werden. Was nun die befestigten Plätze anlangt, so ist hier das für die verschiedenen Verfassungen Zuträgliche nicht überall sich gleich. So gehört eine Burg in der Stadt mit zu einer oligarchischen oder monarchischen Verfassung. Für die Demokratie passt die ebene Lage, für die Aristokratie keines von beiden, sondern mehrere feste Plätze. Die Anlage der Privathäuser gilt für angenehmer und für die mancherlei Geschäfte zweckmässiger, wenn sie gerade Durchschnitte erhält, nach der neueren und Hippodamischen Bauart; allein für die Sicherheit in Kriegsfällen ist das Gegentheil, wie es in alten Zeiten bestand, besser. Denn, bei dieser Bauart konnten die Fremden schwer herauskommen und die Angreifenden konnten sich schwer darin zurecht finden. Die Stadt muss deshalb nach beiderlei Art gebaut sein (dies ist möglich, wenn man sie so einrichtet, wie bei den Landleuten die sogenannten sich kreuzenden Reihen der Weinstöcke); man darf deshalb nicht die ganze Stadt mit geraden Einschnitten bauen, wohl aber einzelne Theile und Quartiere; dann ist sie sowohl nach Schönheit, wie nach Sicherheit wohl bestellt.

Was die Mauern anlangt, so sagt man zwar, dass Städte, die auf Tugend Anspruch machen, keine zu haben brauchen; indess ist dies doch eine veraltete Ansicht und man hat gesehen, dass dergleichen Prahlereien durch die That widerlegt worden sind. Allerdings ist es für gleiche und in Volksmenge nicht sehr verschiedene Staaten unpassend, wenn sie durch stark befestigte Mauern sich gegen einander schützen wollen; allein es trifft sich auch und ist möglich, dass die Ueberzahl der Angreifenden stärker ist, als alle menschliche aber auf eine geringe Zahl von Leuten beschränkte Tapferkeit. Deshalb ist die stärkste Befestigung der Mauern auch für die passendste im Kriege zu halten, wenn es darauf ankommt, sich zu erretten und nicht schweres Unglück und Uebermuth zu erleiden; besonders da jetzt für die Belagerung in der Genauigkeit der Wurfgeschosse und Maschinen viele Erfahrungen gemacht worden sind. Jene Forderung, die Städte mit keinen Mauern zu umgeben, klingt ebenso, als wenn man das Land für Einfälle bequem einrichten und gebirgige Höhen abtragen sollte. Dann dürften auch die Privatwohnungen nicht mit Mauern umgeben werden, weil sonst die Inwohner sich verweichlichen könnten. Man darf ja auch nicht übersehen, dass Bürger, deren Stadt mit Mauern umgeben ist, dieselbe in beiderlei Weise benutzen können, sowohl als eine, die Mauern hat, wie als eine, die keine hat, was den Städten, die keine Mauern haben, nicht möglich ist. Ist dies richtig, so muss man auch nicht blos für den Aufbau der Mauern sorgen, sondern auch deren Erhaltung sich angelegen sein lassen, damit sie theils eine passende Zierde für die Stadt bilden, theils für die Kriegführung überhaupt und in Rücksicht auf die neueren Erfindungen im rechten Zustande bleiben. So wie die Angreifenden darauf sinnen, in welcher Weise sie die Uebermacht gewinnen können, so müssen auch die Vertheidiger theils das bereits Erfundene benützen, theils Neues aufsuchen und ersinnen; denn die, welche sich gut gerüstet haben, wird man von vornherein nicht versuchen anzugreifen.

Zwölftes Kapitel.

Da es nun einestheils nöthig ist, die Menge der Bürger in gemeinsame Tischgenossenschaften zu vertheilen, anderentheils die Mauern an den geeigneten Stellen mit Wachthäusern und Thürmen zu versehen, so liegt darin die deutliche Aufforderung, einige von den Tischgenossenschaften in diesen Wachthäusern einzurichten, und dies würde wohl so am passendsten besorgt sein; dagegen sind die den Göttern geweihten Gebäude und die vornehmsten Tischgenossenschaften der Behörden an einen passenden Ort zusammen einzurichten, so weit nicht das Gesetz, oder ein pythischer Orakelspruch die Absonderung der Tempel verlangt. Ein solcher Ort müsste besonders für seine Bestimmung zur Tugend ausgezeichnet sein und müsste befestigter sein, als die benachbarten Theile der Stadt. Auch würde es sich passen, dass unter diesem Ort ein solcher Marktplatz eingerichtet würde, wie es in Thessalien gebräuchlich ist, wo man ihn den Freiplatz nennt. Er muss frei von allen Verkaufswaaren sein und weder ein Handwerker, noch ein Landbauender noch sonst Jemand darf ihn betreten, wenn er nicht von den

Staatsbeamten gerufen wird. Es wäre auch gut, wenn auf diesem Platze die Turnplätze der älteren Männer eingerichtet wären. Es schickt sich nämlich, dass auch diese Einrichtungen nach den Lebensaltern getrennt werden und dass bei den Turnplätzen der Jüngeren einige Beamte gegenwärtig sind und dass die der älteren Männer in der Nähe der Behörden sich befinden. Denn wenn sie sich unter den Augen der Obrigkeit befinden, so wirkt die wahrhafte Scham und jene Scheu, wie sie freien Männern einwohnen soll. Dagegen muss der Markt für die Waaren ein anderer sein und, von jenem getrennt, eine solche Lage haben, dass alle Waaren sowohl von der See, wie von dem Lande leicht hier zusammengebracht werden können. Da sich nun die Bevölkerung der Stadt in Priester und Beamte theilt, so ziemt es sich, dass auch die Tischgenossenschaften der Priester um die heiligen Gebäude eingerichtet werden; dagegen müssen die Tischgenossenschaften derjenigen Beamten, welchen die Sorge in Bezug auf die Verträge, die Klageschriften und Vorladungen und die sonstige Verwaltung zusteht und die mit der Markt- und Stadtpolizei zu thun haben, nahe am Markte an einem leicht zugänglichen Orte eingerichtet werden. In dieser Art muss der Ort für den zum Handel und Verkehr bestimmten Markt beschaffen sein; denn auf dem oberen Marktplatz soll, wie ich verlangt habe, Musse herrschen; nur der untere Markt ist für den täglichen Verkehr bestimmt. Auch auf dem Lande müssen ähnliche Einrichtungen, wie hier beschrieben worden, getroffen werden; auch dort müssen für die Beamten, die theils Waldhüter, theils Feldhüter heissen, Wachthäuser und gemeinsame Speisehäuser behufs der nöthigen Aufsicht vorhanden sein; auch Tempel müssen durch das Land errichtet werden, theils für die Götter, theils für die Heroen. Indess ist es leicht, über diese Dinge zu sprechen und mit genauer Beschreibung des Einzelnen sich zu beschäftigen; denn nicht das Ausdenken von dergleichen ist schwer, sondern das Vollführen; das Sprechen ist das Werk des Wünschens, aber das Eintreffen hängt vom Glück ab. Deshalb mag das Weitere hierüber zur Zeit bei Seite gelassen bleiben.

Ich habe nun über die Staatsverfassung selbst zu sprechen und anzugeben, wer und von welcher Beschaffenheit die sein müssen, durch deren Zusammentritt der Staat glücklich werden und recht regiert werden soll. Zweierlei ist es nun, aus dem das Wohl für Alle hervorgeht; das eine besteht darin, dass das Ziel und der Zweck für die Thätigkeit richtig gestellt sei und das andere darin, dass das zu diesem Ziele führende Handeln gefunden werde. Beides kann zusammen stimmen, aber auch nicht. Manchmal ist das Ziel richtig bestimmt, aber es wird in dem Handeln, womit dasselbe erreicht werden soll, gefehlt; manchmal wird das Richtige in dem Handeln für das Ziel getroffen, aber das gesetzte Ziel selbst ist schlecht und manchmal wird auch in beiden Stücken gefehlt, wie bei der Heilkunst; denn manchmal wird nicht richtig erkannt, wie der gesunde Körper beschaffen sein muss und manchmal passen die angewendeten Mittel nicht für den vorgesetzten Zweck. Nun muss man aber in den Künsten und Wissenschaften beides, sowohl das Ziel, wie die zum Ziele führenden Handlungen in seiner Gewalt haben. Dass nun Alle nach einem guten Leben und nach der Glückseligkeit verlangen, ist klar; allein diese zu erreichen, sind wohl Manche im Stande, Andere aber nicht, sei es aus Zufall oder in Folge ihrer Natur; denn das Wohlergehen bedarf auch äusserer Mittel, für die besten Naturen geringerer, für die schlechteren grösserer. Manche suchen gleich von Anfang ab die Glückseligkeit auf einem falschen Wege, während sie doch die richtigen Mittel dazu besitzen.

Da nun meine Absicht auf die Erkenntniss der besten Staatsverfassung gerichtet ist und diese diejenige ist, bei deren Beobachtung der Staat am besten regiert wird und dies dann der Fall ist, wenn der Staat die möglichst grösste Glückseligkeit erreicht, so erhellt, dass man wissen muss, was die Glückseligkeit ist. Nun habe ich schon in der Ethik gesagt, wenn anders die dortigen Untersuchungen einigen Werth haben, dass die Glückseligkeit in der Ausübung und dem vollen Gebrauche der Tugend bestehe und zwar in deren Ausübung nicht blos beziehungsweise, sondern schlechthin. Unter „beziehungsweise“ meine ich das

Nothwendige, unter „schlechthin“ das Sittlich-Schöne. So sind in Bezug auf die Uebung der Gerechtigkeit die gerechten Strafen und Züchtigungen zwar zur Tugend gehörig, aber nur nothwendig und sie haben das Sittlich-Schöne nur nothwendiger Weise an sich (denn es wäre wünschenswerther, dass weder der Mann, noch die Stadt deren bedürfte); dagegen sind Handlungen, welche auf Würde und Ehre und auf Wohlstand abzielen, schlechthin sittlich-schön. Die ersteren bestehen nur in Beseitigung eines Uebels; aber diese letzteren Handlungen wollen das Entgegengesetzte; denn sie beschaffen und erzeugen die Güter. Der sittliche Mann würde sich auch in der Armuth und Krankheit und anderen Unglücksfällen recht verhalten; aber das Glückselige liegt in deren Gegentheilen; denn in meinen ethischen Untersuchungen ist auch dargelegt worden, dass der sittliche Mann derjenige ist, dem vermöge seiner Tugend nur die Güter, welche es an sich sind, als Güter gelten. Offenbar muss also auch der Gebrauch dieser Güter schlechthin sittlich und schön sein. Deshalb glauben die Menschen auch, dass die äusseren Güter die Glückseligkeit bewirken; es ist so, als wenn Jemand die Lyra und nicht die Kunstfertigkeit als die Ursache eines glänzenden und schönen Spieles derselben ansehen wollte.

Aus dem Gesagten ergiebt sich also, dass Manches schon vorhanden sein, und Anderes von dem Gesetzgeber beschafft werden muss. Deshalb ist sehr zu wünschen, dass in dem Staate alles sich vorfinde, bei welchem das Glück entscheidet; denn das Glück habe ich hier als das Entscheidende anerkannt; allein, dass der Staat ein sittlicher sei, ist keineswegs das Werk des Glückes, sondern der Erkenntniss und des Entschlusses. Nun ist ein Staat ein sittlicher, wenn die an seiner Leitung Theil nehmenden Bürger sittlich sind; und für uns nehmen alle Bürger an dieser Leitung Theil. Es ist also zu untersuchen, wie ein Mann sittlich werde. Denn wenn es selbst möglich wäre, dass alle Bürger sittlich wären, aber nicht der einzelne Bürger, so wäre doch letzteres vorzuziehen, denn wenn jeder es ist, so folgt, dass Alle es sind. Nun werden die Bürger durch dreierlei gut und sittlich, und dieses sind die natürlichen Anlagen, die Gewöhnung und die Vernunft. Denn zuerst muss man von Natur ein

Mensch und nicht ein anderes Geschöpf sein; sodann kommt es auch auf die Beschaffenheit des Körpers und der Seele an. Bei manchem nützt die Naturanlage nichts, weil sie durch Gewöhnung verändert wird und manche natürliche Anlage kann durch die Gewöhnung sowohl zum schlechteren, wie zum besseren sich wenden. Die Thiere leben nun hauptsächlich vermöge ihrer Naturanlagen und nur einiges Wenige beruht bei ihnen auf Gewöhnung; der Mensch lebt aber auch durch seine Vernunft und diese besitzt er allein. Deshalb muss bei ihm alles zusammenstimmen; denn er thut vieles gegen seine Gewohnheit und gegen seine Natur vermöge der Vernunft, wenn er überzeugt ist, dass es so besser ist. Somit habe ich dargelegt, wie die Naturanlagen derer beschaffen sein müssen, welche in Folge dessen für den Gesetzgeber am leichtesten zu behandeln sein sollen; das Uebrige ist Sache der Erziehung, denn man lernt theils durch Gewöhnung, theils durch Hören.

Vierzehntes Kapitel.

Da nun die ganze staatliche Gemeinschaft aus Herrschenden und Gehorchenden besteht, so habe ich zu untersuchen, ob die Herrschenden und die Gehorchenden für ihre ganze Lebenszeit verschieden sein sollen oder nicht. Offenbar muss auch die Erziehung sich nach diesem Unterschiede anders gestalten. Wenn nun die Einen sich so stark von den Anderen unterscheiden, wie man glaubt, dass die Götter und die Heroen sich von den Menschen unterscheiden und wenn sie gleich von der Geburt ab im Körper und demnächst auch in der Seele die Anderen weit überragen, so dass die Vorzüglichkeit dieser Herrschenden im Vergleich zu den Gehorchenden unzweifelhaft und offenbar wäre, so ist klar, dass es dann das beste wäre, wenn diese selben Personen ein für allemal die Herrschenden und die Anderen die Gehorchenden blieben. Da man dies indess kaum annehmen kann, und es sich nicht so wie bei den Indern verhält, bei denen nach dem Bericht des *Skylax* die Könige sich in dieser Weise vor den Unterthanen auszeichnen sollen, so erhellt, wie deshalb viele Gründe es nothwendig machen, dass Alle wechelsweise an der Herrschaft, wie an dem Beherrschtwerden Theil haben. Denn unter den

Aehnlichen ist das Gleiche dasselbe und ein gegen die Gerechtigkeit eingerichteter Staat wird sich schwer erhalten können. Alle Neuerungssüchtigen im Lande halten es dann mit den Beherrschten, und es ist eine Unmöglichkeit, dass derer, welche die Regierung in der Hand haben, so viele seien, um stärker als alle jene zu sein.

Indess ist es unzweifelhaft, dass die Herrschenden von den Beherrschten verschieden sein müssen. Wie dies nun einzurichten ist, und wie doch alle an dem Regieren Theil haben sollen, dies muss der Gesetzgeber in Betracht nehmen. Ich habe schon früher hierüber gesprochen. Die Natur selbst hat hier schon die Entscheidung getroffen, indem sie in derselben Gattung den einen zu einem jüngeren, den anderen zu einem älteren machte, und von diesen ziemt es dem einen zu herrschen und dem anderen zu gehorchen. Es ist auch Niemand unwillig, der in seiner Jugend gehorchen muss; er hält sich nicht für besser, besonders auch deshalb nicht, weil er ebenfalls den gleichen Vorzug demnächst erlangen wird, wenn er das entsprechende Alter erreicht haben wird. Man kann deshalb eben so gut sagen, dass dieselben Personen herrschen und beherrscht werden wie, dass es verschiedene sind; und ebenso muss die Erziehung theils dieselbe sein, theils verschieden; denn wer gut regieren will, muss vorher gehorcht haben.

Die Herrschaft selbst geschieht, wie ich früher gesagt habe, entweder des Herrschenden wegen oder des Gehorchenden wegen; die eine nenne ich die despotische, die andere die Herrschaft über Freie. Manche Vorschriften unterscheiden sich nicht in ihrer Ausführung, sondern in dem Zwecke, um dessentwillen sie befolgt werden; deshalb ziemt es sich, dass Vieles, was zu den Arbeiten der Diener gehört, auch von den Jüngeren aus den freien Männern verrichtet werde. Denn in Bezug auf das Sittlich-Schöne oder Unschöne unterscheiden sich diese Handlungen sowohl an sich, als vermöge des Zweckes, um dessentwillen sie verrichtet werden, nicht. Da ich nun sage, dass die Tugend des Bürgers und des Herrschenden dieselbe ist, wie die des trefflichen Mannes und dass der, welcher zuerst hat gehorchen müssen, demnächst auch zum Herrschen gelangen soll, so würde es die Aufgabe des Gesetzgebers sein, für die

Heranbildung guter Männer zu sorgen und zu erwägen, durch welche Maassregeln dies geschehen soll, was als das Ziel des besten Lebens gelten soll.

Man hat in der Seele zwei Theile gesondert; der eine hat die Vernunft an sich selbst, der andere hat sie zwar nicht an sich selbst, vermag aber auf die Vernunft zu hören. Die Tugenden dieser beiden Theile sind es, vermöge deren der Mensch irgend wie gut genannt wird. In welchem dieser Theile das Ziel mehr enthalten ist kann für den, der so, wie ich, unterscheidet, nicht schwer zu sagen sein. Denn das Schlechtere ist immer des Besseren wegen da; dies gilt offenbar ebenso für die Erzeugnisse der Kunst, wie für die der Natur und derjenige Theil, welcher die Vernunft hat, ist der bessere. Nun theilt man aber, wie auch ich zu theilen pflege, die Vernunft wieder in zwei Theile, der eine ist die auf das Handeln gerichtete Vernunft, der andere die erkennende Vernunft. Offenbar muss also jene Eintheilung auch auf diesen Theil der Seele Anwendung finden, wie daraus erhellt, dass auch bei den Handlungen das gleiche Verhältniss statt hat; denn auch hier müssen die Handlungen des von Natur besseren Theiles von Denen vorgezogen werden, welche zu allen, oder wenigstens zu diesen beiden Arten von Handlungen das Vermögen besitzen; denn für Jeden ist das immer vorzuziehen, was, wenn er es erreicht, das vorzüglichste ist. Das ganze Leben theilt sich nun in die Zeit der Arbeit und der Musse, in Krieg und Frieden und die Thätigkeiten theilen sich in die für das Nothwendige und für das Sittlich-Schöne. Zwischen diesen muss nothwendig die Wahl ebenso getroffen werden, wie zwischen den Theilen der Seele und den von derselben ausgehenden Handlungen; man wählt also den Krieg um des Friedens willen, die Arbeit um der Musse willen und das Nothwendige und Nützliche um des Sittlich-Schönen willen. Der Staatsmann muss im Hinblick auf alle diese Theile seine Gesetze geben, sowohl im Hinblick auf die Theile der Seele, wie auf die Handlungen derselben, mehr aber in Rücksicht auf die besseren Theile und auf die Ziele dieser. Dasselbe gilt für das Leben und die Eintheilung der Geschäfte; man muss zwar arbeiten und Krieg führen können, aber mehr dem Frieden und der Musse leben; ebenso muss man das Nothwendige und das Nützliche thun, aber mehr das Sittlich-Schöne. Für diese Ziele sind sowohl die, welche noch Kinder sind, zu erziehen, wie die übrigen Lebensalter, soweit sie der Erziehung bedürfen.

Die Staaten Griechenlands, welche für die besteingerichteten gelten, und die Gesetzgeber, welche deren Verfassungen festgestellt haben, scheinen dagegen ihre Anordnungen nicht für dies beste Ziel getroffen zu haben und ihre Gesetze und die Erziehung nicht für alle Tugenden berechnet zu haben, sondern sie haben sich in plumper Weise nur an die Tugenden gehalten, welche ihnen nützlicher und gewinnbringender schienen. Aehnlich wie diese, haben dann später einige Schriftsteller dieselbe Meinung ausgesprochen. Indem sie die Staatsverfassung der Lakedämonier lobten, bewunderten sie den Zweck des Gesetzgebers, der alles bei seinen Gesetzen auf die Macht und den Krieg berechnet habe; allein dies ist nicht allein durch Vernunftgründe zu widerlegen, sondern ist auch durch die Thatsachen jetzt treffend widerlegt worden. So wie die meisten Menschen nach der Herrschaft über Viele verlangen, damit sie einen grösseren Aufwand in Glücksgütern machen können, so scheint auch *Thibron* und alle Anderen, die über die lakonische Verfassung geschrieben haben, ein Bewunderer ihres Gesetzgebers zu sein, weil sich die Lakonier in gefährlichen Dingen im Voraus geübt und damit die Herrschaft über Viele erlangt haben. Dennoch ist klar, dass, nachdem jetzt den Lakoniern die Herrschaft nicht mehr zusteht, sie nicht glückselig sind und ihr Gesetzgeber nicht ein guter gewesen ist. Auch wäre es lächerlich zu meinen, dass sie, im Besitze von dessen Gesetzen verbleibend und von Niemand an der Beobachtung dieser Gesetze gehindert, „doch das sittlich-schöne Leben verlassen haben sollten. Auch über die Herrschaft, welcher der Gesetzgeber den Vorzug geben soll, irren sie; denn die Herrschaft über Freie ist schöner und mehr mit Tugend verknüpft, als die despotische Herrschaft. Auch darf man nicht deshalb einen Staat für glücklich halten und dessen Gesetzgeber loben, weil er die Bürger in den Kraft-Anstrengungen geübt hat, um dadurch über ihre Nachbarn zu herrschen; denn dies führt grossen Nachtheil mit sich. Offenbar wird dann auch von den Bürgern derjenige, welcher es vermag, den Versuch machen, sich zum Herrn über seinen eignen Staat aufzuwerfen, wie die Lakonier dies dem Könige Pausanias vorhielten, obgleich er bei ihnen in Ehren stand. Deshalb ist keiner dieser Aussprüche und Gesetze für den Staat passend, oder nützlich oder richtig. Denn der Gesetzgeber soll das, was sowohl für den Privatmann, wie für den Staat das Beste ist, den Seelen der Menschen einprägen. Auch um die Uebungen der kriegerischen Thätigkeit soll man nicht deshalb sich mühen, damit die zu Sclaven gemacht werden, welche es nicht verdienen, sondern zunächst, damit man nicht selbst von Anderen unterjocht werde und dann damit man die Herrschaft wegen des Nutzens für die Beherrschten erstrebe, aber nicht, um eine despotische Macht über Alle zu erlangen und drittens, damit man Herr sei über die, welche die Sclaverei verdienen. Dass es nun dem Gesetzgeber obliegt dafür zu sorgen, dass seine Gesetzgebung über die Kriegs- und sonstigen Angelegenheiten um der Musse und des Friedens willen erfolge, beweisen neben den Vernunftgründen auch die Ereignisse. Denn die meisten solcher Staaten können wohl im Kriege sich erhalten, aber gehen, wenn sie die Herrschaft erlangt haben, zu Grunde. Im Frieden verlieren sie, wie das Eisen, ihre Stählung und daran ist der Gesetzgeber schuld, welcher ihnen nicht gelehrt hat, der Musse zu leben.

Fünfzehntes Kapitel.

Da nur dasselbe Ziel für die Staats-Gemeinschaft, wie für den einzelnen Menschen besteht, und da das, was den besten Mann und die beste Staatsverfassung ausmacht, ein und dasselbe ist, so erhellt, dass auch die der Musse zugehörenden Tugenden im Staate vorhanden sein müssen; denn, wie ich schon oft gesagt, ist der Friede das Ziel des Krieges und die Musse das Ziel der Arbeit. Nützlich für die Musse und Erholung sind nun nicht blos die Tugenden, welche für die Zeit der Musse, sondern auch die, welche für die Arbeit gebraucht werden. Denn es muss Vieles für den nothwendigen Bedarf vorhanden sein, ehe man der Musse sieh überlassen kann. Deshalb ziemt es sich, dass die Bürgerschaft mässig und tapfer und standhaft sei; denn nach dem Sprüchwort ist „die Musse nicht für die

Sclaven“ und wenn die Bürger die Gefahren nicht tapfer bestehen können, so werden sie die Sclaven der sie Angreifenden. Deshalb braucht man die Tapferkeit und die Standhaftigkeit für die Arbeit, die Philosophie für die Musse und die Selbstbeherrschung und Gerechtigkeit für beiderlei Zeiten, und mehr noch für ein friedliches, der Musse geweihtes Leben. Denn der Krieg zwingt zur Gerechtigkeit und Mässigung, während der Genuss des Glücks und die Musse in Friedenszeiten eher übermüthig macht; denn diejenigen, welchen es am besten geht und welche den Genuss aller Glücksgüter haben, bedürfen eines hohen Maasses von Gerechtigkeit und Selbstbeherrschung, gleich denen, welche nach dem Dichter sich auf den „Inseln der Seligen“ befinden. Diese werden um so mehr der Philosophie, der Selbstbeherrschung und der Gerechtigkeit bedürfen, je mehr sie ihre Musse im Ueberfluss solcher Güter geniessen. Deshalb muss offenbar ein Staat, welcher glücklich und sittlich werden will, an diesen Tugenden Theil haben. Denn wenn es schon schimpflich ist, dass man die Güter überhaupt nicht zu gebrauchen vermag, so ist es noch schimpflicher, dies in der Zeit der Musse nicht zu können; also zwar bei der Arbeit und im Kriege sich gut zu zeigen, aber sclavisch in den Zeiten des Friedens und der Musse. Deshalb darf man nicht so, wie der Lakedämonische Staat, die Tugend üben: denn die Lakedämonier unterscheiden sich nicht dadurch von den Anderen, dass sie nicht dieselben Güter, wie die Anderen für die grössten halten, sondern, dass sie meinen, dieselben mehr durch eine einzelne Tugend zu erreichen. Dass nun aber jene Tugenden die grösseren sind und ihr Genuss ein grösserer ist, als der Genuss der kriegerischen Tugend und zwar an und für sich, ist aus dem bisherigen klar, und es ist nun zu untersuchen, wie und wodurch sie erreicht werden können.

Ich habe früher die Eintheilung aufgestellt, dass man der Naturanlage, der Gewöhnung und der Vernunft bedürfe. Wie nun von diesen Dingen die Naturanlagen beschaffen sein müssen, habe ich schon früher bestimmt und es bleibt mir jetzt nur zu untersuchen übrig, wie die Erziehung sich auf die Vernunft zu richten habe; denn diese beiden müssen mit einander in der besten Uebereinstimmung stehen, da es ebenso möglich ist, dass die Vernunft den besten Zweck verfehlt, wie, dass man durch Gewöhnung falsch geführt wird.

Zunächst ist klar, dass, wie in anderen Dingen, auch hier das Entstehen den Anfang macht und dass dessen Ziel wieder der Anfang eines anderen Zieles ist. Nun ist der Verstand und die Vernunft das Ziel der Natur, auf diese muss also der Anfang und die weitere Pflege der Gewöhnung gerichtet werden. Wie nun ferner Seele und Körper zweierlei sind, so zeigen sich auch an der Seele zwei Theile, ein vernünftiger und ein unvernünftiger und jeder hat seine eigne Beschaffenheit; bei dem einen ist es die Begierde, bei dem anderen Theile das Denken. So wie nun der Körper dem Entstehen nach früher ist, als die Seele, so auch der unvernünftige Theil früher, als der vernünftige. Auch ist es klar, dass der Eifer und das Wollen und die Begierde sich bei den Kindern, gleich so wie sie geboren sind, zeigt; dagegen kommt das Denken und die Vernunft erst, wenn sie heranwachsen. Deshalb muss man zuerst für den Körper, vor der Seele, Sorge tragen und dann auch für das Begehren; denn das Begehren wird der Vernunft wegen gepflegt und der Körper der Seele wegen.

Sechzehntes Kapitel.

Wenn nun der Gesetzgeber gleich vom Anfange ab darauf sehen soll, wie die Körper der zu Erziehenden am vollkommensten werden, so hat er zunächst seine Sorge auf die geschlechtliche Verbindung zu richten und zu erwägen, wann dieselbe erfolgen soll und von welcher Beschaffenheit diejenigen sein müssen, welche sie eingehen wollen. Der Gesetzgeber muss seine Bestimmungen über diese Verbindungen mit Rücksicht auf die Personen und das Lebensalter treffen, damit die geschlechtliche Verbindung zwischen solchen erfolge, welche im gleichen richtigen Lebensalter stehen und nicht etwa zwischen solchen, deren geschlechtliche Vermögen nicht zusammenpassen, indem der Mann noch erzeugen kann, aber die Frau nicht dazu fähig ist oder umgekehrt, sie und nicht der Mann; denn dergleichen veranlasst auch Widerspenstigkeit und

Zwiespalt unter denselben. Dann muss er auch die Hintereinanderfolge der Kinder der Zeit nach berücksichtigen, denn die Kinder dürfen im Alter nicht zu weit hinter den Eltern zurückstehen, (da sonst der Dank der Kinder den Eltern, wenn sie zu alt sind, nichts mehr nützt und ebenso dann die Hülfe der Eltern für die Kinder nichts mehr werth ist) noch denselben zu nahe stehen; denn dies führt zu vielen Unannehmlichkeiten; einmal ist die Achtung solcher Kinder gegen die Eltern geringer, da sie ziemlich gleichen Alters sind und dann führt diese zu grosse Nähe im Alter auch in der Hauswirthschaft manchen Verdruss herbei. Ferner hat, um auf das zurückzukommen, wovon ich ausgegangen bin, der Gesetzgeber darauf zu sehen, dass die Körper der Kinder seinen Absichten entsprechen. Ziemlich alles hier Erforderliche läuft auf *eine* Fürsorge hinaus; denn da die Grenze der Zeugungsfähigkeit bei den Männern in der Regel sich nur bis zu dem siebzigsten Jahre und bei den Frauen bis zu dem fünfzigsten erstreckt, so muss das Alter, wo die geschlechtliche Verbindung beginnt, diesen Zeiten entsprechen. Auch ist die Geschlechtsverbindung sehr junger Leute nicht gut für die Kindererzeugung; denn bei allen Thieren sind die Jungen solcher Eltern nicht vollständig ausgebildet, auch mehr von weiblichem Geschlechte und von kleinerer Gestalt; deshalb muss auch bei den Menschen dasselbe eintreten. Ein Zeichen dafür ist, dass in allen Staaten, wo es Sitte ist, dass sehr junge Leute einander heirathen, ihre Kinder körperlich unausgebildet und klein sind. Auch leiden sehr junge Mütter bei dem Gebären mehr und es kommen mehr dabei um's Leben. Aus diesem Grunde sollen, wie Einige meinen, die Trözener den Orakelspruch erhalten haben, weil nämlich viele der jungen Frauen wegen zu frühen Heirathens sterben, und es soll sich derselbe nicht auf das Neuland bezogen haben. Auch für die Mässigkeit trägt es bei, nur ältere Mädchen zu verheirathen; denn die jüngeren gelten in dem Genuss des Beischlafs für zu ausgelassen. Auch bei den Männern leidet der Körper in seinem Wachsthume, wenn sie, noch während der Körper im Wachsen begriffen ist, den Beischlaf vollziehen; denn auch das Wachsen hat seine bestimmte Zeit, über die hinaus kein Zunehmen mehr statt findet. Deshalb passt es, wenn die Mädchen mit 18 Jahren und die Männer ungefähr mit 37 Jahren heirathen; denn bei diesem Alter geschieht der Beischlaf in der vollen Körperkraft und damit verbindet sich auch zur rechten Zeit bei beiden das Ende des Kindererzeugens. Auch wird dann die Nachfolge der Kinder in die Stelle der Eltern bei den Kindern mit dem Beginn der Blüthezeit erfolgen, wenn nämlich die Kinder der Regel nach schnell hinter einander geboren werden und bei den Eltern die Altersschwäche um das 70. Jahr beginnt.

Damit habe ich nun gesagt, zu welcher Zeit man die ehelichen Verbindungen eingehen soll; was aber die Jahreszeit der Eheschliessung anlangt, so herrscht noch gegenwärtig die gute Sitte, die Verbindung für die Winterszeit zu bestimmen. Auch müssen die Eheleute selbst in Bezug auf die Kindererzeugung das beachten, was die Aerzte und die Naturkundigen darüber sagen; denn die Aerzte bestimmen die richtige, dem Körper angemessene Zeit dafür und die Naturkundigen ziehen in Bezug auf die Winde den Nordwind dem Südwinde vor. Welche Leibesbeschaffenheit der Eltern die beste für die von ihnen zur Welt kommenden Kinder sei, gehört mehr in das, was über Kinderzucht zu sagen ist; hier wird es genügen, wenn ich einige Andeutungen mache. Die Leibesbeschaffenheit der Wettkämpfer taugt weder zur staatlichen Tüchtigkeit, noch zur Gesundheit und Kindererzeugung; eben so wenig eine verweichlichte und sehr schwächliche Körperbeschaffenheit, vielmehr passt eine mittlere zwischen diesen beiden. Durchgearbeitet muss der Leibeszustand sein, aber nicht durch übermässige Anstrengungen und auch nicht blos nach *einer* Richtung hin, wie bei den Wettkämpfern, sondern durchgearbeitet für die Thätigkeit des freien Mannes. Auch muss sie sowohl bei den Männern, wie bei den Frauen vorhanden sein; selbst die Schwangeren müssen für ihren Körper Sorge tragen und dürfen hier nicht zu leichtsinnig verfahren, noch zu kraftlose Nahrung zu sich nehmen. Dies kann der Gesetzgeber leicht durch eine Verordnung erreichen, wonach sie täglich einen Gang zur Verehrung der Götter machen müssen, unter deren Schutz die Geburten stehen. In geistiger Beziehung passt es, im Gegensatz zu dem Körper besser, wenn sie sich leichten Gemüths verhalten, denn es scheint, dass die

Leibesfrucht an den Zuständen der Mutter mit Theil nimmt, wie die Pflanzen an dem Erdreich.

Ueber die Aussetzung oder Aufziehung der geborenen Kinder muss gesetzlich bestimmt sein, dass kein verkrüppeltes Kind auferzogen werden, aber auch kein Kind blos deshalb ausgesetzt werden dürfe, weil die Zahl der Kinder über die nach der Sitte statthaften sich vermehrt. Die Zahl der Kinder muss nämlich durch Gesetze bestimmt sein und wenn einzelne Ehepaare darüber hinaus kommen, so muss die Abtreibung geschehen, ehe Empfindung und Leben in der Leibesfrucht sich entwickelt hat; denn wie weit die Abtreibung erlaubt, oder nicht erlaubt sein soll, bestimmt sich nach der Empfindung und dem Leben der Frucht.

Nachdem so der Anfang des Alters, wo Mann und Frau sich verbinden können, für beide bestimmt worden, so muss auch bestimmt werden, wie lange es passend ist, zur Kindererzeugung beizutragen; denn die von älteren Personen erzeugten Kinder sind ebenso, wie die von zu jungen Eltern, an Körper und Seele unvollkommen, und die Kinder der Hochbejahrten sind schwächlich. Was nun die Blüthe der Geisteskräfte anlangt, so wird sie bei den Meisten, wie einige Dichter, welche die Lebensalter nach der Siebenzahl abmessen, sagen, um die fünfziger Jahre eintreten; wer also um vier bis fünf Jahre diese Altersstufe schon überschritten hat, muss sich der Erzeugung von öffentlich anzuerkennenden Kindern enthalten und im Uebrigen nur der Gesundheit, oder einer anderen solchen Ursache wegen geschlechtlich verkehren. Wenn aber Jemand verheirathet ist und als ein solcher gilt, so soll für ihn in Bezug auf den geschlechtlichen Verkehr mit anderen Personen jede Berührung derselben für unsittlich gelten und wenn Jemand dies während des zeugungsfähigen Alters thut, so soll er für diesen Fehler mit der Strafe der entsprechenden Ehrlosigkeit belegt werden.

Wenn die Kinder geboren sind, so hat wohl die Art der Nahrung, welche ihnen gereicht wird, einen grossen Einfluss auf ihre körperliche Entwickelung. Wenn man diese Ernährung bei den Thieren und bei denjenigen Völkern betrachtet, denen es sehr auf die Entwickelung einer kriegerischen Körperbeschaffenheit ankommt, so scheint eine, hauptsächlich aus Milch bestehende Nahrung für den Körper der Kinder am meisten zu passen. Alle geistigen Getränke müssen aber vermieden werden, weil sie Krankheiten erzeugen. Auch möglichst viele Bewegung ist solchen Kindern zuträglich. Damit die Kinder aber sich die Glieder bei deren Weichheit nicht verrenken, sind bei einigen Völkern noch gegenwärtig mechanische Vorrichtungen im Gebrauch, welche die Körper derselben dagegen schützen. Es ist auch gut, wenn man die Kinder gleich von klein auf an die Kälte gewöhnt, da dies für die Gesundheit und die kriegerische Thätigkeit höchst nützlich ist. Deshalb ist es bei vielen barbarischen Völkern Sitte, die neugeborenen Kinder in einen kalten Fluss zu tauchen oder ihnen nur eine kleine Decke umzuhängen, wie es bei den Kelten geschieht. Alles, was man durch Gewöhnung erreichen kann, muss man zeitig beginnen und darin allmälig weiter gehen; auch sind die Kinder wegen ihrer natürlichen Wärme besonders zur Gewöhnung an die Kälte geeignet. Eine solche oder ihr ähnliche Sorgfalt ist auf die Kinder in diesen ersten Lebensjahren zu verwenden.

In dem folgenden Alter, bis zum fünften Jahre ist es nicht gut, die Kinder schon zum Lernen oder zu harten Arbeiten anzuhalten, da dies sie im Wachsen hindert; aber sie müssen sich viel bewegen, damit die Trägheit im Körper verschwindet; man muss dies neben anderen Beschäftigungen durch die Spiele veranlassen. Diese Spiele dürfen aber weder für Freigeborene unschicklich, noch zu anstrengend, noch ausgelassen sein. Auch auf Geschichten und Sagen, wie sie für Kinder solchen Alters passen, müssen die Vorgesetzten, welche man Knabenaufseher nennt, bedacht sein. All' dergleichen soll den Weg für den späteren Beruf bahnen und deshalb müssen die Spiele in der Regel eine Nachahmung dessen sein, womit sie später sich eifrig zu beschäftigen haben. Das Schreien und

Lärmen der Kinder wird mit Unrecht in manchen Gesetzen verboten; denn es befördert das Wachsthum. Es bildet in gewisser Art eine Uebung für den Körper; das Anhalten des Athems steigert bei den Arbeitern die Kraft und dies findet auch bei den beharrlich schreienden Kindern statt. Die Aufseher müssen auch sonst deren Aufführung im Auge behalten, namentlich dürfen die Kinder so wenig, als möglich, mit den Sclaven verkehren. Während dieses Lebensalters und bis zum siebenten Jahre müssen die Kinder zu Hause erzogen werden; denn es ist rathsam sie in diesem Alter von dem fern zu halten, was sie bei dem gemeinen Volk zu sehen und zu hören bekommen. Der Gesetzgeber hat überhaupt das unzüchtige Reden vor allem von der Stadt fern zu halten; denn dem leichtfertigen Geschwätz über Unsittlichkeiten steht die Ausübung derselben sehr nahe. Namentlich gilt dies für die Jugend, damit sie dergleichen weder ausspreche, noch höre. Wenn aber Jemand sich etwas der Art in Worten oder Handlungen gegen das Verbot erlaubt, so muss man ihn, wenn es ein Freier ist, der noch nicht an den gemeinsamen Mahlen Theil nehmen darf, mit Strafen und Schlägen züchtigen, die älteren Personen aber mit Verlust von Ehrenrechten, weil sie wie Sclaven sich betragen haben. Wenn aber solche unzüchtige Reden verboten sein sollen, so erhellt, dass dies auch von dem Anschauen unzüchtiger Gemälde und Darstellungen gelten muss. Die Obrigkeit muss also darauf halten, dass dergleichen Unsittlichkeiten weder in Gemälden, noch Bildwerken dargestellt werden, ausgenommen bei solchen Göttern, wo das Gesetz auch die schlüpfrigen Scherze gestattet; bei diesen darf aber das Gesetz nur den im Alter mehr Vorgerückten gestatten, für sich und die Kinder und Frau die Verehrung darzubringen. Dagegen dürfen gesetzlich die jüngeren Personen bei den Vorträgen von Jamben und Lustspielen nicht als Zuschauer zugelassen werden, bevor sie nicht das Alter erreicht haben, wo sie an den Mahlen und Trinkgelagen Theil nehmen dürfen und wo dann ihre Erziehung sie genügend gegen den Schaden aus solchen Dingen gesichert hat. Jetzt habe ich über diese Dinge nur im Vorbeigehen gesprochen; später werde ich länger bei der Frage verweilen und genauer bestimmen, ob überhaupt dergleichen zu gestatten sei oder nicht und allenfalls in welcher Art; jetzt habe ich der

Sache nur so weit es nothwendig war, erwähnt. Vielleicht dürfte der tragische Schauspieler *Theodoros* hier das Richtige getroffen haben; er liess nämlich niemals einen anderen, selbst auch nicht von den unbedeutenderen Schauspielern vor sich auftreten, weil die Zuschauer von demjenigen eingenommen werden, was sie zuerst hören. Dasselbe trifft auch bei dem Verkehr mit Menschen und Sachen zu; überall liebt man das erste am meisten. Deshalb muss man von der Jugend alles Schlechte fern halten, namentlich, was Bosheit und Lasterhaftigkeit enthält.

Wenn die Knaben aber das fünfte Jahr vollendet haben, so müssen sie in den zwei folgenden Jahren, bis zu dem siebenten, schon Zuschauer bei den Unterrichtsgegenständen werden, die sie später selbst lernen sollen. Es giebt hier zwei Lebensalter, nach denen der Unterricht abgetheilt werden muss; nämlich vom Ende des siebenten Jahres bis zur Mannbarkeit und von da bis zu dem einundzwanzigsten Jahre. Wenn man, wie meistentheils geschieht, die Lebensalter nach der Siebenzahl eintheilt, so verfährt man hierbei nicht unrecht; denn man muss bei dieser Eintheilung der Natur folgen, da jede Kunst und Erziehung nur das Mangelhafte der Natur ergänzen will. Ich habe also zunächst zu untersuchen, ob überhaupt für die Kinder eine Vorschrift aufzustellen ist; dann, ob es nützlicher ist, dass der Staat die Sorge für die Kinder übernimmt, oder ob sie den Einzelnen überlassen bleibt (wie es jetzt in den meisten Staaten geschieht) und drittens, in welcher Weise die Erziehung geschehen soll.

Fünftes Buch.

Erstes Kapitel.

Dass nun der Gesetzgeber vor allem für die Erziehung der Jugend zu sorgen habe, wird wohl Niemand bezweifeln; denn wenn dies in den Staaten nicht geschieht, thut es der Verfassung grossen Schaden, da die Regierung der jedesmaligen Verfassung entsprechen muss. Der eigenthümliche Character jeder Regierung pflegt auch die Verfassung zu schützen und sie gleich Anfangs festzustellen; so der demokratische Character die demokratische Verfassung und der oligarchische Character die oligarchische Verfassung, und der bessere Character ist auch immer die Ursache einer besseren Staatsverfassung. Jedes Vermögen und jede Kunst bedarf nun eines vorgängigen Unterrichtes und einer vorgängigen Gewöhnung für die Ausführung ihrer Arbeit; also ist dies auch offenbar für die Uebung der Tugend erforderlich. Da nun der Zweck der Staatsverbindung für Alle nur *einer* ist, so muss offenbar auch die Erziehung für Alle ein und dieselbe sein und die Sorge dafür dem Staate zukommen und nicht den Einzelnen, wie dies jetzt geschieht, wo jeder für seine Kinder sorgt, indem er ihnen Privat-Unterricht ertheilt und das lehrt, was er für angemessen hält. Die gemeinsamen Aufgaben müssen vielmehr gemeinsam erfüllt werden; auch darf der einzelne Bürger nicht glauben, dass er sich selbst angehöre, sondern alle gehören dem Staate an; jeder ist ein Theil des Staates und die Sorge jedes einzelnen Theiles hat naturgemäss sich auf die Sorge für das Ganze zu richten. Auch deshalb sind die Lakedämonier zu loben; denn sie sorgen am meisten für die Kinder und zwar gemeinsam.

Zweites Kapitel,

Hiernach ist klar, dass die Erziehung gesetzlich zu regeln ist und dass sie zu einer gemeinsamen gemacht werden muss; aber *welche* Erziehung statt haben und *wie* erzogen werden solle, darf nicht unbekannt bleiben. Jetzt streitet man über die Einrichtung derselben; man meint, dass nicht alle Knaben dasselbe zu lernen brauchen, sowohl in Bezug auf Tugend, wie auf das beste Leben und man schwankt, ob es sich mehr ziemt den Verstand auszubilden, oder den Character. Die gegenwärtige Erziehungsweise macht die Untersuchung schwierig und es ist nicht klar, ob man mehr das für das Leben Nützliche, oder das, was zur Tugend führt, oder das darüber noch Hinausgehende der Jugend lehren solle; denn jede dieser Ansichten hat ihre Vertheidiger gefunden. In Bezug auf die Uebung zur Tugend herrscht keine Uebereinstimmung, weil nicht Alle sofort dieselbe Tugend in Ehren halten und daher natürlich auch in der Uebung derselben von einander abweichen. Dass man ferner von den nützlichen Dingen das Nothwendigste der Jugend lehren müsse, ist klar; aber auch klar, dass dies nicht für alles gelten kann, vielmehr muss zwischen den Thätigkeiten des freien Mannes und der Unfreien unterschieden werden und offenbar braucht von dem Nützlichen nur das gelehrt zu werden, dessen Uebung den Inhaber nicht zu dem gemeinen Handwerker macht, Als solche gemeine Arbeit, Fertigkeit und Kenntniss muss aber die gelten, welche den Körper, oder die Seele, oder die Einsicht des Freien unbrauchbar macht zur Uebung und Verwirklichung der Tugend. Deshalb heissen alle Fertigkeiten gemeine, welche den Zustand des Körpers verschlechtern; insbesondere die Lohnarbeit; denn sie machen den Geist unfrei und unterwürfig. Auch von den freien Wissenschaften Einiges bis zu einem gewissen Grade sich anzueignen, passt wohl für den freien Mann; aber sich auf sie bis zur Vollkommenheit zu verlegen, hat die erwähnten Nachtheile. Es ist ein grosser Unterschied, aus welchem Grunde Jemand etwas thut oder lernt; geschieht es um seiner selbst willen, oder aus Neigung, oder um der Tugend willen, so ist dies nicht unziemlich; wer dasselbe aber um Anderer willen thut, wird oft für einen solchen gelten, der Tagelöhner- oder Sclaven- Arbeit verrichtet. Die jetzt gebräuchlichen Lehrgegenstände schwanken, wie früher gesagt worden, zwischen diesen beiden Richtungen hin und her.

Drittes Kapitel.

Ungefähr viererlei ist es, was man jetzt zu lehren pflegt, das Lesen und Schreiben, das Turnen, die Musik und bei Einigen als Viertes das Zeichnen, weil das Lesen und Schreiben und das Zeichnen für das Leben nützlich und von dem vielseitigsten Gebrauche sind, das Turnen aber mit zur Tapferkeit anleitet. In Bezug auf die Musik könnte man aber schwanken; denn jetzt treiben die Meisten sie nur des Vergnügens wegen; dagegen hat man sie in alten Zeiten mit in den Unterricht aufgenommen, weil, wie ich oft gesagt habe, die Natur selbst verlangt, dass der Mensch nicht blos richtig zu arbeiten, sondern auch in schöner Weise seine Musse zu geniessen vermöge. Denn die Natur ist, um es noch einmal zu sagen, die Grundlage für Alles; wenn also beides nöthig ist, so ist doch die Musik vorzüglicher, als die Arbeit und man hat zu untersuchen, was man überhaupt in der Mussezeit treiben soll. Offenbar nicht Spiele, denn sonst müsste das Spiel der Zweck des Lebens für uns sein. Da dies aber nicht möglich ist, und das Spiel nur mehr innerhalb der Arbeit nützlich ist (denn bei der Arbeit bedarf man des Ausruhens und das Spiel geschieht um des Ausruhens willen; und die Arbeit verlangt Mühe und Anstrengung), so muss man das Spiel wohl zulassen, aber die richtige Zeit dafür in Acht nehmen, indem es gleichsam nur als Medizin gegeben wird; denn nur solche geistige Anregung beim Spiele ist ein Nachlassen und wegen der Lust, die es gewährt, eine Erholung. Die Musse dagegen hat die Lust und das Glück und das selige Leben in sich selbst. Ein solches Leben haben nicht die Arbeitenden, sondern die, welche der Musse pflegen; denn jene arbeiten um eines Zieles willen, das noch nicht da ist, während die Glückseligkeit selbst das Ziel ist und Allen als frei von Schmerz und voll von Lust gilt. Diese Lust gilt aber nicht als ein und dieselbe für Alle, sondern jeder macht sie sich für sich und nach seinem Zustande zurecht; nur der beste Mensch wählt die beste Lust und die Lust, welche von dem Besten kommt.

Offenbar muss also auch für das Verhalten in der Mussezeit etwas gelernt und geübt werden; diese Uebungen und diese Kenntniss sind um ihrer selbst willen da, dagegen geschehen die für die Arbeit nöthigen nur aus Nothwendigkeit um Anderes willen. Deshalb haben unsere Vorfahren die Musik nicht um der Nothwendigkeit willen in den Unterricht aufgenommen, (denn davon hat sie nichts an sich) und auch nicht um des Nutzens willen, wie das Lesen und Schreiben, welches für Geldgeschäft und für die Hauswirthschaft und für die Wissenschaften und viele staatliche Thätigkeiten gebraucht wird. Selbst die Zeichenkunst scheint ihren Nutzen zu haben, um die Werke der Künstler besser beurtheilen zu können. Auch dient die Musik nicht, wie das Turnen, der Gesundheit und Körperkraft; denn keines von beiden entsteht aus der Musik und deshalb bleibt nur übrig, dass sie der Unterhaltung in der Mussezeit dient, und dazu wird man sie auch eingeführt haben; man stellte sie zu den Dingen, mit denen der freie Mann sich beschäftigen kann. Deshalb sagt auch *Homer:*

> „Sondern wen sich geziemt, zum fröhlichen Schmause zu laden“

und nachdem er vorher einige Andere genannt hat, sagt er:

> „Welche den Sänger rufen, welcher Alle ergötzt.“

Und an einer anderen Stelle sagt *Odysseus*, das sei die beste Unterhaltung, wenn unter fröhlichen Menschen

> „Sitzet die schmausende Schaar in der Halle und lauschet
> Dem Sänger, reihenweis neben einander.“

Dass es also einen Unterrichtsgegenstand giebt, den man den Kindern nicht um des Nutzens oder um der Nothwendigkeit willen, sondern ihnen, als freien Menschen und als etwas Schönes lehrt, ist klar. Ob nun dazu nur *eine* Kunst oder mehrere, und welche und in welcher Weise gehören, soll später gesagt werden. Jetzt haben wir wenigstens so viel für den einzuschlagenden Weg erkannt, dass wir auch an unseren Vorfahren ein Zeugniss dafür aus den von ihnen aufgestellten Lehrgegenständen besitzen; denn die Musik ergiebt dies klar. Selbst von den nützlichen Dingen muss man Manches den Kindern nicht blos wegen des Nutzens lehren, wie das Lesen und Schreiben, sondern weil es dadurch auch möglich wird, viele Wissenschaften zu erlernen.

Dasselbe gilt auch für die Zeichenkunst; man lehrt sie nicht blos deshalb, damit man bei seinen eignen Einkäufen keinen Fehler begehe, und nicht bei dem Kauf und Verkauf von Geräthschaften betrogen werde, sondern mehr noch, damit man die Schönheit des Körpers richtig beurtheilen könne. Ueberall nur das Nützliche aufzusuchen, ziemt sich am wenigsten für grossherzige und freie Männer. Da es nun klar ist, dass man die Erziehung zunächst durch Gewöhnung und erst später durch

Lehre bewirken und ebenso zunächst für den Körper, und erst später für den Verstand sorgen muss, so erhellt hieraus, dass man die Knaben zunächst in der Turn- und Ringkunst üben muss, denn die eine verbessert die Beschaffenheit des Körpers und die andere seine Leistungen.

Viertes Kapitel,

Gegenwärtig sorgen die meisten Staaten in der Weise für die Knaben, dass sie ihnen die Beschaffenheiten eines Wettkämpfers zu verschaffen suchen, aber dabei die Gestalt und das Wachsthum der Knaben beschädigen; dagegen haben die Lakedämonier zwar diesen Fehler nicht begangen, aber sie machen die Knaben durch die ihnen auferlegten grossen Anstrengungen roh und wild, weil dies für die Tapferkeit am dienlichsten sei. Allein ich habe schon oft gesagt, dass man bei der Erziehung nicht blos *eine* Tugend und auch nicht die Tapferkeit vorzugsweise im Auge haben dürfe, und selbst wenn dies zulässig wäre, so erreicht man den Zweck nicht einmal, denn weder bei den Thieren, noch bei den fremden Völkern sieht man, dass die Tapferkeit den wildesten am meisten eigen ist, sondern vielmehr denen mit einem gezähmteren und löwenartigen Charakter. Es giebt viele Völker, welche zum Morden und Menschenfressen leicht bereit sind, so die Achäer und Heniochen am schwarzen Meere und andere von den binnenländischen Völkern, die jenen mehr oder weniger gleichen; alle diese sind nun zwar zum Rauben geschickt, aber von Tapferkeit besitzen sie nichts. Auch von den Lakoniern wissen wir ja, dass sie, so lange sie sich schwere Anstrengungen auferlegten, die Anderen übertrafen, jetzt aber sowohl in den Turnübungen, wie in den kriegerischen Kämpfen hinter den Anderen zurückstehen. Denn ihr Uebergewicht kam nicht davon, dass sie die Jugend in dieser Weise turnen liessen, sondern lediglich davon, dass die Anderen sich nicht auch so übten. Deshalb muss das Schöne und nicht das Wilde die erste Stelle einnehmen; denn weder der Wolf, noch sonst ein wildes Thier wird einen schönen Kampf bestehen; dies vermag nur der tugendhafte Mann. Wer die Knaben zu sehr in dieser Richtung antreibt und den Unterricht in den nothwendigen Dingen verabsäumt, macht dieselben in Wahrheit zu gemeinen Handarbeitern; sie sind dann in den Staatsangelegenheiten nur zu *einer* Thätigkeit geschickt und selbst da, wie das Gesagte ergiebt, schlechter als die Anderen. Man darf die Lakonier nicht nach ihren früheren Thaten, sondern nach denen in jetziger Zeit beurtheilen; denn erst jetzt haben sie ebenbürtige Gegner in der Erziehung; früher hatten sie sie nicht. Darin ist man also einverstanden, dass die Turnkunst geübt werden muss und wie dieses zu geschehen habe. Bis zur Mannbarkeit sind nur leichtere Uebungen zuzulassen und jede überkräftige Ernährung, so wie jede schwere Arbeit fern zu halten, damit das Wachsthum nicht leide. Es sind deutliche Zeichen vorhanden, dass dergleichen Folgen herbeigeführt werden können; denn man wird unter den Siegern in den olympischen Spielen nur zwei oder drei finden, die nicht blos als Jünglinge, sondern auch als Männer den Sieg gewonnen haben, weil eben die Knaben sich in ihren Kräften durch Uebung der gewaltsamen Turnkünste erschöpften. Wenn die Jünglinge aber von der Mannbarkeit ab drei Jahre lang in den Wissenschaften unterrichtet werden, so haben sie demnächst das passende Alter für schwere Anstrengungen und für den Genuss einer sehr nahrhaften Kost. Den Körper und den Geist gleichzeitig anzustrengen ist nicht recht; die Anstrengung des einen hindert die Anstrengung des anderen; die körperliche Arbeit hemmt die Thätigkeit des Verstandes und diese die körperliche.

Fünftes Kapitel.

Ueber die Musse habe ich schon früher einige zweifelhafte Punkte erörtert und es wird gut sein, sie jetzt wieder aufzunehmen und weiter zu führen, damit auch Andere dadurch Veranlassung erhalten, sich darüber zu äussern. Es ist nicht leicht darzulegen, welche Kraft die Musse enthält und weshalb man an ihr Theil nehmen soll und ob dies nur des Zeitvertreibes und der Erholung wegen geschehen soll, so wie es mit dem Schlafen und Weintrinken geschieht; denn dergleichen ist an sich nichts Sittliches, aber ist angenehm und stillt den Kummer, wie Euripides sagt. Deshalb stellt man auch die Musik mit dem Schlafen und dem lustigen

Trinken zusammen und benutzt diese Dinge alle in gleicher Weise. Auch den Tanz rechnet man dazu. Oder sollte nicht vielmehr die Musik auf die Tugend abzwecken, indem, sowie die Turnkunst dem Körper die rechte Beschaffenheit verleiht, die Musik dem Character die rechte Beschaffenheit gewährt, und den Menschen gewöhnt, sich in rechter Weise zu ergötzen. Oder vielleicht trägt sie etwas zum geistigen Genuss und zur Einsicht bei; denn dies wäre das dritte von dem früher Genannten. Nun ist unzweifelhaft, dass man die Knaben nicht um des Spieles wegen erziehen darf, denn beim Lernen spielen sie nicht, da es ihnen schmerzlich ist. Ebenso passt es wohl nicht, den Knaben und der Jugend in diesem Alter den Genuss aus der höheren Geistesbeschäftigung zu gewähren; denn dem Unreifen gebührt noch nicht der Genuss des Zieles. Aber vielleicht meint man, dass das, was für die Kinder Ernst sei, denselben, wenn sie Männer geworden und zur vollen Entwickelung gelangt sind, eine Unterhaltung sein werde. Allein, wenn dies sich so verhielte, wozu brauchten sie da Musik zu lernen und weshalb könnten sie da nicht, wie die Könige der Perser und Meder dies von Anderen betreiben lassen und in dieser Weise an der Lust und dem Erlernten Theil nehmen. Offenbar müssen ja die, welche solche Beschäftigung mit der Kunst zu ihrer Lebensaufgabe machen, Besseres darin leisten, als die, welche sich nur so lange, als es zum Lernen nöthig ist, damit beschäftigt haben. Wäre es nöthig, dass sie selbst mit solchen Künsten sich abmühten, so müsste man sie auch die Zubereitung der Speisen lernen lassen, was doch verkehrt wäre. Dieselbe Schwierigkeit zeigt sich, wenn die Musik den Character verbessern solle; denn wozu dann die Knaben das eigne Musiciren zu lehren und weshalb sollen sie nicht durch blosses Anhören des Spieles von Anderen dahin gelangen, dass sie in rechter Weise sich daran ergötzten und darüber urtheilten? So geschieht es bei den Lakoniern, welche die Musik nicht selbst betreiben und doch, wie man sagt, richtig beurtheilen können, welche Gesänge nützlich sind und welche nicht. Diese Schwierigkeit bleibt auch dann, wenn man die Musik nur zum Zeitvertreib und zur anständigen Unterhaltung benutzen soll; denn wozu brauchen da die Knaben selbst sie zu erlernen, da sie durch Benutzung Anderer diese Erholung sich verschaffen können? Man kann sogar hier auf die Vorstellungen zurückgreifen, die man von den Göttern hat; denn nicht Zeus selbst singt und spielt die Zither bei den Dichtern; vielmehr gelten solche Spieler als gemeine Handwerker und kein Mann treibt dergleichen, wenn er nicht trunken ist oder scherzen will.

Indess wird wohl die Untersuchung hierüber besser später anzustellen sein; die erste Frage bleibt hier immer die, ob die Musik in die Unterrichtsgegenstände aufzunehmen ist oder nicht, und was sie für die Ziele, über welche die Zweifel dargelegt worden sind, zu leisten vermag; ob sie also der Erziehung, oder dem Spiele oder der höheren Geistesrichtung dient. Nun wird wohl mit Recht die Musik für alle diese Ziele verordnet und sie hat wohl an allen dreien Theil. Das Spiel ist der Erholung wegen da und die Erholung muss allerdings angenehm sein (denn sie ist eine Art Medicin für die Schmerzen der Arbeit) und die höhere Geistesbeschäftigung muss, wie man allseitig anerkennt, nicht blos das Schöne, sondern auch das Vergnügen an sich haben; denn die Glückseligkeit besteht ja aus beiden. Nun sagen Alle, dass die Musik zu den angenehmsten Genüssen gehöre, sei sie allein, oder mit Gesang verbunden; auch *Musäos* sagt, dass das Singen das Süsseste für die Sterblichen sei. Deshalb wird die Musik mit Recht zu den Gesellschaften und Unterhaltungen hinzu genommen, da sie erheitern kann, und deshalb schon könnte man annehmen, dass die Jünglinge sie lernen müssten; denn alle unschädlichen Vergnügen entsprechen nicht nur der Bestimmung des Menschen, sondern auch seiner Erholung. Da es sich aber selten trifft, dass die Menschen ihre Bestimmung erreichen, aber dagegen oft ausruhen und das Spiel herbeinehmen, nicht um etwas Weiteren willen, sondern blos des Vergnügens wegen, so dürfte es wohl zuträglich sein, seine Erholung in dem Genuss der Musik zu suchen. Es kommt auch vor, dass die Menschen ihren Lebenszweck in's Spielen setzen; denn auch der Lebenszweck hat einen Genuss in sich, nur nicht jeden beliebigen, und indem sie nun diesen Genuss suchen, nehmen sie den Genuss des Spielens für denselben, weil die Thätigkeit dabei etwas Aehnliches mit dem Lebenszwecke hat; denn dieser Lebenszweck wird nicht um etwas, was erst ihm folgen soll, gewählt und ebenso wird dieser

Genuss aus dem Spiel nicht wegen etwas gewählt, was ihm folgen soll, sondern wegen etwas, was vorhergegangen ist, wie Arbeit und Schmerzen. Dies kann man wohl als die wahre Ursache annehmen, weshalb die Menschen sich die Glückseligkeit durch diese Art von Genuss verschaffen wollen; wenn sie aber gemeinsam Musik treiben, dürfte es nicht blos des Genusses wegen geschehen, sondern weil dies auch der Erholung dient.

Indess bleibt doch zu untersuchen, ob diese Wirkungen nicht blos nebensächliche sind und ob nicht die Musik ihrer Natur nach höher zu stellen ist, als dass sie blos den erwähnten Nutzen gewähren und blos um des gemeinsamen Vergnügens wegen, was Alle an ihr empfinden, getrieben werden sollte (denn die Musik gewährt ein natürliches Vergnügen und deshalb ist die Beschäftigung mit ihr jedem Lebensalter und jeder Sinnesweise willkommen); und ob man nicht auch darauf sehen muss, in welcher Weise sie auch auf den Charakter und die Seele einwirkt. Dies wäre aber offenbar der Fall, wenn der Charakter durch die Musik eine gewisse Beschaffenheit erhält. Dass nun aber dies der Fall ist erhellt aus vielerlei sonst und nicht am wenigsten geschieht es durch die Gesänge des Olympos, welche eingestandenermaassen das Gemüth begeistern und die Begeisterung ist ein dem sittlichen Charakter der Seele angehörender Gemüthszustand. Auch wenn man nur den mimischen Darstellungen folgt, so empfindet man mit den Darstellenden die gleichen Gefühle, selbst abgesehen von den rhythmischen Bewegungen und Gesängen derselben. Da sonach die Musik zu den Genüssen gehört und bei der Tugend es sich darum handelt, dass man in rechter Weise geniesse und liebe und hasse, so erhellt, dass man nichts so sehr zu lernen und sich anzugewöhnen hat, als richtig zu urtheilen und sich an guten Sitten und Handlungen zu erfreuen. Auch haben die taktmässigen Bewegungen und Gesänge neben ihren natürlichen Eigenschaften eine grosse Aehnlichkeit mit den Affecten des Zornes und der Sanftmuth; ebenso mit der Tapferkeit und Mässigkeit und deren Gegentheilen und mit den übrigen sittlichen Tugenden, wie die Erfahrung dies zeigt; denn die Gemüthszustände wechseln, wenn man dergleichen hört. Die Gewohnheit sich über dergleichen zu betrüben und zu freuen steht den wirklichen Gefühlen dieser Art sehr nahe; wenn z. B. Jemand bei dem Beschauen des Bildes von Jemand sich ergötzt und zwar aus keiner anderen Ursache, als wegen der Gestalt desselben, dann muss auch der Anblick des Menschen selbst, dessen Bild er gesehen hat, ihn erfreuen. Bei den Wahrnehmungen anderer Sinne kommt es nicht vor, dass hier eine Aehnlichkeit mit den Gefühlen statt hat; so z. B. bei dem, was man durch Fühlen oder Schmecken wahrnimmt, und auch nur in etwas bei dem, was man sieht, wozu die Gestalten gehören; indess ist dies nur im geringen Grade der Fall und Allen sind diese Wahrnehmungen gemeinsam. Auch sind diese Gestalten und Farben den Gefühlen nicht ähnlich, sondern sie sind nur Zeichen derselben und zwar nur, insofern bei den Affecten der Körperzustand sich ändert. Indess ist auch hier ein grosser Unterschied bei der Betrachtung derselben und deshalb sollen die Jünglinge nicht die Werke des *Pauson* sehen, sondern die des *Polygnotos* und anderer Maler oder Bildhauer; die ihre Gestalten anständig gehalten haben.

In den Gesängen selbst ist dagegen eine Nachahmung der sittlichen Gefühle selbst enthalten, wie daraus erhellt dass schon die Natur der Tonarten so beschaffen ist, dass die Hörer nach den einzelnen dieser Tonarten anders empfinden und nicht in gleicher Weise sich verhalten. So sind sie bei einigen trauriger und gefasster, wie z. B. bei der gemischten lydischen, bei anderen aber weichlicheren Sinnes, wie bei den ausgelassenen Tonarten und bei anderen wieder mehr ruhigen und festen Sinnes, wie dies die dorische Tonart allein hervorbringt, während die phrygische Begeisterung erweckt. Dies ist von denen, welche über diesen Theil der Erziehung nachgedacht haben, gut dargelegt worden; sie entnehmen den Beweis für ihre Auffassungen unmittelbar aus den Thatsachen. Ebenso verhält es sich auch mit den Taktarten. Manche haben mehr einen ruhigen, andere mehr einen bewegten Charakter und bei letzteren ist die Bewegung bald gröber, bald edler. Hieraus erhellt, dass, und in welcher Weise die Musik das Sittliche in der Seele bewirken kann, und wenn sie dies vermag, so ist klar, dass die Jünglinge zu ihr zu führen und in ihr zu unterrichten sind. Auch passt der Unterricht in der Musik für die Natur in dieser Altersstufe; denn die Jünglinge halten wegen ihrer Jugend nicht gern bei unangenehmen Dingen aus, während die Musik von Natur zu dem Angenehmen gehört. Es scheint auch eine Art Verwandtschaft zwischen den Ton- und Taktarten in der Seele zu bestehen und deshalb haben viele weise Männer die Seele für eine Harmonie erklärt, andere gesagt, dass sie Harmonie habe.

Sechstes Kapitel.

Ob man aber den Jünglingen das eigne Singen und Spielen der Instrumente lehren solle, oder nicht, diese früher aufgeworfene Frage ist jetzt zu untersuchen. Unzweifelhaft macht es einen grossen Unterschied für die Ausbildung, ob Jemand selbst an der Ausübung der Musik Theil nimmt; denn es ist unmöglich, oder wenigstens schwer, ohne wirkliche Ausübung der Tonkunst ein gutes Urtheil darüber zu erlangen. Auch müssen die Kinder einen Zeitvertreib haben und die Kinderklapper muss man für eine gute Erfindung des *Archytas* halten, die man den Kindern giebt, damit sie mit ihr spielen und im Hause nichts zerbrechen, da das Kind nicht still sitzen kann. Diese Kinderklapper ist das passende Spielzeug für kleine Kinder und der Unterricht in der Musik ist die Kinderklapper für die grösser gewordenen. Es ist also hieraus klar, dass die Musik so gelehrt werden muss, dass die Jünglinge auch selbst singen und spielen können. Was aber die Frage anlangt, ob es für die Jünglinge sich ziemt oder nicht, so ist sie nicht schwer zu beantworten und der Einwand, dass es ein gemeines handwerkmässiges Geschäft sei, leicht zu beseitigen. Denn wenn man erstens die Tonkunst selbst üben soll, um ein Urtheil hierin zu gewinnen, so muss man in der Jugend die Kunst selbst ausüben, aber in vorgerückterem Alter sich dessen enthalten; man vermag dann doch, in Folge der in der Jugend erworbenen Kenntniss das Schöne der Musik zu erkennen und es recht zu geniessen. Was aber sodann den Tadel anlangt, als wenn, wie Einige meinen, die Ausübung der Musik etwas Gemeines sei, so widerlegt sich dies leicht, wenn man den Grad beachtet, bis zu welchem die Jünglinge behufs Ausübung ihrer staatlichen Tugenden sich die Fertigkeit darin zu eigen machen sollen; ferner in welchen Gesängen und in welchen Zeitmaassen sie sich zu üben haben und welche Instrumente zu spielen sie lernen sollen, da hier schwerlich ein grosser Meinungs-Unterschied besteht. In diesen Punkten liegt die Widerlegung jenes Tadels, da es wohl sein kann, dass manche Arten der Ausübung der Tonkunst jene getadelte Wirkung haben. Es ist also klar, dass das Erlernen der Tonkunst der späteren Thätigkeit nicht hinderlich werden und den Körper nicht zu gemeinen Bewegungen veranlassen, noch zur Uebung der kriegerischen und staatlichen Thätigkeit unbrauchbar machen darf, und dies gilt sowohl für die Ausübung der Tonkunst in der Jugend, wie für die blosse Kenntniss derselben in späteren Jahren.

Dies würde nun bei dem Unterricht in der Musik erreicht werden, wenn die Jünglinge sich weder mit den anstrengenden Kunststücken der Künstler, noch mit einer wunderbaren oder übertriebenen Kunstfertigkeit abmühen, wie sie jetzt in dem Wettstreit der Künstler und aus diesem in den Unterricht übergegangen ist, sondern wenn die Musik nur so weit geübt wird, als nöthig ist, damit sie sich an schönen Gesängen und Zeitmaassen erfreuen können und nicht blos an dem gemeinen Genuss der Musik, wie er schon bei einzelnen Thieren und auch bei der grossen Menge der Sclaven und Kinder Statt findet.

Hieraus ergiebt sich auch, welche Instrumente man zu wählen hat. Man darf nämlich weder die Flöten noch ein anderes künstliches Instrument in den Unterricht einführen, wie z. B. die Zither und andere dieser Art, sondern nur solche, welche die Jünglinge zu guten Zuhörern machen, sowohl für den musikalischen, wie für den sonstigen Unterricht. Auch ist die Flöte kein anständiges, sondern ein mehr aufregendes Instrument und man soll deshalb sie nur in solchen Zeiten benutzen, wo das Schauspiel mehr der Reinigung der Leidenschaften, als dem Lernen dient. Auch möchte ich noch hinzusetzen, dass dies Flötenspiel, indem es das Sprechen verhindert, eher dem Unterricht entgegen wirkt. Deshalb hat man schon vor Zeiten mit Recht das Flötenspielen bei der Jugend und den Freigeborenen gemissbilligt, obgleich es vorher gebräuchlich gewesen war. Denn die Griechen hatten in Folge des gewachsenen Wohlstandes mehr freie Zeit gewonnen und waren hochherziger im edlen Sinne geworden. Ihre Thaten hatten sie schon früher, aber hauptsächlich nach den persischen Kriegen mit Stolz erfüllt und so erfassten sie auch alle Arten des Unterrichts, ohne in ihrem Eifer hier einen Unterschied zu machen. Deshalb wurde auch die Kunst des Flötenspiels in den Unterricht aufgenommen und in Lakedämon blies einmal ein Chorführer selbst die Flöte zu dem Chor und in Athen wurde das Flötenspiel so landesüblich, dass beinahe alle freien Männer daran Theil nahmen, wie dies sich aus dem Gemälde ergiebt, was *Thrasippos* als Weihgeschenk aufstellte, als er dem Ekphandites den Chor hergerichtet hatte. Später kam es in Folge der gemachten Erfahrungen in Verruf, indem man besser unterscheiden lernte, was der Tugend förderlich ist und was nicht. Dasselbe geschah mit vielen der alten Instrumente, wie mit den alten Harfen und vielseitigen Lyras und mit allen Instrumenten, deren Spiel den Hörern nur sinnliche Lust gewährte, wie der Siebenangel und der Triangel und die dreieckigen hohen Seiteninstrumente und alle die, welche eine besondere Kunstfertigkeit der Hände erforderten. Auch die Sage der Alten über die Flöten ist dem ganz entsprechend; die Athene soll nämlich die von ihr erfundenen Flöten weggeworfen haben; es passt auch ganz gut, wenn man dabei sagt, dass die Göttin dies aus Unwillen über die Verzerrung des Antlitzes gethan habe. Indess ist es wohl wahrscheinlicher, dass sie es deshalb gethan, weil der Unterricht im Flötenspiel nichts zur Geistesbildung beiträgt, da wir ja der Athene den Schutz der Wissenschaft und Kunst beilegen. Wenn ich nun den Unterricht in dem Gebrauche der Instrumente missbillige, so verstehe ich unter technischem Unterricht den, welcher blos für die Wettstreite ertheilt wird; denn solches Spiel geschieht nicht um der Tugend des Spielers willen, sondern um den Hörern einen Genuss zu bereiten und zwar einen groben. Deshalb halte ich eine solche Fertigkeit für den freien Mann nicht für angemessen; sie ist nur eine Lohnarbeit und solche Spieler werden gemeine Handwerker, weil der Zweck, den sie hierbei verfolgen ein schlechter ist. Auch pflegt der ungebildete Zuhörer auf die Musik nachtheilig zu wirken, weil er theils die vor ihm singenden Schauspieler zu sich selbst herabzieht und auch in körperlicher Hinsicht durch sein Benehmen zum Gemeinen verleitet.

Siebentes Kapitel.

Es ist auch noch zu untersuchen, ob man in Bezug auf die Tonarten und Zeitmaasse sämmtliche Tonarten und sämmtliche Zeitmaasse benutzen soll, oder ob hier ein Unterschied zu machen ist und ob von denen, welche die Erziehung zu besorgen haben, derselbe Unterschied festgehalten werden soll, oder ob hier nicht ein dritter gemacht werden muss, da die Musik aus Melodien und Zeitmaassen besteht und man von jedem dieser Bestandtheile wissen muss, welchen Einfluss er auf die Erziehung hat, und ob man mehr der melodiereichen Musik, oder mehr der im Zeitmaasse schönen Musik den Vorzug geben solle. Ich glaube nun, dass hierüber viel Gutes theils von einigen der jetzigen Tonkünstler gesagt worden ist, theils von denjenigen Philosophen, welche mit dem musikalischen Unterricht aus Erfahrung vertraut geworden sind. Ich möchte also denen, welchen es hier auf genaue Bestimmung des Einzelnen ankommt, überlassen, sich darüber bei jenen Männern Auskunft zu erholen, während ich hier die Hauptregeln darüber nur im Umrisse aufstellen werde.

Wenn ich nun der Eintheilung der Gesänge folge, welche einige Philosophen aufgestellt haben und wonach sie in sittliche, in zur Thätigkeit anregende und in begeisternde zerfallen und wonach diese Männer für jede dieser Weisen auch eine andere naturgemässe eigenthümliche Tonart angenommen haben und wenn nach meiner Meinung die Musik nicht blos *eines* nützlichen Erfolges wegen getrieben werden soll, sondern mehrerer wegen (nämlich auch der Erziehung wegen, ferner zur Reinigung der Gefühle, – und was ich unter Reinigung verstehe, werde ich jetzt nur einfach sagen, da es in meiner Schrift über die Dichtkunst nochmals deutlicher dargelegt werden wird, – und endlich drittens der Unterhaltung wegen und zur Erholung und zum Ausruhen von den Anstrengungen), so ist klar, dass man zwar alle Tonarten benutzen muss, aber nicht alle auf gleiche Weise, sondern für die Erziehung muss man die, welche am meisten sittlich veredeln, benutzen; dagegen für das Zuhören, wenn Andere spielen, die Tonarten, welche zum Handeln anregen und die, welche Begeisterung erwecken. Diese

Gemüthserregung, welche bei Manchen hier sehr stark auftritt, ist an sich bei Allen vorhanden und zwar für den einen Affect mehr, und für den anderen weniger und bei solchen Personen sieht man, dass sie aus dieser Aufregung durch religiöse Gesänge wieder zu sich kommen, wenn dazu Gesänge benutzt werden, welche die Seele wieder beruhigen, gleich als hätten sie Arzneien und Reinigungsmittel angewendet. Dieselben Aufregungen müssen auch bei dem Mitleidigen, bei dem Furchtsamen und überhaupt bei allen Affecten, je nachdem der Einzelne ihnen unterworfen ist, eintreten; alle diese Personen müssen eine gewisse Reinigung erfahren und sich dadurch in angenehmer Weise erleichtert fühlen. In gleicher Weise gewähren auch die das Gemüth reinigenden Gesänge den Menschen eine unschädliche Freude. Deshalb müssen die Künstler, welche die Musik bei den Schauspielen ausführen, zu solchen Tonarten und solchen Gesängen angewiesen werden. Indess sind die Zuschauer von zweierlei Art; theils freie und unterrichtete Personen, theils eine ungebildete Menge, die sich aus gemeinen Handwerkern, Tagelöhnern und anderen Leuten dieser Art zusammensetzt und für diese mag man unsittliche Wettkämpfe und Schaustellungen zur Erholung einrichten. Wie nun die Seelen dieser Leute verschrobene und von dem natürlichen Zustande abweichende sind, so giebt es auch Ueberschreitungen in den Tonarten und bei den Gesängen rauschende und in der Färbung verfehlte. Nun macht Jedem das seiner Natur Gemässe Freude und deshalb mag man den Künstlern gestatten, für solche Zuschauer diese Art von Musik zu benutzen.

Dagegen muss bei dem Unterricht, wie gesagt, von den veredelnden Gesängen und Tonarten Gebrauch gemacht werden. Solcher Art ist die dorische Weise, wie ich früher bemerkt habe; indess muss man auch eine andere zulassen, wenn Männer, welche sowohl in der Philosophie, wie in dem Musik-Unterricht erfahren sind, dergleichen für gut erklären. Mit Unrecht lässt aber *Sokrates* in dem platonischen Staate noch die phrygische neben der dorischen gelten, obgleich er von den Instrumenten die Flöte verwirft; denn die phrygische hat unter den Tonarten dieselbe Bedeutung, wie die Flöte unter den Instrumenten; beide sind wildbegeisternd und aufregend, wie deren Benutzung zeigt, denn für alle bachantischen und alle diesen gleiche Gemüthsbewegungen werden von allen Instrumenten am meisten die Flöten benutzt, und von den Tonarten wählen sie aus den phrygischen Gesängen das ihnen Gemässe. So gilt ja auch der Dithyrambos anerkanntermaassen für phrygisch. Die Sachverständigen wissen hier viele Beispiele anzuführen, namentlich auch, dass *Philoxenos* zwar versucht habe, in der dorischen Weise einen Dithyrambos unter dem Titel: Die Myser, zu machen, es aber nicht vermocht habe; vielmehr sei er in Folge der Natur dieser Dichtung wieder in die phrygische Weise, als die allein passende Tonart, zurückgerathen. In Bezug auf die dorische Weise ist man einverstanden, dass sie die gemessenste ist und am meisten einen männlichen Character an sich trägt. Da ich nun die Mitte zwischen den Extremen billige und ihr nachgestrebt werden soll und da die dorische Weise im Vergleich zu den anderen Tonarten von solcher Beschaffenheit ist, so erhellt, dass den Jünglingen vorzugsweise die dorischen Gesänge gelehrt werden müssen.

Die Ziele sind indess zweifach, das Erreichbare und das Schickliche; sowohl das Erreichbare muss man erstreben, wie auch das, was für Jeden sich schickt. Aber auch hier bestimmt sich dies nach den Lebensaltern; so wird es dem mit der Zeit schwach Gewordenen nicht leicht, die anstrengenden Tonweisen zu singen, sondern dem in solchem Alter Stehenden weist die Natur die gelassenen Weisen zu. Deshalb wird auch von den durch Sokrates über die Musik getroffenen Bestimmungen mit Recht die getadelt, wo er die gelassenen Weisen für die Erziehung missbilligt, indem er sie als berauschend ansieht; nicht in der Weise eines wirklichen Rausches (denn der Rausch bewirkt mehr einen bachantischen Taumel), sondern im Sinne einer Abspannung. Deshalb soll man für das folgende reifere Alter auch solche Tonarten und solche Gesänge sich einüben. Wenn ferner es noch eine solche Tonart giebt, welche für das jugendliche Alter passt, weil sie zugleich zum Schmuck und zur Erziehung dient, wie dies bei der lydischen vorzugsweise der Fall zu sein scheint, so erhellt, dass man bei der Erziehung diese drei Hauptgesichtspunkte im

Auge behalten muss, nämlich das Mittlere, das Erreichbare und das Schickliche.

Sechstes Buch.

Erstes Kapitel.

In allen Künsten und Wissenschaften, die nicht blos Einzelnes behandeln, sondern ein bestimmtes Gebiet vollständig befassen, ist es ein und dieselbe Kunst oder Wissenschaft, welche zu bestimmen hat, was für das betreffende Gebiet im Allgemeinen und im Besonderen das Beste ist. So fragt es sich z. B. bei der Turnkunst, welche Leibesübung für einen Menschen von bestimmter Körperbeschaffenheit nützlich ist und welche an sich die beste ist; (denn für den von der Natur am schönsten Ausgestatteten muss offenbar die beste am passendsten sein) und welche Leibesübung endlich im Durchschnitt für die Meisten passt; denn auch dies liegt der Turnkunst ob. Auch wenn Jemand nicht die vollständige Gewandtheit und Kenntniss der Regeln in der Turnkunst erlangen mag, bleibt es doch nicht minder die Pflicht des Knabenaufsehers und Turnlehrers auch diese geringere Fähigkeit ihm beizubringen. Das Gleiche zeigt sich bei der Heilkunst, bei der Schiffsbaukunst, bei der Schneiderkunst und bei jeder anderen; so dass offenbar auch in Bezug auf den Staat es die Aufgabe ein und derselben Wissenschaft ist, zu ermitteln, einmal, welche Verfassung an sich die beste ist und welche Beschaffenheit am meisten den Wünschen entspricht, sofern kein äusseres Hinderniss ihr entgegensteht; und zweitens, welche Verfassung für bestimmte Menschen am besten passt; denn Viele sind wohl nicht im Stande die beste Staatsverfassung zu erreichen und deshalb muss der Gesetzgeber und der wahre Staatsmann sich wohl bewusst bleiben, welches die beste Verfassung an sich ist und welche nach den vorliegenden Umständen für den besonderen Fall die beste ist; ja er muss auch drittens bei einer in einer bestimmten Art gegebenen Verfassung übersehen können, wie sie im Beginn einzurichten ist und in welcher Weise sie dann die längste Zeit sich erhalten könne. Ich meine nämlich den Fall, wo es einem Staate nicht gelungen ist, die an sich beste Verfassung bei sich einzurichten, da er mit den dazu nothwendigen Erfordernissen nicht genügend ausgestattet war, noch die unter den vorhandenen Umständen beste Verfassung zu gewinnen, sondern eine noch schlechtere. Neben alle dem muss er auch noch die Staatsverfassung kennen, welche für alle Staaten durchschnittlich am besten passt; denn die Meisten derer, welche über Staatskunst geschrieben, haben, wenn sie auch sonst den Gegenstand richtig behandeln, doch das praktisch Anwendbare verfehlt. Man darf nämlich nicht blos die an sich beste Staatsverfassung in Betracht nehmen, sondern auch die, welche ausführbar ist und ebenso die, welche für Alle am leichtesten einzurichten ist; während gegenwärtig die Einen nur nach der vollkommensten, einer grossen äusseren Ausstattung bedürftigen Verfassung suchen und die Anderen eine mehr gebräuchliche besprechen und mit Uebergehung der sonst noch vorhandenen Verfassungen nur die Lakonische oder eine bestimmte andere loben. Man soll indess eine solche Staatsordnung einführen, wie sie sich nach den vorhandenen Verhältnissen leicht einführen lässt und welcher die Bürger vertrauen und an die sie sich gewöhnen können; denn eine Verfassung in rechter Weise zu verbessern ist kein leichteres Werk, als eine von Anfang ab neu einzurichten, wie ja auch das Umlernen schwerer ist, als das erste Lernen. Deshalb muss der Staatsmann, wie ich schon früher gesagt, auch im Stande sein, den erwähnten, wirklich bestehenden Verfassungen zu Hülfe zu kommen, und dies vermag er nicht, wenn er nicht weiss, wie viele Arten von Verfassungen es giebt.

Jetzt meinen Manche es gebe nur *eine* Demokratie und nur *eine* Oligarchie; allein dies ist nicht richtig. Man darf deshalb mit den Unterschieden der Verfassungen nicht unbekannt bleiben und muss deren Zahl und verschiedene Art der Zusammensetzung kennen. Mit Hülfe dieser Kenntniss muss man auch diejenigen Gesetze aufsuchen, welche die besten sind und welche für die einzelnen Staaten am besten passen; denn die Gesetze müssen sich nach der Verfassung richten und werden auch danach alle erlassen, aber die Verfassungen haben sich nicht nach den Gesetzen zu richten. Denn die Verfassung bestimmt für den Staat die Art, wie die Staatsämter vertheilt werden sollen und wer das

Oberhaupt ist und was das Ziel der einzelnen Gemeinschaften ist; die Gesetze sind aber von diesen Bestimmungen über die Verfassungen getrennt und setzen die Regeln fest, nach denen die Herrschenden regieren und die Uebertreter derselben im Zaume gehalten werden sollen. Es ist also klar, dass man die Zahl der verschiedenen Verfassungen und auch die Unterschiede bei einer jeden für den Erlass der Gesetze kennen muss; denn es ist nicht möglich, dass dieselben Gesetze allen Oligarchien oder allen Demokratien zuträglich seien, da es nicht blos *eine* demokratische und *eine* oligarchische Verfassung, sondern mehrere giebt.

Zweites Kapitel.

Nachdem ich in dem ersten Theile meiner Untersuchung über die Staatsverfassungen drei Arten richtiger Verfassungen unterschieden habe, nämlich das Königthum, die Aristokratie und den Freistaat und daneben drei Ausartungen derselben, nämlich die Tyrannis, als die Ausartung des Königthums, die Oligarchie, als die Ausartung der Aristokratie und die Demokratie als die Ausartung des Freistaates und nachdem ich über die Aristokratie und das Königthum bereits gesprochen habe (denn die Betrachtung der besten Staatsverfassung ist zugleich auch eine Betrachtung dieser beiden genannten, da jede von ihnen für die Tugend eingerichtet und mit allen Hülfsmitteln ausgestattet sein will), und nachdem auch bereits im Vorgehenden dargelegt worden, wie die Aristokratie und das Königthum sich von einander unterscheiden und wenn man einen Staat als ein Königthum ansehen könne, so habe ich nur noch die Verfassung des Freistaates aus einander zu setzen, der mit dem für alle gemeinsamen Namen auch blos der Staat genannt wird und sodann die anderen Verfassungen, nämlich die Demokratie, die Oligarchie und die Tyrannis.

Es ist nun klar, welche von diesen Ausartungen die schlechteste und welche die zweitschlechtere ist. Nothwendig ist die Ausartung der vornehmsten und göttlichen Verfassung auch die schlechteste; das

Königthum ist es nun entweder nur dem Namen nach und nicht in Wirklichkeit oder es beruht auf den überragenden Vorzügen des Königs; folglich muss die Tyrannis die schlechteste und von dem Begriff einer Verfassung am meisten abweichende Form sein; und die Oligarchie die zweitschlechtere (denn die Aristokratie unterscheidet sich in vielen Stücken der Verfassung von ihr) und die geringste Abart muss die Demokratie sein. Auch schon vor mir hat Jemand sich so ausgesprochen, aber nicht aus denselben Gesichtspunkten, wie ich. Jener hat von allen guten Verfassungen, wobei auch die Oligarchie mit den anderen als eine gute gelten soll, die Demokratie für die mangelhafteste, dagegen von allen schlechten Verfassungen dieselbe für die beste erklärt; ich dagegen halte die Oligarchie für durchaus fehlerhaft und die Behauptung, dass eine Oligarchie besser sei, als die andere, für nicht richtig; man kann sie nur weniger schlecht nennen.

Indess lasse ich die Entscheidung hierüber zur Zeit bei Seite; vielmehr will ich jetzt zunächst ermitteln, wie viel Unterschiede in den Staatsverfassungen bestehen, da es ja mehrere Arten der Demokratie und der Oligarchie giebt; sodann werde ich ermitteln, welche nach der besten Verfassung diejenige ist, welche für die meisten Staaten passt und zu wünschen ist und ob es etwa auch eine nach aristokratischer Art giebt, die gut eingerichtet ist; vor allen aber, welche Verfassung für die meisten Staaten passt. Demnächst werde ich ermitteln, welche bestimmte Verfassung für einen bestimmten Staat zu wählen ist; denn für gewisse Staaten kann leicht die Demokratie nothwendiger sein, als die Oligarchie und für andere kann wieder das Umgekehrte statt finden. Demnächst werde ich erörtern, auf welche Weise man diese Staatsverfassungen, die man beabsichtigt, einzurichten habe; ich meine die einzelnen Arten der Demokratie und andererseits der Oligarchie. Als Schluss von dem allen und, wenn ich diese erwähnten Erörterungen in Kürze gemacht haben werde, will ich versuchen, die hauptsächlichsten Ursachen durchzugehen, durch welche die Verfassungen zu Grunde gehen oder sich erhalten und zwar sowohl die Ursachen, welche alle Verfassungen wie die besonderen, welche nur einzelne Verfassungen betreffen.

Drittes Kapitel.

Die Ursache, dass es mehrere Verfassungen giebt, ist, dass jeder Staat der Zahl nach in mehrere Theile zerfällt. Im Anfange bestehen die Staaten blos aus zusammenliegenden Wohnhäusern mit Familien; später wird dann ein Theil dieser Leute wohlhabend, ein anderer arm werden, und ein dritter in mittleren Umständen sich befinden, und von den Wohlhabenden, wie von den Armen ist ein Theil bewaffnet, ein anderer nicht. Das Volk besteht theils aus Ackerbauenden, theils aus Handeltreibenden, theils aus Handwerkern. Auch unter den Vornehmen giebt es Unterschiede nach dem Reichthume und der Grösse der Besitzungen; manche haben z. B. Gestüte, was nur reiche Leute ausführen können. Deshalb waren in alten Zeiten alle Staaten, deren Macht in der Reiterei bestand, Oligarchien. Sie gebrauchten die Reiterei in Kriegen gegen die Nachbarn; so die Eretrier, die Chalkidier, die Magnesier am Mäander und viele andere asiatische Staaten. Auch besteht neben den Unterschieden im Reichthume noch einer nach der Geburt und einer nach der Tugend und nach sonst einem anderen Umstand, wonach ein weiterer Theil des Staates bei den aristokratischen Verfassungen bezeichnet wird; denn diese Klassen haben bald sämmtlich, bald nur in einer grösseren oder geringeren Anzahl derselben an der Staatsgewalt Antheil; denn ich habe schon dargelegt, aus wie viel Theilen ein Staat nothwendig bestehen muss.

Hieraus erhellt, dass es mehrere, der Art nach verschiedene Verfassungen geben muss; denn diese Theile sind nicht überall von gleicher Art. Die Verfassung besteht nämlich in der Ordnung und Feststellung der Staatsämter und diese werden überall entweder nach der grösseren Macht der Betheiligten, oder nach einer gewissen Gleichheit, welche unter ihnen besteht, zugetheilt, also entweder nach Reichthum und Armuth oder nach einer beiden gemeinsamen Bestimmung. Also muss es so viele Verfassungen geben, als Anordnungen über die Theilnahme an den Aemtern je nach der Uebermacht oder den Unterschieden der Theile des Staates bestehen. Hauptsächlich scheinen es nur zwei zu sein, wie man ja auch bei den Winden nur vom Nordwind und vom Südwind spricht und die anderen nur als Abweichungen von diesen gelten lässt. Aehnlich giebt es auch bei den Verfassungen zwei, nämlich die Herrschaft des Volkes und die Herrschaft von Wenigen. Man nimmt nämlich die Aristokratie nur als eine Art der Oligarchie und den Freistaat als eine Art der Demokratie, so wie man bei den Winden den Westwind zu dem Nordwinde und den Ostwind zu dem Südwinde rechnet. Aehnlich verhält es sich, wie Einige sagen, auch mit den Tonarten; auch da werden nur zwei Hauptarten angenommen, die dorische und die phrygische, und die übrigen werden theils zu der dorischen, theils zu der phrygischen gerechnet. In dieser Weise pflegt man gewöhnlich auch die Verfassungen aufzufassen; indess ist meine Unterscheidung wohl besser und richtiger, wonach ein oder zwei als die gut eingerichteten und die anderen als Ausartungen, dort von der richtig eingetheilten Tonart, hier von der besten Verfassung gelten und zwar die strafferen und despotischeren als oligarchische und die milderen und gelinderen als demokratische Ausartungen.

Viertes Kapitel.

Man darf nun die demokratische Verfassung nicht, wie es jetzt von Einigen geschieht, blos einfach so definiren, dass sie da bestehe, wo die Menge der Herr ist; denn auch in den Oligarchien und überall ist der grössere Theil der Herr; ebenso wenig ist immer da eine Oligarchie vorhanden, wo nur Wenige die Herren des Staates sind; denn wenn z. B. der ganze Staat aus 1300 Bürgern bestände und davon 1000, die reich wären, den 300 Anderen, die arm, aber frei und im Uebrigen jenen gleich wären, keinen Antheil an der Herrschaft gestatteten, so würde doch Niemand dies eine demokratische Regierung nennen. Ebenso würde, wenn es zwar nur wenige Arme gäbe, diese aber stärker, als die Reichen wären, welche die Mehrzahl bildeten, Niemand einen solchen Zustand, wo die Reichen an den Ehrenämtern keinen Theil hätten, für eine Oligarchie erklären. Man muss also vielmehr sagen, dass eine Volksherrschaft dann vorhanden ist, wenn die Freien die Herren sind und eine Oligarchie, wenn es die Reichen sind; nur nebenbei trifft es sich, dass jene die Mehrzahl und diese die Minderzahl sind, da der Freien Viele und der Reichen nur Wenige sind. Ja selbst im Falle, dass die Staatsämter nach der Körpergrösse vertheilt würden, wie es nach einigen Berichten in Aethiopien geschehen soll, oder nach der Schönheit, so würde solcher Staat eine Oligarchie sein; denn auch die Zahl der schönen und der grossen Menschen ist nur eine geringe.

Indess sind auch damit diese Staatsverfassungen noch nicht genügend bestimmt; denn es besteht sowohl das Volk, wie die Herrscher in den Oligarchien aus mehreren Theilen und man muss deshalb noch näher hinzufügen, dass es keine Volksherrschaft ist, wenn der Freien nur wenige sind und diese über eine Mehrzahl von Unfreien herrschen, wie in Apollonea am ionischen Meere und in Thera (denn in beiden Staaten hatten nur die Edelgeborenen, welche zuerst die Colonie gegründet hatten, die Ehrenstellen inne, und dieser waren nur Wenige von den Vielen) noch wird die Herrschaft der Reichen, selbst wenn sie die Mehrzahl sind, zu einer Volksherrschaft, wie dies vor Alters in Kolophon der Fall war, wo die Mehrzahl grosses Vermögen erworben hatte, ehe der Krieg mit den Lydern ausbrach. Deshalb besteht eine Demokratie nur da, wo die Freien und Armen die Mehrzahl sind und die Herrschaft besitzen und eine Oligarchie nur da, wo die Reichen und Edelgeborenen als die Minderzahl die Herrschaft haben.

Hiermit habe ich dargelegt, dass es mehrere Arten der Verfassungen giebt und welches die Ursachen davon sind; dass es aber noch weitere Arten giebt, als die eben erwähnten, und welche es sind und weshalb, dies werde ich nun angeben, indem ich von dem früher erwähnten Standpunkte dabei ausgehe. Wir sind nämlich einverstanden, dass jeder Staat nicht blos einfach ist, sondern aus mehreren Theilen besteht. Wenn wir z. B. die Arten der Thiere nehmen, so werden wir zuerst das an denselben unterscheiden, was jedes Thier haben muss, also einige Sinneswerkzeuge und ein Organ zur Erfassung und Verdauung der Nahrung, nämlich einen Mund und einen Magen und ausserdem einige Glieder, durch welche das Thier sich bewegt. Wenn es nun blos die genannten Arten von Gliedern gäbe und diese wieder von einander verschieden wären, sodass es also mehrere Arten von dem Munde und von dem Magen und von den Sinneswerkzeugen gäbe und ebenso von den der Bewegung dienenden Gliedern, so würde die Anzahl der verschiedenen Verbindungen dieser Organe auch mehrere Arten von Thieren ergeben (denn ein und dasselbe Thier kann nicht mehrere verschiedene Mäuler oder Ohren haben); nimmt man also alle möglichen unterschiedenen Verbindungen dieser Organe, so werden daraus die verschiedenen Arten der Thiere entstehen und zwar so viele Arten, als es verschiedene Verbindungen der nothwendigen Organe giebt.

Ebenso verhält es sich auch mit den erwähnten Verfassungsformen, weil die Staaten, wie ich oft gesagt, nicht einfacher Art sind, sondern aus verschiedenen Theilen bestehen. Ein Theil des Staates befasst die Klasse, welche mit der Beschaffung der Nahrung zu thun hat und die Landbauenden heissen; die zweite Klasse heisst die der Handwerker, welche sich mit den Künsten beschäftigen, ohne die ein Staat nicht bewohnt werden kann. Manche von diesen Gewerben kann man nicht entbehren; andere dienen nur dem Luxus und der Verschönerung des Lebens. Die dritte Klasse sind die Handelsleute, worunter ich die verstehe, welche sich mit Verkäufen und Käufen, oder mit der Einführung von Waaren, oder mit dem Kleinhandel beschäftigen. Die vierte Klasse sind die Tagelöhner; die fünfte sind die für den Krieg Bestimmten, welche Klasse nicht minder nöthig, wie die anderen ist, wenn der Staat nicht in die Knechtschaft derer, die ihn angreifen, gerathen soll; denn in einem solchen Sclavenzustande kann unmöglich ein Staat noch als ein solcher gelten, da jeder Staat sich selbst genug sein muss, der sclavische Zustand aber dies nicht ist. Deshalb ist das, was *Sokrates* im „Staate" sagt, zwar zierlich, aber nicht zureichend. Nach ihm soll der Staat nothwendig aus vier Klassen bestehen, welche er die Weber, die Landbauer, die Schuhmacher und die Baumeister nennt; dann setzt er, da diese nicht genügen, noch die Schmiede und die Hirten für die erforderlichen Heerden hinzu; ferner die Grosshändler und die Krämer. Diese alle sollen die Bevölkerung des ersten Staates ausmachen, als wenn jeder Staat nur um der nothwendigen Bedürfnisse willen sich gebildet hätte und nicht vielmehr um des Sittlich-Schönen willen und als wenn der Schuhmacher eben so nöthig wäre, wie der Landbauer. Den Kriegerstand erkennt er nicht eher als einen Theil des Staates an, als bis das Staatsgebiet sich vergrössert hat und Krieg mit dem Nachbar wegen seines Eingriffes in deren Gebiet entsteht. Allein in diesen vier oder wie viel sonst bestehenden Klassen muss doch auch Einer sein, welcher über das Recht entscheidet und es schützt.

So wie man aber bei den lebenden Geschöpfen die Seele höher stellt als den Körper, so müssen auch bei den Staaten alle jene höher, als die, welche für den nothwendigen Bedarf sorgen, gestellt werden, welche zum Kriegerstand gehören und welche an der Gerechtigkeitspflege Theil nehmen und neben diesen die, welche den Rath über die Staatsangelegenheiten bilden, wozu staatliche Einsicht nöthig ist. Mögen diese nun eine verschiedene Klasse bilden oder nicht, so ist dies für den Begriff nicht erheblich, denn es trifft sich oft, dass dieselbe Klasse in den Krieg zieht und den Acker baut. Wenn also diese, wie jene als Theile des Staates gelten müssen, so ist auch die bewaffnete Klasse nothwendig ein Theil des Staates. Die siebente Klasse bilden die, welche mit ihrem Vermögen die grossen Staatsausgaben bestreiten und die man die Wohlhabenden nennt und die achte Klasse bilden die, welche die Staatsgeschäfte besorgen und die mit den öffentlichen Aemtern verbundenen Leistungen übernehmen, da ein Staat ohne Obrigkeit unmöglich ist. Deshalb muss es Personen geben, welche im Stande sind die Aemter zu verwalten und deren Unkosten für den Staat zu tragen, sei dies dauernd oder abwechselnd. Endlich besteht noch eine vorher erwähnte Klasse aus denen, welche berathen und Rechtsstreitigkeiten entscheiden. Wenn dies in richtiger und gerechter Weise im Staate geschehen soll, so muss auch ein Theil der Bürger an der, zu den staatlichen Dingen nöthigen Tugend Theil haben. Die Fähigkeit zu diesen sämmtlichen Geschäften kann, wie Viele annehmen, bei Allen bestehen und es können dieselben Personen in den Krieg ziehen, den Acker bauen und die Handwerke treiben, und auch an den Berathungen und den richterlichen Entscheidungen Theil nehmen; denn Alle machen auf die staatliche Tugend Anspruch und meinen, die meisten Staatsämter verwalten zu können; dagegen ist es unmöglich, dass dieselben Personen wohlhabend und arm sind und deshalb scheinen die Wohlhabenden und die Armen die hauptsächlichsten Bestandtheile des Staates zu bilden. Auch trifft es sich meistentheils, dass jene die geringere und diese die grössere Zahl ausmachen und somit scheinen diese beiden Theile im Gegensatz zu einander zu stehen. Deshalb haben sich auch die Verfassungen nach diesen Unterschieden gestaltet und es scheinen nur zwei Arten derselben, die Demokratie und die Oligarchie zu bestehen.

Dass es nun mehrere Arten von Verfassungen giebt und aus welchen Ursachen, habe ich bereits früher gesagt. Jetzt werde ich auch darlegen, dass es mehrere Arten von Demokratien und Oligarchien giebt. Es ergiebt sich dies auch schon aus dem Bisherigen; denn es giebt mehrere Klassen sowohl im Volke, wie im Stande der sogenannten Vornehmen. So sind die Ackerbauer eine Klasse des Volkes; eine zweite die Handwerker; eine dritte die Handelsleute, die den Kauf und Verkauf betreiben; eine vierte die Seeleute. welche in die Seesoldaten, in die Kauffahrer, in die Schiffer und in die Fischer zerfallen. (An vielen Orten sind einzelne dieser Klassen sehr zahlreich, wie die Fischer in Tarent und Byzanz, wie die Matrosen für die Kriegsschiffe in Athen, wie die Kauffahrer in Aegina und Chios und wie die Schiffer in Tenedos.) Dazu kommen noch die Handarbeiter, und die, welche wegen geringer Mittel sich keine Musse gestatten können; ferner die Klasse, wo die Eltern nicht beiderseits Freie sind und welche weitere Klassen dieser Art im Volke noch bestehen mögen. Bei den Vornehmen bilden die edle Geburt, die Tugend, die Erziehung und ähnliche Vorzüge die Unterschiede.

Von den Demokratien ist nun die erste die, welche wesentlich nach der Gleichheit sich bestimmt. Die Gleichheit besteht nach dem Gesetz dieser Demokratie darin, dass weder die Armen, noch die Wohlhabenden mehr Anspruch auf die Aemter haben und weder die einen, noch die anderen mehr die Herrschaft haben, sondern dass beide Klassen hierin sich gleich stehen. Denn wenn, wie Einige annehmen, die Freiheit und die Gleichheit am meisten in der Demokratie vorhanden sind, so würde dies am meisten dann zutreffen, wenn Alle an der Staatsleitung den möglichst gleichen Antheil haben. Da nun das Volk aus der Menge besteht und das, was die Menge beschliesst, das Entscheidende ist, so muss eine solche Verfassung nothwendig eine Volksherrschaft sein und dies ist die *eine* Art der Demokratie. Eine *zweite* Art derselben ist die, wo die Staatsämter von der Einschätzung abhängen, aber die Einschätzungssumme nur eine geringe ist. Hier muss aber Jedem, der das erforderliche Vermögen erwirbt, das Recht der Theilnahme zustehen, und wer dieses Vermögen verloren hat, darf nicht weiter an den Aemtern Theil haben. Eine *dritte* Art der Demokratie ist die, wo alle Bürger ohne Verantwortlichkeit an der Staatsleitung Theil nehmen, aber nur das Gesetz herrscht. Eine *vierte* Art der Demokratie ist die, wo Alle zu den Aemtern gelangen können, sobald sie nur Bürger sind, aber wo ebenfalls das Gesetz herrscht. Eine *fünfte* Art der Demokratie ist zwar im Uebrigen diesen gleich, nur entscheidet nicht das Gesetz, sondern die Menge; dies ist da der Fall, wo die Sachen nach der Abstimmung in den Volksversammlungen und nicht nach dem Gesetz entschieden werden. Diese Art der Demokratie wird durch die Volksführer veranlasst; denn in den Demokratien, wo es nach dem Gesetze zugeht, entstehen keine Volksführer, sondern die Besten aus der Bürgerschaft haben da den Vorsitz; wo dagegen nicht die Gesetze die Herrschaft haben, da finden sich die Volksführer ein und da wird das Volk der Alleinherrscher, indem aus den Vielen sich *Einer* bildet; denn die Vielen sind nicht als Einzelne die Herren, sondern nur alle zusammen. Wenn *Homer* die Vielherrschaft tadelt, so ist es zweifelhaft, ob er darunter diese versteht, oder nicht vielmehr die, wo von Mehreren jeder Einzelne ein Herrscher ist. Ein solches Volk nun sucht, indem es als Monarch auftritt, auch allein zu herrschen, weil es von den Gesetzen nicht beherrscht wird. Es wird damit despotisch und die Schmeichler kommen zu Ehren. Dieser Zustand entspricht der Tyrannis bei den monarchischen Staaten. Deshalb ist auch der Charakter beider derselbe; beide herrschen despotisch über die besseren Bürger und was dort die Befehle sind, sind hier die Volksbeschlüsse; die Volksführer und die Schmeichler sind bei beiden dieselben und einander entsprechend; beide haben grossen

Einfluss, die Schmeichler bei den Tyrannen und die Volksführer bei einem solchen Volke; sie sind die Ursache, dass die Volksbeschlüsse und nicht die Gesetze entscheiden, indem sie Alles an das Volk bringen und sie werden selbst hochmüthig, weil das Volk Herr über Alles ist und sie die Herren über die Beschlüsse des Volkes sind, da es ihnen folgt. Auch wenn sie die Beamten anklagen, verlangen sie, dass das Volk entscheiden solle, und dieses nimmt gern diese Berufung an, so dass alle Staatsämter sich dadurch auflösen. Mit Recht könnte man einer solchen Demokratie den Vorwurf machen, dass sie gar keine Verfassung habe; denn wo die Gesetze nicht herrschen, da giebt es auch keine Verfassung. Das Gesetz muss über Alle herrschen und über das Einzelne müssen die Beamten und die Verfassung entscheiden. Wenn also auch die Demokratie an sich zu den Verfassungen gehört, so ist doch ein solcher Zustand, wo Alles nur durch Volksbeschlüsse abgemacht wird, keine Demokratie im eigentlichen Sinne; denn der Volksbeschluss ist nicht allgemeiner Natur. Die Arten der Demokratie mögen auf diese Weise unterschieden sein.

Fünftes Kapitel.

Was nun die Oligarchie anlangt, so sind bei der einen Art die Staatsämter nur Bürgern von einer so hohen Einschätzung zugänglich, dass die Armen, welche die Mehrzahl bilden, daran keinen Antheil haben; wer aber so viel, als nöthig ist, sich erwirbt, nimmt an der Staatsleitung mit Theil. Eine *zweite* Art ist die, wo die Staatsämter ebenfalls von einer hohen Einschätzung bedingt sind, aber die Beamten sich selbst durch Wahl ergänzen. Wenn sie dies aus allen Bürgern können, so nähert sich dies der Aristokratie; wenn sie es aber nur aus einer besonderen Klasse können, so ist dies oligarchisch. Eine *dritte* Art der Oligarchie ist die, wo der Sohn statt des abgegangenen Vaters eintritt. Bei einer *vierten* Art sind die Verhältnisse ebenso, aber nicht das Gesetz, sondern die Beamten herrschen. Dies ist in den Oligarchien das Seitenstück zur Tyrannis in den Monarchien und zu der zuletzt besprochenen Art der Demokratie innerhalb dieser. Eine solche Oligarchie heisst die Dynasten-Herrschaft.

So viele Arten giebt es also von der Oligarchie und der Demokratie; doch darf man nicht übersehen, dass an vielen Orten die Verfassung zwar nicht gesetzlich, aber doch vermöge der Sitte und der Geschäftsführung dem Volke die Macht giebt und ebenso ist wieder bei Anderen die Verfassung, nach ihren gesetzlichen Bestimmungen, mehr demokratischer Natur, aber vermöge der Geschäftsführung und der Sitten mehr eine Oligarchie. Dies tritt am häufigsten nach Verfassungs-Veränderungen ein; es wird da der Zustand nicht plötzlich gewechselt, sondern man ist im Anfange zufrieden, wenn man ein wenig vor den Anderen bevorzugt ist, so dass zwar die früheren Gesetze fortbestehen, aber die, welche die Verfassung verändert haben, die Herrschaft haben.

Sechstes Kapitel.

Dass es so viele Arten der Demokratie und der Oligarchie giebt, ist aus dem Gesagten klar. Denn nothwendig nehmen entweder alle genannten Klassen des Volkes gemeinsam an der Staatsleitung Theil, oder nur einzelne bestimmte und andere nicht. Wenn nun die Klasse der Landbauer und derer, welche ein mässiges Vermögen besitzen, die Herrschaft im Staate haben, so wird nach den Gesetzen regiert; denn sie können zwar von ihrer Arbeit leben, aber nicht der Musse pflegen. Deshalb lassen sie die Gesetze herrschen und halten nur die nothwendigen Volksversammlungen ab, an welchen auch die Anderen Theil nehmen können, wenn sie so viel erworben haben, als zur Einschätzung nach den Gesetzen erforderlich ist. Deshalb können Alle, die so viel besitzen, an der Staatsleitung Theil nehmen. Ueberhaupt wäre es eine oligarchische Bestimmung, wenn nicht Alle daran Theil nehmen könnten, und bei dem Mangel genügenden Einkommens ist überdem der Genuss der Musse eine Unmöglichkeit. Dies ist also *eine* Art der Demokratie, welche aus diesen Ursachen hervorgeht.

Eine *zweite* Art entsteht, wenn eine Wahl statthat; denn es kommt vor, dass allen, nach ihrer Abstammung untadelhaften Bürgern frei steht, an den Wahlen Theil zu nehmen, wenn sie die nöthige Musse dazu haben.

In einer solchen Demokratie herrschen deshalb die Gesetze, weil der Staat keine Einkünfte hat. Eine *dritte* Art der Demokratie ist die, wonach alle freien Bürger an der Staatsleitung Theil zu nehmen zwar berechtigt sind, aber aus der angegebenen Ursache es nicht können, so dass auch hier nothwendig die Gesetze herrschen. Eine *vierte* Art der Demokratie ist in den letzten Zeiten in manchen Staaten entstanden. Weil diese Staaten viel grösser, als Anfangs geworden sind und Einkünfte aus dem Handel beziehen, so sind wegen des Uebergewichts der Menge nicht blos Alle zur Theilnahme an der Staatsleitung berechtigt, sondern nehmen auch wirklich gemeinsam daran Theil, da sie die nöthige Musse dazu haben und die Armen einen Lohn dabei erhalten. Gerade eine solche Menge hat dazu die meiste Musse; die Sorge für ihre eigenen Geschäfte hindert sie nicht, während die Reichen dadurch verhindert sind und deshalb oft an den Versammlungen und dem Rechtsprechen nicht Theil nehmen. So kommt es, dass dann die Menge der Armen sich der Staatsleitung bemächtigt und nicht die Gesetze herrschen. Die verschiedenen Arten der Demokratie sind sonach aus diesen Ursachen zu so vielen und solchen Arten geworden.

Bei den Oligarchien ist die *erste* Art aber die, wo zwar Mehrere Vermögen besitzen, aber nur mässiges und nicht sehr bedeutendes; hier kann Jeder, der so viel besitzt, an der Staatsleitung Theil nehmen und weil hier die Zahl dieser Theilnehmer gross ist, so müssen die Gesetze und nicht die Menschen herrschen; denn je mehr die Oligarchien von der Monarchie sich unterscheiden, und die Bürger nicht so viel Vermögen besitzen, um ohne Sorge sich der Musse überlassen zu können, und auch nicht so wenig, dass sie von dem Staate sich ernähren lassen müssten, um so mehr versteht es sich von selbst, dass sie statt ihrer selbst lieber das Gesetz herrschen lassen. Wird aber die Zahl der Vermögenden geringer, als in der ersten Art der Oligarchie und deren Vermögen grösser, so entsteht die *zweite* Art derselben. Diese Wenigen haben hier mehr Gewalt und verlangen nach grösseren Vortheilen; deshalb wählen sie aus den Anderen die, welche in die Staatsleitung eintreten sollen; aber sie sind doch nicht stark genug, um ohne die Gesetze zu regieren und sie lassen deshalb die Gesetze gelten. Wenn sie aber vermöge ihrer geringen Zahl zu grösserem Vermögen gelangen, so entsteht der *dritte* Grad der Oligarchie, wo sie selbst die Staatsämter inne haben, und die Söhne ihren abgehenden Vätern nach dem Gesetze nachfolgen. Wenn sie jedoch durch ihr Vermögen und ihre zahlreiche Freundschaft zu grosser Macht gelangt sind, so nähert sich eine solche Dynastenherrschaft sehr der Monarchie und es sind dann die Menschen Herren und nicht das Gesetz. Dies ist dann die *vierte* Art der Oligarchie und das entsprechende Seitenstück zu der äussersten Art der Demokratie.

Siebentes Kapitel.

Es giebt nun ausser der Demokratie und Oligarchie noch zwei Arten von Verfassungen, von denen die eine von Allen erwähnt und zu einer von den vier Arten der Verfassungen gerechnet wird; als diese vier werden nämlich die Monarchie, die Oligarchie, die Demokratie und als vierte die sogenannte Aristokratie aufgeführt. Es giebt indess noch eine fünfte, welche mit dem gemeinsamen Gattungs-Namen aller bezeichnet wird; (man nennt sie nämlich Staat) allein sie wird nicht oft angetroffen und deshalb übersehen sie die, welche die Arten der Verfassungen aufzählen wollen und behandeln nur jene vier, wie dies von *Plato* in seinem Staate geschieht. Eine richtige Aristokratie ist nun die, welche ich in den ersten Büchern besprochen habe; denn eine Verfassung, wo die in der Tugend schlechthin Ausgezeichneten und nicht blos die nach einer Voraussetzung als solche geltenden Männer herrschen, kann allein mit Recht eine Aristokratie genannt werden, da in ihr allein der gute Mann schlechthin auch der gute Bürger ist, während bei den anderen Verfassungen die Bürger nur beziehungsweise nach *ihrer* Verfassung als gut gelten können. Indess giebt es doch auch einige von den Oligarchien abweichende Verfassungen, welche Aristokratien heissen und sich auch von der Verfassung unterscheiden, die man den Freistaat nennt. Es werden in jenen Aristokratien die Beamten nicht blos nach dem Reichthume, sondern auch nach ihrer Tugend gewählt. Diese Verfassung unterscheidet sich von der Oligarchie und dem Freistaate und gilt als eine aristokratische; denn selbst in den Staaten, welche nicht gemeinsam für die Tugend der Bürger sorgen, giebt es doch immer Männer, die geachtet sind und für sittlich gelten. Wo also die Verfassung auf den Reichthum *und* auf die Tugend und das Volk Rücksicht nimmt, wie in Karthago, da ist sie aristokratisch; und ebenso da, wo man nur auf zwei dieser Bedingungen, auf die Tugend und das Volk, wie in Lakedämon, Rücksicht nimmt, und eine Mischung der beiden Bedingungen, nämlich des Demokratischen und der Tugend statt findet. Dies sind die zwei Arten der Aristokratie, nach jener zuerst erwähnten besten Verfassung und eine dritte Art von Aristokratie bilden die Staaten, welche zwar zu denen mit einer freistaatlichen Verfassung gehören, aber zur Oligarchie hinneigen.

Achtes Kapitel.

Ich habe nun noch über die freistaatliche Verfassung und über die Tyrannis zu sprechen. Ich folge dieser Ordnung, nicht weil der Freistaat eine Ausartung ist; dies sind auch die eben genannten Aristokratien nicht, sondern weil in Wahrheit alle diese Verfassungen im Vergleich zu der besten Verfassung mangelhaft sind und weil sie neben der Oligarchie und Demokratie mit aufgezählt werden, obgleich diese letzteren vielmehr Ausartungen von dem Freistaate sind, wie ich anfänglich gesagt habe. Wenn ich dann zuletzt über die Tyrannis spreche, so rechtfertigt sich dies daraus, dass sie von allen am wenigsten als Verfassung gelten kann, meine Untersuchung aber die Verfassungen zum Gegenstande hat. Damit habe ich die gewählte Ordnung gerechtfertigt; jetzt habe ich nun über den Freistaat zu sprechen. Sein Wesen wird jetzt deutlicher sein, nachdem die unterscheidenden Merkmale der Oligarchie und Demokratie dargelegt worden sind. Der Freistaat ist, um es einfach zu sagen, eine Mischung von Oligarchie und Demokratie; gewöhnlich nennt man aber die mehr zur Demokratie sich neigenden allein Freistaaten, dagegen die zur Oligarchie sich neigenden eher Aristokratien, weil mit der grösseren Wohlhabenheit auch Bildung und edlere Herkunft verbunden zu sein pflegt. Auch nimmt man an, dass die Wohlhabenden schon das besitzen, weshalb gewöhnlich ein Unrecht begangen wird und deshalb werden sie auch als schöne und gute und gebildete Männer bezeichnet. Da die Aristokratie die überwiegende Macht den Besten unter den Bürgern zutheilen will, so meint man, dass auch bei den Oligarchien die Herrschaft mehr aus den schönen und guten Männern besteht. Nun scheint es aber unmöglich, dass ein Staat, der von den besten Männern geleitet wird, nicht gut, sondern schlecht geordnet sein sollte und ebenso unmöglich, dass ein Staat, der nicht gut geordnet ist, von den besten Männern sollte geleitet werden. Eine gute Ordnung ist nämlich da nicht, wo zwar gute Gesetze vorhanden sind, aber diese nicht befolgt werden. Deshalb besteht die gute Ordnung einmal darin, dass man den vorhandenen Gesetzen gehorcht, dann aber auch darin, dass die Gesetze selbst, die man befolgt, gut abgefasst sind; denn man muss auch schlechten, aber einmal bestehenden Gesetzen gehorchen. Jenes ist nun auf zweierlei Weise möglich; man gehorcht entweder den Gesetzen, die nach den vorhandenen Umständen die möglichst besten sind, oder denen, die schlechthin die besten sind. Nun scheint die Aristokratie hauptsächlich darauf zu beruhen, dass die Aemter nach der Tugend vertheilt werden; denn das Kennzeichen der Aristokratie ist die Tugend, das der Oligarchie der Reichthum und das der Volksherrschaft die Freiheit; dagegen gilt das Merkmal, dass die Mehrheit entscheidet, für alle Verfassungen; sowohl in der Oligarchie, wie in der Aristokratie und in der Demokratie gilt als das oberste Gesetz dasjenige, was die Mehrheit derer, welche an der Staatsleitung Theil nehmen, beschliesst. In den meisten Staaten gilt dies indess nur als eine Eigenthümlichkeit des Freistaates, weil man hier eine Mischung der Armen und Reichen und der Freiheit und des Reichthums erstrebt, denn beinahe in den meisten Staaten gelten die Reichen auch für die sittlichen und guten Bürger des Landes. Da es indess drei Dinge sind, nach welchen die Gleichberechtigung in den Verfassungen bestimmt wird, nämlich die Freiheit, der Reichthum und die Tugend (denn das vierte, was man die edle Abstammung nennt, ist eine Folge von den beiden letzten; die edle Abstammung ist alter Reichthum und alte Tugend), so ist klar, dass nur die Mischung der beiden ersten Bestimmungen, nämlich der Reichen und der Armen als Freistaat gelten kann, und dass die Mischung aller drei

Bestimmungen eine Aristokratie ist, die sich am meisten der wahrhaften und besten Aristokratie nähert.

Somit habe ich gezeigt, dass es neben der Monarchie, Demokratie und Oligarchie noch andere Arten der Verfassungen giebt und ihre Beschaffenheit dargelegt; auch dargelegt, wodurch die eigentliche Aristokratie sich von den aristokratischen Freistaaten unterscheidet, und dass beide nicht weit von einander abstehen.

Neuntes Kapitel,

An das Gesagte anschliessend, werde ich nun darlegen, wie der sogenannte Freistaat neben der Demokratie und Oligarchie entsteht und wie man ihn einzurichten hat. Dabei werden auch die Merkmale klar werden, mittelst welcher die Demokratie und die Oligarchie definirt werden. Diese Sonderung der Merkmale ist festzuhalten, um dann gleichsam aus ihnen beiden die erforderlichen Merkmale für die Verfassung des Freistaates auszuwählen und mit einander zu verbinden. Hier giebt es nun drei Fälle der Zusammensetzung und Mischung. Der erste Fall ist, dass man aus beiden die gesetzlichen Bestimmungen über einzelne Gegenstände, z. B. über das Rechtsprechen nimmt; so werden z. B. in den Oligarchien die Wohlhabenden bestraft, wenn sie zum Rechtsprechen sich nicht einfinden, während die Armen keinen Lohn dafür erhalten; dagegen erhalten in den Demokratien die Armen einen Lohn, aber die Wohlhabenden keine Strafe. Beides zusammen ist nun das Gemeinsame und das Mittlere von beiden Staatsformen und gehört deshalb in den Freistaat; denn er ist eine Mischung von beiden. Dies ist die *eine* Art der Verbindung; eine andere ist die, wo man den Durchschnitt von den beiderseitigen Festsetzungen nimmt; so ist bei der einen die Theilnahme an der Versammlung von keiner, oder nur von einer sehr geringen Einschätzung abhängig; in der anderen aber von einer sehr hohen. Hier können diese Bestimmungen nicht verbunden werden, sondern das Gemeinsame ist hier der Durchschnitt beider Schätzungen. Eine dritte Art der Verbindung ist die, wo man etwas aus dem oligarchischen Gesetze und etwas aus dem demokratischen entlehnt. So gehört es z. B. zur Demokratie, dass die Besetzung der Aemter durch das Loos geschieht, und zur Oligarchie, dass sie durch Wahl erfolgt; ferner zur Demokratie, dass keine Einschätzung dazu nöthig ist, und zur Oligarchie, dass dies der Fall ist. Danach müsste zur Bildung der Aristokratie und des Freistaates aus jeder Form eines genommen werden; aus der Oligarchie die Wahl der Beamten und aus der Demokratie, dass keine Einschätzung erforderlich ist. Dieses ist also die Art und Weise, wie die Mischung vorzunehmen ist. Das Kennzeichen einer guten Mischung von Demokratie und Oligarchie ist es, wenn eine solche Verfassung sowohl Demokratie, wie Oligarchie genannt werden kann; denn offenbar wird dies nur dann geschehen, wenn die Mischung richtig erfolgt ist, und dies kommt auch bei dem Durchschnitt vor, da jede der beiden äussersten Seiten in ihm zur Erscheinung kommt. Dies ist z. B. bei der lakedämonischen Verfassung der Fall; denn Viele möchten sie eine Demokratie nennen, weil sie viele demokratische Anordnungen enthält, wie z. B. gleich die über die Erziehung der Kinder; denn die Kinder der Reichen erhalten dieselbe Kost, wie die der Armen und jene nur denselben Unterricht, den auch die Armen ihren Kindern geben können. Eine gleiche Behandlung findet dort ebenso für die reifere Jugend und für das mannbare Alter statt; der Reiche ist dabei vor den Armen nicht zu erkennen. So erhalten auch alle Bürger dieselbe Kost in den gemeinsamen Mahlen und ebenso tragen die Reichen eine Kleidung, wie sie auch jeder Arme sich anschaffen kann. Ferner ist es demokratisch, dass zu den beiden höchsten Staatsbehörden die einen von dem Volke gewählt werden, und die anderen aus dem Volke hervorgehen; denn die Mitglieder der Rathsversammlung werden gewählt und an der Ephorie nimmt das Volk Theil. Andere nennen dagegen die lakedämonische Verfassung eine Oligarchie, weil dieselbe Vieles dieser Angehörige enthält, wie z. B., dass alle Beamten gewählt und nicht durch das Loos bestimmt werden; dass nur wenige Aemter die Strafe des Todes oder der Verbannung aussprechen können und vieles Andere der Art. In der gemischten Verfassung muss deren Inhalt sich so verhalten, als wenn sie sowohl eine Oligarchie, wie eine Demokratie wäre und auch wieder keine von beiden und sie muss sich durch sich selbst erhalten und nicht von aussen her und zwar durch sich selbst nicht dadurch, dass die Meisten, welche sie erhalten wollen, ausserhalb ihrer stehen (denn wo dies der Fall ist, könnte die Verfassung nur eine schlechte sein), sondern dadurch, dass überhaupt keine Klasse des Staates eine andere Verfassung auch nur verlangt.

Damit habe ich besprochen, auf welche Weise der Freistaat und ebenso die sogenannten Aristokratien zu bilden sind.

Zehntes Kapitel,

Ich habe nun noch über die Tyrannis zu sprechen, nicht als ob ich viel über sie zu sagen hätte, sondern damit auch sie ihren Theil in der Untersuchung erhalte, nachdem ich auch sie als eine Art von Verfassung angenommen habe. Ueber das Königthum habe ich das Nähere in den früheren Büchern angegeben, in welchen ich dasjenige Königthum, was hauptsächlich als solches gilt, betrachtet, und untersucht habe, ob diese Verfassungsform den Staaten nützlich sei, oder nicht und wen man zum König nehmen und woher man ihn zu entnehmen hat, und wie man das Königthum errichten solle. In der Tyrannis habe ich bei Erörterung des Königthums zwei Arten unterschieden, weil die Staatsgewalt bei denselben mit dem Königthume einige Aehnlichkeit hat, indem die höchste Gewalt in beiden auf Gesetzen beruht. Denn bei einigen barbarischen Völkern wählen sie sich Alleinherrscher, welche volle Gewalt haben; auch gab es von Alters bei den alten Griechen solche Könige, die man Asymneten nannte. Indess bestehen auch einige Unterschiede zwischen dem Königthum und diesen beiden Arten der Tyrannis. Weil sie auf Gesetzen beruhten und die Bürger sich diese Alleinherrschaft gefallen liessen, so ähnelten sie dem Königthume; aber tyrannisch waren sie, weil die Alleinherrscher die Herrschaft despotisch nach ihrem Belieben führten. Eine dritte Art der Tyrannis wird am meisten als eine solche gelten müssen, weil sie den geraden Gegensatz zu dem Voll-Königthum bildet. Eine solche Tyrannis muss jede Alleinherrschaft werden, wenn der Herrscher, ohne verantwortlich zu sein, über Alle, die seines gleichen, oder noch besser als er sind, lediglich zu seinem eignen Vortheil und nicht zum Wohl der Beherrschten regiert. Deshalb beruhte dieselbe auch nicht auf freier Zustimmung; denn kein freier Mann erträgt freiwillig eine solche Herrschaft.

Dies sind also die verschiedenen Arten der Tyrannis und deren Anzahl und zwar aus den angegebenen Ursachen.

Elftes Kapitel.

Welches nun aber die beste Verfassung und das beste Leben für die meisten Staaten und für die meisten Menschen ist, kann nicht nach einer Tugend entschieden werden, welche über die Kräfte der Einzelnen geht, noch nach einer Erziehung, welche einer Natur und Ausstattung bedarf, die vom Glück abhängt, noch nach einer Verfassung, die man sich nach seinen Wünschen ausmalt, sondern danach, ob sie ein Leben, wie es möglich ist, den Meisten gewähren kann, und ob sie eine Verfassung ist, welche den meisten Staaten anzunehmen möglich ist. Denn die sogenannten aristokratischen Verfassungen, die ich eben besprochen habe, sind theils für die meisten Staaten wenig anwendbar, theils grenzen sie an den Freistaat; deshalb muss mau über beide wie über *eine* Verfassung sprechen. Das Urtheil über alle diese Verfassungen beruht nun auf den gleichen Grundlagen. Denn wenn ich in meiner Ethik richtig gesagt habe, dass das glückselige Leben dasjenige sei, wo man die Tugend ohne Hinderniss üben könne und dass die Tugend eine Mitte sei, so muss ein mittleres Leben nothwendig das beste sein und zwar von solcher Mitte, wie sie Jedem zu erreichen möglich ist. Dieselben Bestimmungen müssen aber auch beim Staate in Bezug auf dessen Tugend oder Schlechtigkeit und für die Regierung desselben gelten, denn die Regierung ist gewissermaassen das Leben des Staates. Nun giebt es in allen Staaten drei Klassen; sehr Wohlhabende, sehr Arme und als dritte die in der Mitte zwischen beiden Stehenden. Wenn nun das Gemässigte und das Mittlere als das Beste anerkannt worden ist, so ist klar, dass ein mittlerer Besitz von allen Glücksgütern das beste von Allem ist; denn da vermag man am leichtesten der Vernunft zu folgen. Dagegen fällt es dem übermässig Schönen, oder dem übermässig Starken, oder dem Manne von sehr edler Abkunft oder dem übermässig Reichen, oder den Gegentheilen von diesen, dem übermässig Armen, oder übermässig Schwachen, oder dem sehr Ehrlosen schwer, der Vernunft zu folgen; jene werden leicht übermüthige Frevler und grosse Bösewichte im Kleinen, denn alles Unrecht kommt entweder vom Uebermuth, oder von der Bosheit. Auch mögen solche Menschen am wenigsten dem Staate mit Rath und That beistehen und so gereicht beides dem Staate zum Schaden.

Dazu kommt, dass die, welche sich im Uebermaass von Glücksgütern befinden, seien es Stärke, oder Reichthum, oder Freunde, oder Anderes, weder den Willen, noch das Verständniss für das Gehorchen haben (denn dieser Mangel hängt ihnen gleich von Hause aus und von Kindheit ab an; wegen des Luxus haben sie nicht einmal in der Schule sich an das Gehorchen gewöhnt), während die, welche an allen diesen Gütern grossen Mangel leiden, zu unterwürfig werden. Sonach können die Einen nicht herrschen und nur in sclavischer Weise gehorchen und die Anderen können keiner Art von Herrschaft gehorchen und selbst nur in despotischer Weise herrschen. So entsteht nur ein Staat von Herren und Knechten, aber nicht von freien Männern, und ein Staat, wo die Einen die Anderen beneiden und diese jene verachten, was am meisten von freundschaftlicher Gesinnung staatlicher Gemeinschaft absteht; denn jede Gemeinschaft bedarf dieser freundschaftlichen Gesinnungen; mit Feinden mag man ja nicht einmal denselben Weg zusammen gehen. Der Staat will ferner möglichst aus gleichen und einander ähnlichen Bürgern bestehen und dies findet sich am meisten bei dem Mittelstande. Deshalb muss derjenige Staat am besten regiert sein, dessen Zusammensetzung man für eine natürliche erklären kann. Auch befinden sich die Bürger des Mittelstandes in diesen Staaten am besten. Sie begehren weder, wie die Armen, das Gut der Anderen, noch begehren Andere nach ihrem Gute, wie dies die Armen in Bezug auf die Güter der Reichen thun und so führen sie ein gefahrloses Leben, indem weder sie den Anderen nachstellen, noch

Andere ihnen. Deshalb wünschte sich *Phokylides* mit Recht: „ein Mittlerer zu sein im Staate, denn dem Mittelstande geht es am besten.“

Es ist also klar, dass diejenige Staatsgemeinschaft die beste ist, welche auf dem Mittelstande beruht und dass diejenigen Staaten geeignet sind, gut regiert zu werden, wo der Mittelstand zahlreich ist und weitaus stärker, als die beiden anderen, und wenn dies nicht, doch wenigstens stärker, als jeder einzelne von den beiden anderen; denn dann giebt der Mittelstand durch seinen Hinzutritt den Ausschlag und verhindert die Uebermacht des einen, oder des anderen seiner Gegensätze. Deshalb ist es das grösste Glück, wenn die Bürger ein mittleres und auskömmliches Vermögen haben; denn da, wo die Einen sehr viel besitzen und die Anderen nichts, entsteht wegen dieses beiderseitigen Uebermaasses entweder die äusserste Volksherrschaft, oder die ausgelassenste Oligarchie, oder die Tyrannis; aus einer jugendlich kräftigen Demokratie und aus der Oligarchie entsteht dann die Tyrannis, aber aus dem Mittelstande und aus nur geringen Unterschieden viel seltener. Die Ursachen davon werde ich später bei Erörterung der Veränderungen in den Verfassungen darlegen. Dass nun eine solche, die Mitte enthaltende Staatsverfassung die beste ist, erhellt deutlich; denn sie allein ist frei von Aufständen und da, wo der Mittelstand zahlreich ist, entstehen unter den Bürgern am wenigsten Zwiste und Aufstände. Aus demselben Grunde sind auch grosse Staaten weniger vom Aufruhr heimgesucht, denn der Mittelstand ist da zahlreich; dagegen kann in kleinen Staaten die Bevölkerung leicht in zwei Gegensätze zerfallen, so dass kein Mittelstand bleibt, sondern beinahe Alle entweder arm oder reich sind. Auch sind vermöge des Mittelstandes die Demokratien fester und dauerhafter, als die Oligarchien; denn der Mittelstand ist in den Demokratien zahlreicher und nimmt mehr an den Aemtern Theil, als in den Oligarchien. Wenn dieser fehlt und die Armen dann durch ihre Menge die stärkeren sind, so tritt eine schlechte Wirthschaft ein und der Staat geht schnell zu Grunde. Eine Bestätigung dessen kann man auch daraus entnehmen, dass die aus dem Mittelstande hervorgegangenen Gesetzgeber die besten gewesen sind. Dies war bei *Solon* der Fall, (wie aus seinen Gedichten hervorgeht) und auch bei *Lykurg* (denn er war nicht König) und ebenso bei *Charondas* und beinahe bei allen übrigen. Hieraus erhellt auch, weshalb die meisten Verfassungen demokratisch oder oligarchisch sind; der Mittelstand ist bei ihnen oft nur schwach, deshalb haben entweder die Vermögenden oder das gemeine Volk die Uebermacht und beide gehen über die Mitte hinaus, ziehen die Herrschaft an sich und so entsteht entweder eine Volksherrschaft, oder eine Oligarchie. Auch die Staaten, welche die Führerschaft bei den Griechen erlangten, sahen immer nur auf die bei ihnen selbst bestehende Verfassung und errichteten danach entweder eine demokratische, oder oligarchische Verfassung in den anderen Staaten, indem sie dabei nicht auf das diesen Staaten Zuträgliche achteten, sondern nur auf ihren eignen Vortheil. Aus diesen Ursachen ist die mittlere Verfassung entweder gar nicht, oder nur selten und bei wenigen Staaten zu Stande gekommen. Nur ein einziger Mann aus den Staaten, die früher die Führerschaft hatten, entschloss sich diese Ordnung einzuführen. Jetzt ist es aber in den Staaten schon zur Gewohnheit bei den Bürgern geworden, dass sie nicht nach der Gleichheit verlangen, sondern entweder die Herrschaft für sich zu gewinnen suchen, oder, wenn sie überwunden worden sind, dann geduldig es ertragen.

Hieraus erhellt, welche Verfassung die beste ist und weshalb; was dagegen die übrigen Verfassungen anlangt, deren es, wie erwähnt, mehrere demokratische und oligarchische giebt, so ist es, nachdem die beste Verfassung bestimmt worden ist, nicht schwer zu erkennen, welche Arten von jenen als die erste nach jener und welche als die zweite und so fort nach dem Grade ihrer Güte gelten muss. Immer muss die, welche der besten näher steht, auch die bessere sein und die von der Mitte entferntere die schlechtere, wenn man diese Frage nicht blos nach den besonderen in einem Staate vorhandenen Umständen entscheiden will, womit ich meine, dass oft eine andere Verfassung einzelnen Staaten wünschenswerther erscheint und dann eine solche sehr wohl auch nützlicher sein kann.

Zwölftes Kapitel.

Im Anschluss an das Gesagte habe ich nun zu untersuchen, welche bestimmte Verfassung für bestimmte Menschen und welche Beschaffenheit einer Verfassung für Menschen von einer bestimmten Beschaffenheit die zuträglichste ist. Hier ist zunächst der für alle Verfassungen gültige Satz festzuhalten, dass diejenigen im Staate, welche an der Verfassung festhalten wollen, der stärkere Theil gegen die sein müssen, welche es nicht wollen. Jeder Staat hat nun eine gewisse Beschaffenheit und Grösse; zur Beschaffenheit rechne ich die Freiheit, den Reichthum, die Erziehung, die edle Abstammung; zur Grösse die Uebermacht der Menge. Die Beschaffenheit kann nun einem von den Theilen des Staates, aus welchen er besteht, einwohnen und einem anderen Theile die Grösse; so können z. B. der Bürger von unedler Abstammung an Zahl mehr sein, als die von edler Abstammung; oder der Armen können mehr sein, als der Reichen; nur dürfen sie nicht so viel an Grösse mehr sein, als sie an Beschaffenheit zurückbleiben. Deshalb müssen beide mit einander gemischt werden. Wo nun die Menge der Armen dies angegebene Verhältniss übersteigt, da entsteht naturgemäss die Demokratie; die einzelne Art derselben bestimmt sich dann nach der Grösse dieser Uebermacht des Volkes; wenn z. B. die Menge der Landbauer an Stärke überwiegt, so giebt dies die erste Art der Demokratie; überwiegt aber die Menge der Handwerker und Lohnarbeiter, so giebt dies die letzte Art. Aehnlich verhält es sich mit den mittleren Arten zwischen diesen beiden. Wo dagegen die Klasse der Wohlhabenden und Gebildeten ihrer Beschaffenheit nach stärker ist, als sie an Grösse zurücksteht, da giebt es eine Oligarchie und ebenso bilden sich die einzelnen Arten derselben nach dem Grade dieser Uebermacht der oligarchischen Klasse.

Indess muss der Gesetzgeber zu seiner Verfassung immer den Mittelstand mit hinzunehmen; will er seine Gesetze oligarchisch machen, so muss er den Mittelstand mit berücksichtigen und will er sie demokratisch machen, so muss er den Mittelstand dafür zu gewinnen suchen. Wo der Mittelstand zahlreich ist und an Kraft die beiden anderen überwiegt, oder wenigstens einen von beiden, da kann die Verfassung dauerhaft sein. Man braucht dann nicht zu fürchten, dass einmal die Reichen mit den Armen sich gegen jene vereinigen könnten; denn von jenen beiden wird keiner der Knecht der anderen werden wollen und wenn sie nach einer Verfassung suchen, die noch mehr das Gemeinsame fördert, so werden sie keine andere, als diese finden; auch werden sie nicht wechselweise herrschen wollen, weil Jeder dem Anderen nicht traut. Ueberall geniesst der Schiedsrichter das meiste Vertrauen und der Schiedsrichter ist hier der Mittelstand. Je besser die Verfassung gemischt ist, um so dauerhafter wird sie sein. Viele versehen es, auch bei der Herstellung einer aristokratischen Verfassung, dass sie den Wohlhabenden zu viel Gewalt einräumen und das Volk vor den Kopf stossen. Mit der Zeit muss aus falschen Gütern ein wahres Uebel hervorgehen, und die Verfassung geht mehr durch die Habsucht der Reichen, als durch die der Armen zu Grunde.

Dreizehntes Kapitel.

Der Vorwände, mit denen man bei den Verfassungen das Volk zu täuschen sucht, sind fünf der Zahl nach; sie beziehen sich auf die Volksversammlungen, auf die Staatsämter, auf die Gerichte, auf die Bewaffnung und auf die Turnübungen. In Beziehung auf die Versammlungen wird nämlich zwar Allen gestattet daran Theil zu nehmen, aber nur den Reichen wird eine Strafe oder wenigstens eine viel höhere auferlegt, wenn sie nicht kommen. In Bezug auf die Staatsämter sollen die, welche in der Einschätzung sich befinden, das Amt nicht ablehnen dürfen, wohl aber können es die Armen. In Beziehung auf dies Rechtsprechen sollen die Reichen eine Strafe zahlen, wenn sie nicht daran Theil nehmen; die Armen aber bleiben straflos, oder sie zahlen nur eine geringe Strafe, während jenen eine grosse auferlegt ist, wie dies in den Gesetzen des *Charondas* der Fall ist. In einzelnen Staaten dürfen zwar alle, in die Bürgerliste Eingetragenen an der Volksversammlung und dem Rechtsprechen Theil nehmen, aber sie unterliegen, wenn sie, trotz der Einschreibung weder zur Versammlung, noch zum Rechtsprechen sich einfinden, grossen Strafen. Dadurch sollen sie veranlasst werden, der Einschreibung sich zu entziehen, damit sie dann als Nichteingetragene auch an der Volksversammlung und dem Rechtsprechen keinen Theil nehmen können. In der gleichen Weise werden die Gesetze über die Bewaffnung und über die Turnübungen gegeben; die Armen brauchen sich keine Waffen anzuschaffen, aber die Wohlhabenden werden gestraft, wenn sie es unterlassen; und wenn die Armen sich zu dem Turnen nicht einfinden, so bekommen sie keine Strafe, während bei den Reichen dies bestraft wird, damit diese wegen der Strafe daran Theil nehmen, jene aber, weil sie eine Strafe nicht zu fürchten haben, es unterlassen.

Dies sind die Kunstgriffe einer oligarchischen Gesetzgebung. In den Demokratien benutzt man die entgegengesetzten Kunstgriffe; da wird den Armen ein Lohn gewährt, wenn sie zur Versammlung oder zum Gericht kommen und den Wohlhabenden ist keine Strafe für das Ausbleiben angedroht; offenbar muss aber, wenn eine rechte Mischung gemacht werden soll, das für beide Geltende zusammen eingeführt und den Armen ein Lohn gewährt und den Reichen eine Strafe angedroht werden. Auf diese Art werden Alle sich betheiligen, während dort die Staatsleitung nur einer Klasse von beiden zufällt. Die Inhaber der Regierung dürfen nur aus denen, welche Waffen tragen, genommen werden; indess darf die Menge der von der Einschätzung ganz Ausgeschlossenen nicht zu gross werden, sondern man muss untersuchen, welche Schätzung am meisten dahin führt, dass die an der Staatsgewalt Theilnehmenden die Mehrzahl gegen die Anderen sind und man muss hiernach die Einrichtung treffen. Die Armen und die, welche an den Staatsämtern keinen Theil haben, werden Ruhe halten, wenn nur Niemand sie übermüthig behandelt, oder um ihr Eigenthum bringt. Indess ist dies nicht so leicht, da die Inhaber der Staatsgewalt nicht immer menschenfreundlich genug sind. Deshalb pflegen die Armen bei eintretendem Kriege zu zaudern, wenn sie keinen Unterhalt bekommen; sobald ihnen aber der Unterhalt gewährt wird, sind sie zum Kriegsdienst bereit. In einigen Staaten haben nicht blos die Waffentragenden, sondern auch die Ausgedienten die Staatsgewalt; und bei den Malieern hatten letztere allein die Staatsgewalt, aber die Beamten wurden aus denen gewählt, welche in dem Waffendienst sich befanden.

Die zuerst nach den Zeiten der Könige bei den Griechen entstandenen Verfassungen waren auf die Klasse, welche die Kriege führte, gegründet und zwar zuerst auf die Reiterei. (Denn damals lag die Stärke und die Ueberlegenheit im Kriege bei der Reiterei; schwer bewaffnetes Fussvolk ist ohne taktische Ordnung unbrauchbar und die Erfahrungen und Festsetzungen hierüber waren in den alten Zeiten noch nicht vorhanden, so dass die Stärke blos auf den Reitern beruhte.) Als indess die Staaten grösser wurden und die Schwerbewaffneten zu Fuss mehr Bedeutung bekamen, nahmen auch mehr Bürger an der Regierung Theil. Deshalb hiessen die jetzigen Freistaaten damals Demokratien. Die alten Staatsverfassungen waren natürlich Oligarchien oder Königreiche; der Mittelstand war wegen der geringen Zahl von Menschen nur schwach, die Volksmenge nicht gross und sie ertrugen in Folge der militärischen Einrichtungen eher die Herrschaft.

Damit habe ich dargelegt, weshalb es mehrere Arten von Verfassungen giebt, und weshalb sich in diesen wieder Unterarten bilden (denn die Demokratie ist nicht blos *eine* und dies gilt auch von den anderen Verfassungen); ferner, wie dieselben sich unterscheiden und woher dies kommt, und ausserdem, welche so zu sagen in den meisten Fällen die beste Verfassung ist und welcher Art diejenige unter den obigen sein muss, die für bestimmte vorhandene Verhältnisse passt.

Vierzehntes Kapitel.

Ich werde nun das Gemeinsame und das Besondere einer jeden Verfassung nochmals der Reihe nach besprechen, indem ich den hierfür passenden Ausgangspunkt dazu wähle. Es giebt dreierlei Dinge in allen Verfassungen, in Bezug auf welche der tüchtige Gesetzgeber das für jeden Staat Zuträgliche in Betracht ziehen muss. Ist in diesen Dingen alles richtig angeordnet, so muss auch der Staat sich wohl befinden und der Unterschied der Verfassungen liegt nur in den Unterschieden bei diesen

Dingen. Von denselben ist nun das eine die Körperschaft, welche die gemeinsamen Angelegenheiten zu berathen hat; das zweite, wie es sich mit den Staatsämtern verhalten soll (d. h., welche Aemter und wofür sie bestehen sollen und wie die Wahl zu denselben erfolgen soll), und das dritte ist die Rechtspflege.

Die berathende Körperschaft entscheidet über Krieg und Frieden, über Bundesgenossenschaften und deren Auflösung, über die zu erlassenden Gesetze und über Tod, Verbannung und Vermögenseinziehung; endlich über die Rechenschaftsablegung. Es müssen nun alle diese Beschlüsse entweder der gesammten Bürgerschaft, oder bestimmten Personen zugewiesen werden, z. B. müssen einem oder mehreren bestimmten Beamten alle Sachen, oder verschiedenen Beamten verschiedene Sachen, oder gewisse Sachen allen zusammen und anderen bestimmten Beamten zugewiesen werden. Wenn nun Alle über alle Fälle beschliessen, so ist dies demokratisch, denn das Volk will eine solche Gleichheit. Indess kann dies „Alle" auf verschiedene Weise ausgeführt werden; einmal der Reihe nach, also nicht zugleich von Allen zusammen, wie dies in der Verfassung des Milesier *Telekles* bestimmt ist. (Auch in anderen Verfassungen treten die Beamten zur Berathung zusammen; aber zu den Aemtern gelangen Alle der Reihe nach aus den Stämmen und den allerkleinsten Abtheilungen, bis sie sämmtlich an die Reihe gekommen sind.) Dagegen kommen Alle nur dann zusammen, wenn Gesetze gegeben werden sollen, oder wenn die Verfassung geändert werden soll, oder wenn von den höchsten Beamten Verkündigungen angehört werden sollen. Eine andere Weise ist die, wo zwar Alle zusammen beschliessen, aber sich nur versammeln, um die Beamten zu wählen, oder Gesetze zu geben, oder über Krieg und Frieden und über die Rechenschaftsberichte zu entscheiden; das Uebrige berathen die für die einzelnen Geschäfte bestimmten Beamten, die entweder durch Wahl oder durch's Loos aus der gesammten Bürgerschaft entnommen werden. Eine dritte *Weise* ist die, dass alle Bürger nur zur Besetzung der Staatsämter und zur Rechenschaftsabnahme zusammenkommen und dass sie über Kriege und über Bundesgenossenschaft berathen, während das Uebrige die Beamten besorgen, welche gewählt werden, so weit dies ausführbar ist; denn es giebt auch Aemter, die nur von Personen, die mit den nöthigen Kenntnissen ausgestattet sind, verwaltet werden können. Eine *vierte* Weise ist die, wo Alle über Alles in Versammlungen beschliessen und die Beamten über nichts entscheiden, sondern nur vorher Anträge stellen. Dies ist die Weise, in welcher jetzt die äusserste Demokratie eingerichtet ist; sie gleicht der dynastischen Oligarchie und der tyrannischen Alleinherrschaft.

Diese Einrichtungen sind nun sämmtlich demokratisch; wenn aber nur bestimmte Personen über Alles entscheiden, so ist dies oligarchisch. Auch diese Einrichtung kann in mehrfacher Weise statt finden. Wenn nämlich diese Personen nach einer mässigen Einschätzung wählbar und wegen der Geringfügigkeit dieser Schätzung in grösserer Anzahl vorhanden sind, und wenn sie an dem, was das Gesetz verbietet, nicht rütteln, sondern es befolgen, und wenn es Jedem, der so viel erwirbt, als die Schätzung verlangt, erlaubt ist an der Regierung Theil zu nehmen, so ist eine solche Oligarchie eine freistaatliche, weil sie Maass hält. Wenn aber nicht Alle, sondern nur Erwählte an der Berathung Theil nehmen, aber die Regierung nach den Gesetzen, wie in dem vorerwähnten Falle, erfolgt, so ist dies eine reine Oligarchie. Wenn aber die Rathsherren sich selbst durch Wahl ergänzen, oder wenn hier nach Abgang des Vaters der Sohn eintritt und wenn ihre Gewalt über den Gesetzen steht, so ist eine solche Einrichtung nothwendig oligarchisch. Wenn aber über einzelne Gegenstände nur gewisse Personen, wie über Krieg und Frieden zu entscheiden haben, dagegen über die Rechenschaftsablegung der Beamten Alle und über alles Uebrige die Beamten allein, die aber gewählt, oder durch das Loos bestimmt werden müssen, so ist eine solche Verfassung eine Aristokratie. Wenn aber über gewisse Sachen gewählte Beamte, über andere durch das Loos bestimmte entscheiden und die letzteren entweder unbeschränkt oder aus vorher Ausgewählten ausgeloost werden, oder wenn die gewählten und ausgeloosten Beamten gemeinsam entscheiden, so ist eine solche Verfassung halb aristokratisch und halb freistaatlich.

In dieser Weise ist der berathschlagende Bestandtheil in den Verfassungen geregelt und jeder Verfassungsstaat wird nach den erwähnten Umständen verwaltet. Für die Demokratie, welche jetzt am meisten als eine solche gilt (ich meine die, wo das Volk der Herr auch über die Gesetze ist), ist es rathsam, für die Berathschlagungen in der Volksversammlung dieselbe Einrichtung zu treffen, wie sie in den Oligarchien für die Gerichtshöfe besteht (dort wird nämlich denen, die Recht sprechen sollen, eine Strafe im Ausbleibungsfalle angedroht, um sie zum Rechtsprechen zu nöthigen, während in den Demokratien die Armen einen Lohn dafür erhalten).

Die Berathschlagungen der höchsten Körperschaft werden besser erfolgen, wenn Alle sie gemeinsam vornehmen, nämlich das Volk mit den Gebildeten und diese mit der Menge. Auch ist es zweckmässig, wenn die Mitglieder der Rathsversammlung gewählt, oder aus den Abtheilungen derselben in gleicher Zahl ausgeloost werden. Ebenso ist es nützlich für den Fall, wenn die Volksmenge die politisch gebildeten Klassen an Zahl sehr übersteigt, entweder solchen Lohn nicht Jedem aus dem Volke zu verabreichen, sondern nur so vielen, wie es zu der Anzahl der Gebildeten passt, oder auch die Ueberzahl durch das Loos auszuscheiden. In den Oligarchien müssen entweder Einige aus dem Volke im Voraus gewählt, oder es muss eine Behörde eingerichtet werden, wie sie in einigen Staaten besteht und die Vorberathenden, oder die Gesetzeswächter genannt wird. Es wird da nur über das in den Volksversammlungen verhandelt, worüber bei diesen schon eine Vorberathung statt gefunden hat. Auf diese Weise nimmt das Volk an den Berathungen Theil und es wird doch von der Verfassung nichts einreissen können. Auch kann das Volk über eben diese Gegenstände abstimmen, aber nichts beschliessen, was den eingebrachten Anträgen entgegengeht; oder man kann Alle an der Berathung zwar Theil nehmen lassen, aber die Regierenden allein beschliessen. Auch muss man das Gegentheil von dem, was in den Freistaaten geschieht, einrichten; das Volk kann das Recht haben, einen Antrag zu verwerfen, aber nicht, etwas Anderes zu beschliessen; vielmehr muss dann die Sache wieder an die Regierenden gelangen. In den

Freistaaten verfährt man umgekehrt; die Wenigen, welche die Herrschaft haben, können Etwas verwerfen, aber sie können nicht selbständig beschliessen, sondern dann geht die Sache wieder an die Menge zurück.

So viel über den berathschlagenden und vornehmsten Theil des Staates; daran schliesst sich die Erörterung über die Staatsämter.

Fünfzehntes Kapitel.

Auch bei diesem Bestandtheile des Staates zeigen sich grosse Unterschiede; es fragt sich, wie viel der Aemter seien und was ihnen zugewiesen werden soll und ob die Beamten nur auf eine bestimmte Zeit bestellt werden sollen und auf wie lange bei jedem Amte (denn in manchen Staaten ist die Zeit auf sechs Monate, oder auf noch weniger, in anderen auf ein Jahr und anderwärts auf noch länger festgestellt) und weiter, ob die einzelnen Aemter lebenslänglich, oder auf lange Zeit besetzt werden sollen, oder ob zwar keines von beiden sein soll, aber dieselben Personen mehrmals wieder gewählt werden können, oder ob Niemand zweimal, sondern nur einmal dasselbe Amt verwalten darf. Auch fragt es sich in Bezug auf die Bestellung der Beamten, aus welchen Personen sie genommen werden sollen und wer sie bestellen soll und auf welche Weise. In Bezug auf Alles dies muss man die verschiedenen Weisen darlegen, in denen dieses eingerichtet werden kann und dann ermitteln, welche Bestimmungen hierüber den einzelnen Verfassungen nach deren Beschaffenheit entsprechen. Auch selbst das ist nicht leicht zu bestimmen, was als ein Staatsamt gelten soll; denn die staatliche Gemeinschaft bedarf vieler Vorsteher; deshalb kann man nicht Alle, die gewählt, oder durch das Loos bestimmt werden, zu den Staatsbeamten rechnen, wie zunächst nicht die Priester, vielmehr bilden diese eine besondere Klasse neben den staatlichen Beamten. Auch die Chorführer und die Herolde gehören nicht dazu und ebenso nicht die Gesandten, obgleich sie gewählt werden.

Die Amtsthätigkeit der Staatsbeamten erstreckt sich entweder über alle Bürger in Bezug auf eine bestimmte Thätigkeit, wie z. B. die des Feldherrn über die Soldaten, oder befasst nur einen Theil der Bürger, wie die der Aufseher über die Frauen und die Kinder; manche Thätigkeiten beziehen sich auf die Wirthschaft (denn die Getreidemesser werden oft gewählt), manche bestehen in Dienstleistungen, zu denen bei den Wohlhabenden die Sclaven bestellt werden. Im Allgemeinen sind hauptsächlich die als Staatsbeamte anzusehen, denen die Berathung und die Entscheidung und das Befehlen in gewissen Geschäften zusteht, namentlich gilt dies von dem Befehlen, da dies ein Hauptmerkmal des Beamten ist. Indess ist dies für deren praktische Thätigkeit, ich möchte sagen, unerheblich, denn man hat noch nirgends sich über blosse Namen gestritten, sondern dieser Punkt hat nur eine mehr theoretische Bedeutung. Wie nun die Staatsämter eingerichtet sein sollen, und wie viele deren nothwendig sind, wenn ein Staat zu Stande kommen soll, und welche Aemter zwar entbehrlich, aber doch zu einer guten Verfassung förderlich sind, dies kommt zwar mehr in Bezug auf alle Verfassungen überhaupt in Frage; indess doch auch im Besonderen für die kleinen Staaten. In den grossen Staaten ist es nämlich ausführbar und nothwendig, dass für jede Aufgabe ein einzelnes Amt eingerichtet werde, und da hier der Bürger viele sind, so können auch viele in die Aemter eintreten, so dass manche lange Zeit darin bleiben, andere aber nur einmal dies Amt führen. Es ist besser, wenn jede Aufgabe ihren besonderen Beamten hat und nicht viele andere Geschäfte noch nebenbei von demselben Beamten besorgt und erledigt werden müssen. In kleinen Staaten müssen die vielen Aemter in wenige zusammengezogen werden, da wegen der geringen Zahl der Bürger nicht wohl viele Beamten bestehen können; denn wer sollte deren Amtsnachfolger sein? Indess giebt es gewisse Aemter und Gesetze, welche die kleinen Staaten ebenso, wie die grossen haben müssen, nur dass diese dieser Aemter öfter bedürfen und bei jenen dies nur nach langen Zeiträumen einmal nöthig wird. Deshalb geht es an, dass in kleinen Staaten vielerlei Geschäfte *einem* Beamten aufgetragen werden; keines stört da das andere und wegen der schwachen Zahl der Bürger ist es nothwendig, dass die Beamten vielen Zwecken zugleich dienen, gleich dem Bratspiess, der auch als Leuchter dient.

Soll ich nun sagen, wie viel Aemter in jedem Staate nothwendig bestehen müssen und wie viele zwar nicht nothwendig, aber doch zweckmässig sind, so wird sich dies leichter erledigen lassen, wenn man weiss, welche Aemter sich in *ein* Amt passend zusammenziehen lassen. Indess darf man auch nicht übersehen, bei welchen Aemtern es nach der Oertlichkeit angeht, dass die einzelnen Beamten vielerlei besorgen können und welche Geschäfte dagegen überall nur *einem* Amte zur Erledigung zugewiesen werden können; z. B., ob der öffentlichen Ordnung halber man einen besonderen Marktmeister für den Markt und einen anderen für einen anderen Ort, oder ob man für alle Orte nur *einen* anzustellen habe; und weiter, ob hierbei die Eintheilung nach den Geschäften, oder nach den Personen geschehen solle, z. B., ob man nur *einen* Beamten für die Aufrechterhaltung der öffentlichen Ordnung anstellen solle, oder einen besonderen für die Knaben und einen anderen für die Frauen. Ebenso fragt es sich, ob nach Verschiedenheit der einzelnen Verfassungen auch die Arten der Aemter verschieden einzurichten sind, oder nicht; ob z. B. in der Demokratie, der Oligarchie und Monarchie die wichtigsten, bei ihnen allen gleichen Aemter nicht mit gleichen, oder einander ähnlichen Personen, sondern in jeder dieser Verfassungen mit unterschiedenen Personen zu besetzen seien; also z. B., ob die Beamten in den Aristokratien nur aus den Gebildeten, in den Oligarchien aus den Reichen und in den Demokratien nur aus den freien Personen genommen werden sollen; oder es können auch in den Aemtern selbst Unterschiede bestehen und es kann sein, dass für einzelne Geschäfte gleiche Behörden, für andere verschiedene, je nach den Verfassungen zweckmässig sind; denn in dem einen Staate passt es, dass dieselben Aemter gross, in dem anderen, dass sie klein sind. Auch sind manche Aemter nur einzelnen Verfassungen eigenthümlich, z. B. das Vorberathungs-Amt; dies Amt ist nicht demokratisch, aber die Rathsversammlung ist es, denn es muss eine solche Behörde bestehen, welcher obliegt, die an das Volk zu bringenden Anträge vorher zu berathen, damit dieses daneben mehr seinen eigenen Arbeiten obliegen kann. Besteht nun dieser Rath aus wenigen Personen, so ist dies oligarchisch; das Vorberathungs-Amt kann aber nur aus Wenigen bestehen und ist deshalb oligarchischer Natur. Wo beide Behörden eingesetzt sind, da steht das Vorberathungs-Amt über dem Volksrath, denn letzterer ist demokratischer und jenes oligarchischer Natur. Die Macht der Rathsversammlung geht aber in denjenigen Demokratien verloren, wo das Volk selbst in seinen Zusammenkünften über Alles verhandelt. Dies pflegt da einzutreten, wo den zur Volksversammlung Kommenden ein reichlicher Lohn gegeben wird; denn dann kommen sie während ihrer Mussezeit oft zusammen und entscheiden selbst über Alles. Dagegen ist der Knabenaufseher und der Frauenaufseher und wenn sonst noch ein Beamter für eine ähnliche Aufsicht besteht, eine aristokratische und keine demokratische Einrichtung; denn wie sollte ein solcher das Ausgehen der Frauen bei den Armen verhindern können? Es ist auch keine oligarchische Einrichtung, denn die Frauen der Machthaber führen da ein üppiges Leben.

Dies möge für diese Frage genügen; ich habe nun noch die Frage über die Anstellung der Beamten vollständig zu erörtern. Die Unterschiede liegen hier in dreierlei Bestimmungen, aus deren verschiedener Verbindung man die einzelnen Arten der Anstellung sämmtlich ableiten kann. Von diesen drei Bestimmungen betrifft die eine die Personen, welchen die Besetzung der Aemter zustehen soll, die zweite, aus welchen Personen sie erfolgen soll und die dritte die Art und Weise, wie sie geschehen soll. Jede dieser Bestimmungen zerfällt wieder in drei Arten; entweder geht die Besetzung von allen Bürgern aus, oder nur von bestimmten und die Beamten werden entweder aus allen Bürgern, oder nur aus einzelnen Klassen genommen, welche Klassen etwa nach der Einschätzung, oder nach der Abstammung, oder nach der Tugend, oder nach sonst einem Merkmal bestimmt sind; (so geschah es in Megara aus denen, welche sich vereinigt und für das Volk gekämpft hatten) und die Besetzung geschieht entweder durch Wahl, oder durch das Loos. Diese Unterschiede lassen sich nun wieder verbinden, so dass also ein Theil der Aemter von bestimmten Personen, ein anderer Theil von allen Bürgern besetzt wird und dass die Beamten zum Theil aus allen Bürgern, zum Theil aus bestimmten entnommen werden und endlich, dass einzelne Stellen durch Wahl, andere durch das Loos besetzt werden. Für jeden dieser Unterschiede ergeben sich viererlei Weisen; entweder werden die Beamten von Allen aus Allen durch Wahl bestimmt, oder von Allen aus Allen durch das Loos; oder entweder gleichzeitig aus Allen, oder der Reihe nach, z. B. nach Stämmen, Gemeinden, oder Genossenschaften, bis alle Bürger der Reihe nach herangekommen sind, oder immer aus Allen, aber zum Theil auf die eine, zum Theil auf die andere Weise.

Wenn dagegen die Bestallung nur von bestimmten Personen ausgeht, so kann dies von denselben entweder durch Wahl aus Allen, oder durch das Loos aus Allen geschehen; oder durch Wahl aus einer bestimmten Klasse, oder durch das Loos aus einer bestimmten Klasse, oder theils so, theils so, d. h. theils durch Wahl aus Allen, theils durch Loos aus Allen. Somit ergeben sich zwölf Weisen, abgesehen von den Fällen, wo zwei Weisen gemischt sind. Von diesen Weisen sind zwei demokratisch; die, wo die Bestellung aus Allen durch Alle mittelst der Wahl oder der Loose erfolgt und die, wo sie theilweise durch Wahl und theilweise durch's Loos von Allen geschieht. Wenn aber nicht Alle an der Bestellung Theil nehmen, aber sie aus Allen, oder einer bestimmten Klasse durch Loos oder Wahl, oder durch beides erfolgt, oder wenn die Beamten theils aus Allen, theils aus einer bestimmten Klasse auf beide Arten (ich meine zum Theil durch Wahl, zum Theil durch Loos) bestellt werden, so ist dies eine freistaatliche Einrichtung. Wenn aber bestimmte Personen die Beamten aus Allen durch Wahl, oder durch Loos entnehmen, oder wenn dies bei einem Theile der Beamten durch das Loos, bei dem anderen durch Wahl geschieht, so ist dies oligarchisch, und zwar im letzteren Falle im hohen Grade. Der Fall, wo die Bestellung der Beamten theilweise aus Allen, theilweise aus bestimmten Klassen erfolgt, ist freistaatlich und aristokratisch zugleich; ebenso der Fall, wo die Besetzung theilweise durch Wahl, theilweise durch das Loos erfolgt. Oligarchisch sind die Fälle, wo bestimmte Personen die Beamten aus bestimmten Klassen bestellen, mag dies durch das Loos allein, oder durch Loos und Wahl zugleich geschehen; oder wenn bestimmte Personen sie aus Allen bestellen. Wenn dagegen Alle die Beamten aus einer bestimmten Klasse wählen, so ist dies demokratisch.

In so vielerlei Weise kann die Besetzung der Aemter erfolgen und in solcher Weise sondert sie sich je nach den Verfassungen. Welche Art der Besetzung bestimmten Staaten zuträglich ist und wie dieselbe geschehen muss, wird sich bei Erörterung ihrer Amtsgewalt und nach der Art der Aemter ergeben. Unter Amtsgewalt meine ich z. B. die Befugniss über die Einkünfte zu verfügen und den Befehl über die Schutzmannschaft der Stadt; denn die Macht z. B. eines Feldherrn ist eine andere, als die eines Markt- und Handels-Meisters.

Sechzehntes Kapitel.

Ich habe nun noch über die dritte Art der Aemter, über die richterlichen zu sprechen. Die verschiedenen Fälle sind hier nach denselben Unterlagen aufzustellen, denn der Unterschied der Gerichte liegt in dreierlei Anordnungen; in der, aus welchen Personen sie gebildet werden, in der, über welche Geschäfte sie zu entscheiden haben und in der, wie die Besetzung derselben erfolgt. Bei dem ersten Punkte fragt es sich, ob die Besetzung aus allen Bürgern, oder nur aus einer bestimmten Klasse geschehen soll; bei dem zweiten Punkte fragt es sich, wie viele besondere Arten von Gerichtshöfen bestehen sollen und bei dem letzten Punkte, ob die Besetzung durch Wahl oder Loos geschehen soll.

Zunächst muss man ermitteln, wie viel Arten von Gerichtshöfen bestehen können; es sind deren acht Arten; einer für die Rechenschaftsablegung; einer für die Beschädigung des Staatsvermögens; einer für die Staatsverbrechen; ein vierter für die Streitigkeiten zwischen den Beamten und Privatpersonen über auferlegte Strafen; ein fünfter für die erheblicheren Privatverträge; neben diesen dann ein Gerichtshof über Tödtungen und einer über Fremde. Ersterer besteht aus mehreren Arten, je nachdem die Richter dieselben bleiben, oder andere eintreten und je nachdem vorsätzliche oder unvorsätzliche Tödtung vorliegt und je nachdem die That zwar eingeräumt wird, aber ein Recht dazu behauptet wird, und ein vierter gegen die wegen Mordes Verbannten, aber trotzdem Zurückgekehrten, wie der in Athen bei Phraatys befindliche Gerichtshof; dergleichen kommt jedoch selbst in grossen Staaten nur selten vor. Der Gerichtshof für Fremde zerfällt in den für Sachen zwischen Fremden und Fremden und in den für Sachen zwischen Fremden und Einheimischen. Ferner muss neben allen diesen Gerichtshöfen noch für die kleineren Sachen etwas geschehen bis zu dem Betrage von einer Drachme, oder von fünf Drachmen, oder auch ein wenig mehr. Auch hierüber müssen Urtheile gefällt werden, aber sie kommen nicht den oben genannten Gerichten zu. Indess lasse ich das Weitere hierüber und über die Gerichte für Tödtungen und für Fremde bei Seite und werde noch Einiges über die Staatsgerichtshöfe sagen, aus denen, wenn die Einrichtung derselben nicht richtig geschieht, Aufstände und Verfassungsänderungen hervorgehen.

Entweder richten nun über alle hier unterschiedenen Fälle entweder Alle, indem sie durch Wahl oder Loos dazu bestimmt werden, oder Alle über alle Fälle, theils durch Wahl, theils durch das Loos, oder über einige Fälle richten sowohl Bürger, die durch das Loos bestimmt sind, wie solche, die gewählt sind. Dies sind sonach vier Arten der Bestellung; eben so viele ergeben sich, wenn nur ein Theil der Bürger zum Richteramt zugelassen wird; auch hier können aus dieser Klasse die Richter über alle Sachen durch Wahl, oder durch das Loos bestimmt werden, oder für einen Theil der Sachen durch das Loos und für die anderen Sachen durch Wahl; oder einige Gerichtshöfe können auch für dieselben Sachen theils durch Loos, theils durch Wahl zusammengesetzt werden. Diese Arten entsprechen den vorher genannten; auch lassen sich beide Arten verbinden; ich meine so, dass die Richter für manche Sachen aus allen Bürgern bestimmt werden, für andere Sachen aus besonderen Klassen und für eine dritte Art Sachen auf beide Weise, also so, dass die Richter desselben Gerichthofes theils aus Allen, theils aus einer bestimmten Klasse und entweder durch das Loos, oder durch Wahl, oder durch beides zusammen bestellt werden.

Damit habe ich dargelegt, auf wie viele Arten die Gerichtshöfe bestellt werden können. Von diesen Arten sind die erstgenannten demokratischer

Natur, soweit sie nämlich aus allen Bürgern, oder für alle Sachen bestellt werden; dann folgen die oligarchischen, wo die Richter aus einer bestimmten Klasse, aber für alle Sachen bestellt werden; die dritte Art ist aristokratisch und freistaatlich, wo die Gerichtshöfe zum Theil aus allen Bürgern, zum Theil aus einer bestimmten Klasse besetzt werden.

Siebentes Buch.

Erstes Kapitel.

Ich habe somit im Vorgehenden das Nöthige über die Zahl und die Art der Unterschiede bei dem berathenden und herrschenden Theile des Staates und bei der Einrichtung der Staatsämter und bei den Gerichtshöfen besprochen und gezeigt, welche Arten den einzelnen Verfassungen gemäss sind (ebenso über den Untergang und die Erhaltung der Verfassungen und über die Ursachen derselben und über die Art, wie sie geschehen). Da es aber mehrere Arten der Demokratie und ebenso der anderen Verfassungen giebt, so wird es zweckmässig sein, das hierüber etwa noch Nöthige nachzuholen und zugleich das Eigenthümliche und Zweckmässige für jede dieser besonderen Verfassungen darzulegen. Auch habe ich die Verbindungen aller bisher besprochenen Einrichtungen in Betracht zu nehmen; denn durch solche Verbindungen können die Verfassungen sich austauschen und oligarchische Aristokratien und demokratische Freistaaten entstehen. Ich meine damit jene Verbindungen, die man in Betracht ziehen muss, die aber bis jetzt noch nicht untersucht worden sind, z. B. den Fall, wo die höchste Rathsversammlung und die Wahl der Beamten oligarchisch eingerichtet ist, dagegen die Gerichtshöfe aristokratisch bestellt sind; oder wo diese und der höchste Rath oligarchisch, die Beamtenwahl aber aristokratisch eingerichtet, oder wo auf sonst eine Weise die Verfassung nicht lediglich aus den ihr eigenthümlich zukommenden Bestandtheilen zusammengesetzt ist. Die Frage nun, welche Art der Demokratie für einen Staat von bestimmter Beschaffenheit passt; ebenso, welche Art der Oligarchie für eine Volksmenge passt und welche Art von den übrigen Verfassungen für bestimmte Staaten die zweckmässige ist, habe ich früher besprochen; indess muss nicht blos klar sein, welche Art von diesen Verfassungen für Staaten von bestimmter Beschaffenheit passt, sondern auch, wie man sie einzurichten hat und deshalb werde ich in dieser Hinsicht sowohl diese, wie die anderen Verfassungen kurz durchgehen.

Zunächst will ich hier über die Demokratie sprechen; damit ergiebt sich zugleich auch das Nöthige für ihr Gegentheil, was nach Einigen als die Oligarchie bezeichnet wird. Man muss bei dieser Untersuchung alle Eigenthümlichkeiten der Demokratie, sammt deren Folgen in Betracht nehmen; denn aus deren Verbindung bilden sich die verschiedenen Arten der Demokratie und dass statt *einer* mehrere und verschiedenartige Demokratien bestehen. Es sind nämlich zwei Ursachen, weshalb es mehrere Arten von Demokratien giebt; die eine habe ich früher genannt, indem die Bevölkerung des einen Staates von der des anderen verschieden ist; denn bald besteht diese überwiegend aus Ackerbauern, bald überwiegend aus Handwerkern und Tagelöhnern; wenn nun die erste Klasse zur zweiten hinzutritt und wieder die dritte zu diesen beiden, so wird die Demokratie dadurch nicht blos besser oder schlechter, sondern sie ist dann überhaupt nicht mehr dieselbe. Ueber die zweite Ursache werde ich jetzt sprechen; denn auch die aus der Demokratie überhaupt folgenden, sowie die dieser Verfassungsform eigenthümlich zukommenden Einrichtungen führen durch ihre Verbindung zu verschiedenen Arten der Demokratie, indem die eine Art der Demokratie weniger, eine andere mehr Eigenthümlichkeiten hat und eine dritte durchaus verschieden ist. Es ist aber nöthig, dass man diese Eigenthümlichkeiten einer jeden Art kenne, wenn man etwa eine bestimmte Demokratie einrichten und die ihr gemässen Anordnungen treffen will. Allerdings suchen die, welche eine Verfassung errichten wollen, die für die vorhandene Unterlage passenden Eigenthümlichkeiten sämmtlich zusammen zu stellen; allein dies ist ein Fehler (wie ich früher bei der Untersuchung über den Untergang und die Erhaltung der Verfassungen dargelegt habe). Jetzt will ich nunmehr über die Grunderfordernisse und den Charakter der Verfassungen und über die Ziele, die sie erstreben, sprechen.

Zweites Kapitel.

Die Voraussetzung der demokratischen Verfassungsform ist die Freiheit. So pflegt man sich nämlich auszudrücken, als wenn blos in dieser Verfassung die Bürger an der Freiheit Theil nähmen; denn jede Demokratie, sagt man, solle dieses Ziel erstreben. Die Freiheit bestehe theils aus Gehorchen, theils aus Befehlen und das Gerechte bestehe in der Demokratie in der Gleichheit der Zahl nach und nicht in der dem Werthe nach. Wenn aber dies das Gerechte sei, so sei die Menge nothwendig der Gebieter und das, was der Mehrheit gefällt, das habe als das Ziel und als das Gerechte zu gelten; denn man sagt, dass jeder Bürger das Gleiche mit dem anderen haben müsse. Daher kommt es, dass in den Demokratien die Armen mehr herrschen, als die Wohlhabenden; denn sie sind die Mehrheit und der Beschluss der Mehrheit ist der Herr. Dies ist das eine Zeichen der Freiheit, welches alle Demokraten als das Merkmal der demokratischen Verfassung aufstellen; ein zweites ist, dass Jeder leben könne, wie es ihm gefällt; dies soll die Ausübung der Freiheit sein, da ja der Sclave nicht leben könne, wie er wolle. Dies ist das zweite Kennzeichen der Freiheit und davon kommt, dass man nicht beherrscht werden mag, hauptsächlich von keiner einzelnen Person oder wenigstens nur abwechselnd. Auch dies wird zu der in der Gleichheit bestehenden Freiheit gerechnet. Bei solchen Unterlagen und einer solchen Herrschaft ist es demokratisch, dass alle Staatsbeamten aus allen Bürgern gewählt werden, und dass Alle über jeden herrschen, und jeder zum Theil über Alle, dass alle Aemter, höchstens mit Ausnahme derer, wo bestimmte Erfahrungen und Kenntnisse nöthig sind, durch das Loos besetzt werden; dass man, um Beamter zu werden, nicht eingeschätzt zu sein braucht, oder wenigstens nur nach einer sehr geringen Einschätzung; dass kein Amt von Jemand zweimal verwaltet werden darf, oder nur selten und bei wenigen Aemtern, mit Ausnahme der militärischen; dass die Beamten nur kurze Zeit im Amte bleiben dürfen und zwar allgemein, oder wenigstens bei allen Stellen, wo dies möglich ist; ferner, dass Alle über Alle und über Alles die Rechtspflege üben, oder wenigstens über das Meiste oder das

Wichtigste und Bedeutendste, wie z. B. über die Rechenschaftsablegung der Beamten, über die politischen Prozesse und die Privatverträge; ferner, dass die Volksversammlung der Herr über Alles, oder die bedeutenderen Vorkommnisse ist, und dass die Beamten es über Nichts, oder nur über geringfügige Dinge sind. Die demokratischste Einrichtung ist die Rathsversammlung, sofern nämlich nicht Allen Tagegelder bezahlt werden; denn wo dies geschieht, da wird auch dieser Behörde die Macht genommen und das Volk zieht, wenn es einen hinlänglichen Lohn erhält, alle Entscheidungen vor sich, wie ich früher in der vorangegangenen Untersuchung gezeigt habe. Ferner ist es eine Eigenthümlichkeit der Demokratie, dass Alle, so weit es möglich, Tagegelder erhalten, sowohl die Versammlung, wie die Gerichte und die Beamten, oder wenigstens die Beamten, die Gerichte, der Rath und die Volksversammlungen für die wichtigeren Angelegenheiten und die Beamten, so weit sie zusammen speisen müssen. Da ferner die Oligarchie ihre Kennzeichen an der Abstammung, dem Reichthume und der Bildung hat, so wird das Gegentheil davon zur Demokratie gehören, also, niedrige Geburt und Armuth und handwerksmässige Gesinnung. Von den Staatsämtern darf in der Demokratie keines von demselben Beamten dauernd verwaltet werden und wenn ein solches aus einer früheren Verfassung sich auch erhalten hat, so wird dessen Macht sehr beschränkt und statt der Wahl wird es durch's Loos besetzt. Dies sind nun die allen Demokratien gemeinsamen Einrichtungen. Aus dem Gerechten, wie es anerkanntermaassen in denselben gilt (nämlich, dass Alle nach der Kopfzahl das Gleiche haben), ergiebt sich die äusserste Art der Demokratie und Volksherrschaft; denn die Gleichheit fordert, dass die Wohlhabenden nicht mehr, wie die Armen die Herrschaft besitzen und dass kein Einzelner, sondern nur Alle nach der Kopfzahl die höchste Gewalt inne haben, denn so, möchte man meinen, sei in dieser Verfassung die Freiheit und die Gleichheit enthalten.

Drittes Kapitel.

Die nächste Frage nun, wie die Gleichheit zu berechnen ist, ob z. B., wenn tausend Bürger ebenso hoch zusammen eingeschätzt sind, als fünfhundert andere, ob da die tausend die gleiche Macht mit den fünfhundert haben sollen; oder ob die Gleichheit so nicht einzurichten ist, sondern in der Weise, dass man aus den Fünfhundert und aus den Tausend eine gleiche Anzahl nimmt, die dann zusammen die Wahlen vornehmen und die Entscheidungen als Richter zu treffen haben? Ist nun dieses Verfahren das, was dem demokratischen Prinzip am meisten entspricht, oder vielmehr das, wo es nur nach der Kopfzahl geht? Die Demokraten sagen, dass dasjenige das Recht sei, was die Mehrheit dem Vermögen nach beschliesst; denn man müsse, sagen sie, nach dem Vermögen die Mehrheit abmessen. Beiderlei Verfahren hat indess seine Ungleichheit und sein Unrecht; soll das gelten, was die wenigen Reicheren beschliessen, so ist eine Tyrannis vorhanden (denn wenn Einer mehr hat, als alle andern Wohlhabenden, so wäre es nach dem oligarchischen Princip recht, dass er allein herrschte); gilt aber das, was die Mehrheit nach der Kopfzahl beschliesst, so werden diese ungerechter Weise das Vermögen der Reichen und Wenigen zum Besten des Staats einziehen, wie ich früher gesagt habe. Es wird deshalb die Gleichheit, welche Beide verlangen, aus dem zu entnehmen sein, was jeder von Beiden für das Rechte erklärt. Sie sagen nämlich, dass das, was die Mehrheit der Bürger beschliesse, gelten müsse; dies soll auch sein, aber nicht durchaus, sondern es muss, da der Staat aus zwei Theilen besteht, aus Reichen und Armen, das gelten, was Beide oder die Mehrheit in diesen beiden Theilen beschliesst. Sind diese Mehrheiten aber entgegengesetzter Meinung, so soll das gelten, was derjenige Theil in seiner Mehrheit verlangt, welcher zugleich die Mehrheit der Einschätzung nach ist. Es seien z. B. der Reichen Zehn und der Armen Zwanzig; von den Reichen haben sechs für die eine Meinung gestimmt und von den Armen fünfzehn für die andere; hier sind zu den Armen vier Reiche zugetreten und zu den sechs Reichen fünf Arme; hier gilt nun diejenige Meinung, für welche die grössere Einschätzungssumme sich ergiebt, wenn man auf jeder Seite die

Einschätzungssumme berechnet, die aus den, in ihr sich befindenden, Reichen und Armen sich ergiebt. Ist aber diese Summe auf beiden Seiten gleich, so ist dann nur dieselbe Schwierigkeit, wie gegenwärtig vorhanden, wenn in der Volksversammlung oder bei den Gerichtshöfen eine Stimmengleichheit vorhanden ist; man muss dann das Loos entscheiden lassen, oder einen ähnlichen Ausweg benutzen. So schwer es indess auch sein mag, das Richtige in Bezug auf das Gleiche und Gerechte aufzufinden, so ist dies doch noch leichter, als diejenigen davon zu überzeugen, welche die Gewalt in Händen haben; denn das Gleiche und Gerechte wird immer nur von den Schwächeren verlangt, während die Gewalthaber sich nicht darum kümmern.

Viertes Kapitel.

Von den vier Arten der Demokratie ist die erste in der Reihenfolge die beste, wie ich bei der früheren Untersuchung gezeigt habe; sie ist auch von allen die älteste. Ich nenne sie die erste in demselben Sinne, wie man das Volk eintheilt; die beste Klasse desselben ist nämlich die ackerbauende und deshalb lässt sich auch die Demokratie da errichten, wo das Volk von dem Landbau und der Viehzucht lebt. Da das Volk hier kein grosses Vermögen besitzt, so hat es keine Musse und Volksversammlungen kommen deshalb nicht oft vor. Da hier das zum Leben Nothwendige beschafft werden muss, so sind die Bürger mit ihrer Arbeit beschäftigt und ihr Sinn steht nicht nach fremdem Gut; das Arbeiten ist ihnen angenehmer, als die Theilnahme an den Staatsangelegenheiten und an der Amtsgewalt, indem die Aemter hier keinen grossen Nutzen abwerfen; denn die Menge verlangt mehr nach Gewinn, als nach Ehre. Dies erhellt auch daraus, dass sie die ältere Tyrannis ertrugen und jetzt die Oligarchie ertragen, wenn nur Niemand sie an ihrer Arbeit hindert und ihnen nichts nimmt; denn die einen kommen dann leicht zu Reichthum und die andern bleiben wenigstens nicht arm. Auch genügt für ihren etwaigen Ehrgeiz, wenn sie die entscheidende Stimme bei den Wahlen der Beamten und bei deren Rechenschaftsablegung haben, da in einigen Demokratien, wo das Volk die Beamten nicht wählt, es demselben schon genügt, wenn, wie in Mantinea, nur einige, die der Reihe nach aus dem Volke gewählt werden, in dem Rath die Entscheidung in ihrer Gewalt haben. Man muss auch diese Verfassung, wie sie früher in Mantinea bestand, für eine Art der Demokratie halten; deshalb ist dies auch für die hier zuerst genannte Demokratie zuträglich und es bestand auch in Wirklichkeit die Einrichtung, dass zwar Alle an der Wahl der Beamten und an der Rechenschaftsabnahme und an dem Rechtsprechen Theil nahmen, aber dabei die Regierung von den höchsten Beamten geführt wurde, welche nach der Schätzung gewählt wurden; und zwar die bedeutenderen Beamten nach einer höhern Schätzung, oder die Wahl geschah zwar nicht nach der Einschätzung, aber es wurden doch nur die Fähigen gewählt. Bei einer solchen Verfassung muss die Regierung gut gehen (denn die Aemter werden immer in den Händen der besten Bürger sein, da das Volk dies will und es die guten Bürger nicht beneidet) und eine solche Einrichtung wird auch den guten und gebildeten Bürgern genügen; denn sie werden dann nicht von anderen Schlechteren regiert und sie selbst werden gerecht regieren, weil Andere über ihre Rechenschaftsablegung entscheiden; denn diese Abhängigkeit und dass sie nicht alles thun dürfen, was ihnen beliebt, ist nützlich, da die Macht zu thun, was einem beliebt, nicht vermag das Schlechte in jedem Menschen im Zaume zu halten. Somit muss da der für den Staat nützlichste Zustand eintreten, dass die guten Bürger regieren, ohne sich Fehler zu Schulden kommen zu lassen und dass das Volk nicht bedrückt wird. Offenbar ist dies die beste von den Demokratien und zwar deshalb, weil das Volk von der angegebenen Beschaffenheit ist.

Um aber das Volk zu einem ackerbauenden zu machen, sind einige der von alten Zeiten her in vielen Staaten bestehenden Gesetze sehr nützlich, namentlich das, wonach es überhaupt Niemanden erlaubt sein soll, mehr Land über ein bestimmtes Maass hinaus zu erwerben, oder wenigstens nicht in einer grösseren Nähe zur Stadt und der Burg, als eine dafür bestimmte Grenze festsetzt. Auch war es in alten Zeiten in vielen Staaten durch Gesetze verboten, die ursprünglich zugetheilten Loose an

Grundbesitz zu verkaufen; auch giebt es ein Gesetz, was von *Oxylos* stammen soll und wonach kein Geld auf einen Theil des, dem Einzelnen gehörenden, Grundbesitzes aufgenommen werden darf. Jetzt muss man aber auch mittelst des Gesetzes der Aphytäer dies in Ordnung bringen, welches dazu sehr dienlich ist. Diese sind nämlich, obgleich sie ihrer viele sind und ihr Land nur klein ist, doch sämmtlich Ackerbauer; es wird nämlich nicht der ganze Grundbesitz eingeschätzt, sondern dies geschieht nur nach einem so kleinen Antheile, dass selbst die Armen an eingeschätztem Besitz die Mehrheit haben.

Nächst der landbauenden Bevölkerung ist die beste die, welche Viehzucht treibt und davon lebt; sie ist in vielen Stücken der landbauenden sehr ähnlich und für die kriegerische Thätigkeit sind sie, ihrer Beschaffenheit nach, am meisten vorgeübt und ihr Körper am tauglichsten; auch sind sie am meisten im Stande, im Freien auszuhalten. Dagegen scheint die Bevölkerung, aus der sonst die übrigen Demokratien bestehen, beinahe durchgehends um vieles schlechter, als die beiden bisher genannten Arten, zu sein; denn eine Bevölkerung von gemeinen Handwerkern und Handelsleuten und Tagelöhnern führt ein schlechtes Leben und ihre Thätigkeit hat mit der Tugend nichts zu schaffen. Auch treibt sich dergleichen Volk auf dem Markt und in der Stadt herum und kommt deshalb leicht zur Volksversammlung; dagegen kommen Ackerbauende, die ja zerstreut auf dem Lande leben, nicht so leicht zusammen und mögen es auch nicht. Wo es sich nun trifft, dass in einem Staate das Ackerland eine entfernte Lage von der Stadt hat, da ist es auch leichter eine zweckmässige demokratische Verfassung und Regierung einzurichten; hier wird die Bevölkerung nämlich genöthigt, ihre Wohnung bei den Ackerfeldern zu nehmen, so dass man, selbst wenn ein Haufen Menschen sich auf dem Markte herumtreibt, nur nöthig hat in den Demokratien die Volksversammlungen nicht ohne die Landbevölkerung zu gestatten.

Somit habe ich gesagt, wie man die erste und beste Demokratie einzurichten hat. Damit ist nun auch ersichtlich, wie die andern Arten der Demokratie einzurichten sind; man muss dabei nur Schritt für Schritt von jener abweichen und die schlechtere Volksmasse immer möglichst fern halten. Die äusserste Art der Demokratie, wo Alle an der Regierung Theil nehmen, kann nicht jeder Staat ertragen; auch kann sie sich nicht leicht erhalten, wenn sie nicht mit den Gesetzen und den Sitten gut zusammenpasst. (Was dagegen ihren Untergang herbeiführt, davon ist das Meiste sowohl für diese, wie für die übrigen Verfassungen bereits früher gesagt worden.) Und um eine solche Demokratie zu errichten und die Volksmenge stark zu machen, pflegten die Vorstände zu derselben möglichst Viele hinzuzunehmen und nicht blos die ehelichen, sondern auch die unehelichen Söhne und die, bei denen nur eines ihrer Eltern, also entweder der Vater oder die Mutter frei war, zu Bürgern zu machen; denn dies Alles ist für eine solche Demokratie passend. Indem die Führer der Volkspartei es so einzurichten pflegen, sollten sie jedoch nur so Viele hinzunehmen, bis die Menge das Uebergewicht über die Vornehmen und die Mittelklasse hat und darüber nicht hinausgehen. Wenn sie es aber in diesem Punkte übertreiben, so wird es immer schwieriger, die Staatsleitung in Ordnung zu halten und die Erbitterung der Vornehmen steigert sich dann so, dass sie nur noch schwer eine solche Verfassung ertragen. Dies war auch die Ursache, weshalb der Aufstand in *Kyrene* ausbrach. Ein kleines Uebel wird nämlich wohl übersehen, aber wenn es grösser geworden ist, so fällt es mehr in die Augen. Auch sind für eine solche Demokratie diejenigen Einrichtungen zuträglich, wie sie *Kleisthenes* in Athen einführte, als er die Volksherrschaft verstärken wollte; ebenso die, womit man in Kyrene die Demokratie begründete. Man muss nämlich neue Stämme und Genossenschaften in grösserer Anzahl einrichten und die Privatgottesdienste in wenige gemeinschaftliche zusammenziehen und Alles ausdenken, damit Alle möglichst mit einander gemischt werden und die frühern Verbindungen aufgelöst werden. Auch die Einrichtungen innerhalb der Tyrannis haben sämmtlich eine demokratische Natur, wie z. B. die Ungebundenheit der Sklaven, die bis zu einem gewissen Grade nützlich werden kann; ebenso die der Frauen und Kinder und wenn es gestattet ist, dass jeder leben kann, wie es ihm beliebt: dies wird einer solchen Demokratie sehr zuträglich sein; denn die Menge lebt lieber ungebunden als maassvoll.

Fünftes Kapitel.

Die wichtigste und die einzige Aufgabe des Gesetzgebers und derer, welche eine solche Verfassung beabsichtigen, liegt indess nicht in der Begründung derselben, sondern in deren möglichster Erhaltung; denn auf ein, zwei oder drei Tage lässt man sich wohl jedwede Regierung gefallen. Deshalb hat man aus dem, was früher von mir über die Erhaltung und den Untergang der Verfassungen gesagt worden ist, die Sicherungsmittel zu entnehmen und einzurichten, indem man sich vor dem Schädlichen in Acht nimmt und an geschriebenen und ungeschriebenen Gesetzen nur solche aufstellt, welche am meisten das zur Erhaltung der Verfassungen dienende enthalten. Auch darf man nicht glauben, dass das demokratisch oder oligarchisch sei, was den Staat im höchsten Grade demokratisch oder oligarchisch machen wird, sondern nur das, was ihn die längste Zeit dazu macht. Die heutigen Volksführer lassen dagegen, dem Volke zu Liebe, möglichst viele Vermögenseinziehungen durch die Gerichte beschliessen. Deshalb müssen die Freunde dieser Verfassung dem entgegentreten und durch Gesetze bestimmen, dass das Vermögen der Verurtheilten und die Strafgelder nicht dem Volke zur Vertheilung zufallen sollen, sondern dem Staatsschatze. Dann werden die Bürger nicht minder vor dem Unrecht sich in Acht nehmen (denn dessen Strafe bleibt dieselbe) aber das Volk wird weniger durch Abstimmung verurtheilen, da es nichts dabei bekommt. Auch muss man die Staatsprocesse möglichst vermindern, indem man durch hohe Strafen die leichtsinnigen Anklagen verhindert. Denn diese werden in der Regel nicht gegen Leute aus dem Volke, sondern gegen die Vornehmen eingebracht, während es doch nöthig ist, dass *alle* Bürger der Verfassung möglichst gewogen sein, oder dass wenigstens die Machthaber nicht für ihre Feinde gelten. Da nun die äussersten Demokratien gewöhnlich eine zahlreiche Bevölkerung haben und hier die Volksversammlungen ohne Lohn schwierig werden, eine Lohnzahlung aber da, wo keine erheblichen Einkünfte vorhanden sind, für die Wohlhabenden gefährlich ist (denn dann muss das Geld aus den Strafen und Vermögenseinziehungen genommen und die Gerichtshöfe müssen schlecht werden und dies hat schon viele Demokratien gestürzt); wo also die Einkünfte fehlen, da dürfen die Volksversammlungen nur selten sein und die Gerichtshöfe müssen aus vielen Mitgliedern bestehen aber nur wenige Tage sitzen. Dies führt dahin, dass sowohl die Reichen die Ausgaben dafür nicht fürchten, wenn nämlich die Wohlhabenden keine Entschädigung für das Rechtsprechen erhalten, sondern nur die Armen; als auch dahin, dass die Processe viel besser entschieden werden, da die Wohlhabenden nicht viele Tage von ihren eigenen Geschäften sich entfernen mögen, wohl aber auf kurze Zeit dazu bereit sind. Wo aber Einkünfte vorhanden sind, da darf man es nicht so machen, wie es jetzt die Volksführer thun, welche das Uebrigbleibende vertheilen. Das Volk nimmt es mit der einen Hand und verlangt mit der anderen wieder mehr von ihnen. Eine solche Hülfe für die Armen gleicht einem durchlöcherten Fass. Der wahrhaft demokratische Mann muss vielmehr dahin trachten, dass die Menge nicht arm werde; denn dies ist die Ursache, weshalb die Demokratie schlecht wird; man muss also versuchen den Wohlstand dauernd zu machen. Auch ist es für die Wohlhabenden nützlich, die Einkünfte aufzusammeln und dann auf einmal zusammen unter die Armen zu vertheilen; namentlich wenn man so viel ansammeln kann, dass der Einzelne sich dann ein kleines Grundstück kaufen kann oder wenigstens damit einen Handel oder den Landbau beginnen kann; und wenn dies nicht für jeden möglich ist, so muss das Angesammelte nach den Stämmen oder nach sonst einer Abtheilung vertheilt werden. Dabei müssen die Tagegelder für die nothwendigen Versammlungen von den Reichen hergegeben werden, die dann von den nutzlosen Staatsleistungen befreit werden können. Auf diese Weise haben die Karthager die Volksmenge in freundlicher Gesinnung erhalten; sie schickten immer eine Anzahl aus dem Volke in die umliegenden Ortschaften und machten sie damit zu wohlhabenden Leuten. Auch fordert es sowohl die Milde, wie die Vorsicht, dass die Vornehmen das Volk nach gewissen Abtheilungen mit den nöthigen Hülfsmitteln unterstützen und so zur Thätigkeit anleiten. Auch das Beispiel der Tarentiner ist nachahmungswerth, welche den Armen die Mitbenutzung ihrer Grundstücke gestatten und dadurch die Menge in guter Gesinnung erhalten. Sie theilten auch die Aemter sämmtlich in zwei Abtheilungen; die einen wurden durch Wahl, die andern durch das Loos besetzt; letzteres damit auch das Volk an denselben Theil habe, das erste, um besser regiert zu werden. Dasselbe wird erreicht, wenn die Beamten schon bei den einzelnen Behörden so getheilt werden und theils gewählt, theils durch das Loos bestimmt werden.

Sechstes Kapitel.

Damit habe ich gesagt, wie die verschiedenen Demokratien einzurichten sind; und daraus ist auch ziemlich klar geworden, wie es bei den Oligarchien zu machen ist. Jede Art der Oligarchie muss mit denjenigen Mitteln und Einrichtungen hergestellt werden, welche die entgegengesetzten zu denen sind, welche für die entsprechenden Demokratien dienlich sind; dies gilt auch für die gutgemischte erste Art der Oligarchie. Dies ist die, welche dem Freistaate am nächsten kommt, wo man die Einschätzungen verschieden einrichten muss, theils niedrig, theils höher; jenes damit die niedrig Eingeschätzten an den nothwendigen Aemtern Theil haben und dieses, damit die höher Eingeschätzten zu den wichtigeren Aemtern gelangen. Indem jedem, welcher das nöthige Vermögen erwirbt, gestattet wird an der Staatsleitung Theil zu nehmen, wird durch die Einschätzung ein so grosser Theil des Volkes hierfür mit hinzugenommen, dass die, welche die Staatsgewalt inne haben, stärker werden als die, welche nicht daran Theil nehmen. In ähnlicher Weise, nur mit etwas Einschränkung, muss auch die ihr am nächsten stehende Oligarchie eingerichtet werden; dagegen bedarf die der äussersten Demokratie gegenüberstehende, also die der Dynasten- und Tyrannenherrschaft ähnelnde Oligarchie um so grösserer Wachsamkeit, als sie die schlechteste ist. Denn es ist hier, wie mit dem körperlich gesunden Menschen und den zur Schifffahrt mit Mannschaft gut versehenen Schiffen; beide können mehr Verstösse vertragen, ohne dadurch unterzugehen, während kränkliche Menschen und baufällige oder schlecht bemannte Schiffe nicht die geringsten Fehler aushalten können; ebenso bedürfen auch die Staaten mit den schlechtesten

Verfassungen der meisten Wachsamkeit. Im Allgemeinen ist für die Demokratien eine dichte Bevölkerung nützlich, denn eine solche bildet den Gegensatz zu demjenigen Gerechten, was sich nach dem Werthe bestimmt; offenbar muss also die Oligarchie dem entgegen in einer guten Ordnung ihre Erhaltung finden.

Siebentes Kapitel,

So wie die Volksmenge hauptsächlich in vier Klassen zerfällt, in die Landbauer, die Handwerker, die Handeltreibenden und die Lohnarbeiter, so ist auch Viererlei zum Kriege nützlich; die Reiterei, das schwerbewaffnete Fussvolk, die Leichtbewaffneten und die Marine-Mannschaft. Wo nun das Land zur Pferdezucht sich eignet, da ist es von Natur geboten die Oligarchie in stärkerem Maasse einzurichten (denn hier beruht der Schutz der Einwohner auf dieser Macht und Pferdezüchtereien können nur von grossen Landbesitzern gehalten werden); wo aber die Macht in dem schwerbewaffneten Fussvolke ruht, da ist die nächst folgende Art der Oligarchie einzurichten; denn diese schwere Bewaffnung kann mehr von den Wohlhabenden, wie von den Armen beschafft werden. Wenn dagegen die Wehrkraft auf den Leichtbewaffneten und der Seemannschaft beruht, so ist dies ein durchaus demokratisches Element. Wo nun eine dazu passende starke Bevölkerung vorhanden ist, da ist, wenn sie einen Aufstand macht, es oft schwer sie zu bekämpfen; deshalb muss man ein Heilmittel hier von den kriegserfahrenen Feldherrn entnehmen, welche mit der Reiterei und den Schwerbewaffneten eine entsprechende Macht von Leichtbewaffneten vereinigen. Denn durch letztere überwältigt bei Aufständen das Volk die Wohlhabenden; weil es, als leicht bewaffnet, besser gegen die Reiterei und die Schwerbewaffneten kämpft. Wenn die Oligarchien also die Kriegsmacht nur aus leicht Bewaffneten bilden, so ist es so viel, als wenn sie diese Macht gegen sich selbst einrichteten. Vielmehr muss die Kriegsmacht nach dem Alter getheilt werden, je nachdem die Mannschaften älter oder jünger sind. So lange die Söhne der Bürger jung sind, müssen diese den leichten Dienst als leicht Bewaffnete lernen, damit sie, wenn sie aus dem Knabenalter getreten sind, die volle Fertigkeit in diesem Dienst besitzen.

Der Volksmenge muss in den gemässigten Oligarchien eine Theilnahme an der Regierung gewährt werden, entweder so, wie ich früher gesagt, dass die, welche das nöthige Vermögen erlangen, diese Theilnahme erhalten, oder dass, wie bei den Thebanern, diejenigen an der Regierung Theil nehmen, welche eine bestimmte Zeit lang des gemeinen Handwerksbetriebs sich enthalten haben, oder so, wie in Massilia, wo eine Auswahl der Würdigen sowohl aus den, die Regierungsgewalt Innehabenden, wie aus den draussen Stehenden stattfand. Auch müssen den wichtigsten Staatsämtern, welche die in der Herrschaft Befindlichen für sich zu behalten haben, die grössern Staatsleistungen obliegen, damit das Volk gern sich davon fern halte, und den Beamten, die so viel Aufwand für ihr Amt zu machen haben, ihre Herrschaft vergebe. So ist es passend, dass diese Beamten bei ihrem Amtsantritt grosse Opferfestlichkeiten veranstalten und etwas Gemeinnütziges herstellen, damit das Volk, was an den Opfermahlen Theil nimmt und die Stadt, theils durch Weihgeschenke, theils durch Gebäude geschmückt erblickt, es gern sieht, wenn die Regierung so fortbesteht. Auch wird es für die Vornehmen gut sein, wenn in dieser Weise bleibende Denkmäler ihres Aufwandes errichtet werden. Indess verfahren heutzutage die Oligarchen nicht in dieser Weise, sondern entgegengesetzt; sie sind ebenso habgierig, wie ehrgeizig und deshalb sagt man treffend „dass solche Oligarchien kleine Demokratien seien“.

Achtes Kapitel.

Somit habe ich auf diese Weise näher dargelegt, wie die verschiedenen Arten der Demokratie und der Oligarchie einzurichten sind. Hieran schliesst sich die richtige Eintheilung der Staatsämter und die Erörterung über die Zahl, die Arten und die Personen derselben, wie ich schon früher bemerkt habe. Die nothwendigen Aemter kann allerdings kein Staat entbehren, indess kann er ohne die Aemter, welche für die gute Ordnung und den Schmuck der Stadt sorgen, nicht in schöner Weise bewohnt werden. Auch müssen der Aemter in kleineren Staaten weniger, in grossen mehr sein, wie ich schon früher bemerkt habe; man muss deshalb wissen, welche Art von Aemtern man zusammenlegen und welche man getrennt halten soll.

Zunächst hat man unter den nothwendigen Aemtern für die über den Marktverkehr zu sorgen, wo ein Beamter über die Handelsgeschäfte und die gute Ordnung die Aufsicht zu führen hat. Denn kein Staat kann das gegenseitige Kaufen und Verkaufen dessen, was der Einzelne nothwendig braucht, entbehren; dies ist das Handgreiflichste bei dem Sich selbst Genug sein, wegen dessen die Menschen zu *einem* Staate zusammentreten. Eine andere Thätigkeit, die an diese grenzt und ihr verwandt ist, ist die Sorge für die öffentlichen und privaten Bauten, damit die Schönheit nicht verletzt werde; sie hat auch gegen den Einsturz der Häuser zu sorgen und die Wege und Grenzzeichen in guten Stande zu erhalten, damit kein Streit darüber entstehe und alles, was sonst noch für ein solches Amt gehört, zu besorgen. Meist wird dieses Amt das städtische Amt genannt; es zerfällt in mehrere Unterämter, die in sehr bevölkerten Städten für die verschiedenen Geschäfte desselben eingerichtet werden; dahin gehören z. B. die Aufseher der Stadtmauern, der Brunnen und der Häfen. Ein anderes nothwendiges und dem vorigen nahe stehendes Amt besorgt ungefähr dieselben Geschäfte, nur ausserhalb der Stadt, auf dem Lande. Diese Beamten heissen die Acker- und Forstaufseher. Dies wären drei Geschäftskreise; zu einem andern Amte gehört dann die Einnahme der Staatseinkünfte; es verwahrt dieselben und vertheilt sie auf die einzelnen Verwaltungen; diese Beamten heissen Einnehmer und Schatzmeister. Eine andere Behörde hat wieder die Privatverträge und die von den Gerichten erlassenen Entscheidungen niederzuschreiben; von denselben müssen auch die Klagen in Processe und deren Einführung aufgenommen werden. An manchen Orten wird auch dieses Amt in mehrere zertheilt und ein Beamter hat dann die Oberaufsicht über sie; sie heissen Notare, Vorsteher, Schreiber oder in ähnlicher Weise. Daran schliesst sich eines der nothwendigsten, aber auch schwersten Aemter, welchem die Vollziehung der Strafurtheile und die Einziehung der Geldstrafen und die Bewachung der Gefangenen obliegt. Es hat seine Schwierigkeiten; weil es verhasst ist und dabei nicht viel zu verdienen ist, mag Niemand es behalten oder es nach der Strenge der Gesetze verwalten. Es ist nothwendig, weil die Entscheidungen der Prozesse durch die Gerichte zu nichts nützten, wenn sie nicht vollstreckt würden; so dass ohne die Rechtssprüche und deren Vollziehung man nicht mit einander leben könnte. Deshalb ist es besser, wenn hier für jeden Gerichtshof ein besonderer Beamter bestellt ist, und ebenso sollte man es für die Eintreibung der Geldstrafen machen. Ferner möge in manchen Sachen die Vollstreckung durch verschiedene Beamten erfolgen und die Entscheidungen neuer Behörden mögen auch von neuen Beamten vollstreckt werden. Ebenso muss bei den alten Behörden eine entscheiden und eine andere vollstrecken, so z. B. mag der Stadtaufseher die Urtheile der Ackeraufseher vollstrecken und Andere wieder die Urtheile jener. Denn je weniger die vollstreckende Behörde verhasst ist, desto schneller wird die Vollstreckung zu Ende kommen. Wenn dieselbe Behörde, welche verurtheilt, auch die Strafe vollstreckt, so wird sie doppelt verhasst, und wenn dies in allen Fällen geschieht so gilt sie als ein Feind Aller. An vielen Orten ist auch die Aufsicht über die Gefängnisse von der Einziehung der Geldstrafen getrennt, so besteht in Athen das sogenannte Amt der Elf. Deshalb ist es besser, auch diese Geschäfte zu trennen und irgend ein Auskunftsmittel dafür aufzusuchen; denn es ist eben so nothwendig, als das vorhin genannte, da es vorkommt, dass gerade die guten Bürger dieses Amt am wenigsten zu übernehmen bereit sind und die schlechten können nicht mit Sicherheit zu Wächtern über die Gefängnisse gemacht werden, da sie eher selbst der Bewachung bedürfen, als dass sie Andere zu bewachen vermögen. Deshalb darf nicht blos *ein* Beamter dafür angestellt werden und auch nicht auf Lebenszeit, sondern man nehme von den jungen Leuten, wo diese oder eine Stadtwache organisirt sind, eine Anzahl, die dann mit den Beamten abwechselnd die Bewachung zu besorgen haben.

Diese Aemter sind nun, als die nothwendigen, zunächst einzurichten; demnächst die, welche zwar nicht minder nothwendig sind, aber mit einem höhern Rang verbunden sind, da sie mehr Erfahrung und Vertrauen erfordern. Dazu dürften die Befehlshaberstellen über die Besatzung der Stadt und die Aemter für den kriegerischen Bedarf gehören. Man muss im Frieden ebenso, wie im Kriege für die Bewachung der Stadtmauern und Thore Sorge tragen und ebenso für die Musterung und Einstellung der Bürger. Für alles dies sind nun an dem einen Orte mehr Beamte, an dem andern weniger angestellt, und in kleinen Staaten nur *einer* für dies alles. Diese Beamten heissen Feldherrn und Kriegsoberste. In Staaten, wo noch Reiterei, oder leichtbewaffnetes Fussvolk, oder Bogenschützen, oder eine Kriegsflotte vorhanden sind, da sind auch für jede dieser Abtheilungen besondere Aemter eingerichtet, welche Admiralitäten und Reiter- oder Militair-Generalate heissen. Unter diesen stehen dann, je nach diesen Abtheilungen, die Schiffskapitäne, die Reiterobersten, die Stammeshauptleute und die, welche noch sonstige Abtheilungen befehligen. Das Ganze hiervon bildet einen besondern Zweig der Regierungsthätigkeit, nämlich die Abtheilung für die Kriegs-Angelegenheiten.

In dieser Art verhält es sich also mit diesem Theil der Staatsbeamten. Da aber einige, wenn auch nicht alle, dieser Beamten viele Staatsgelder in die Hände bekommen, so muss noch eine Behörde da sein, welche deren Rechnungen abnimmt und deren Verwaltung prüft, ohne selbst mit Staatsgeldern zu thun zu haben. Diese Behörde heisst bald die Rechenschaftsabnahme-, bald die Rechen-Behörde; auch heissen ihre Beamten Aufseher oder Staatsanwalte. Neben allen diesen Behörden muss noch eine höchste für Alles vorhanden sein. Dieser kommt oft die letzte Entscheidung und die Einbringung der Anträge zu; oder sie führt den Vorsitz in den Versammlungen, da wo das Volk die höchste Gewalt hat; denn es muss jemand da sein, der das Volk, als den Herrn des Staats, zusammenberuft. Diese Beamten heissen die Vorberather, weil sie die Vorberathung haben; und wo das Volk die Herrschaft führt, gewöhnlich der Rath.

Von dieser Beschaffenheit sind ungefähr die Aemter, welche mit der Regierung des Staats zu thun haben. Eine andere Art der Fürsorge bezieht sich auf die Götter; dahin gehören die Priester und die, welche dafür zu sorgen haben, dass die Tempel in Stand erhalten und die schadhaften wieder hergestellt werden; ebenso alle Beamte, welche für den Gottesdienst bestimmt sind. Diese Geschäfte sind an manchen Orten, insbesondere in kleinen Staaten, nur *einem* Beamten zugewiesen; mitunter aber auch vielen, vom Tempeldienst getrennten Beamten; dahin gehören z. B. die Tempelbaumeister, die Tempelwächter und die Tempelschatzmeister. Daran schliesst sich das besondere Amt, welches die sämmtlichen öffentlichen Opfer zu besorgen hat, soweit sie nicht den Priestern zugewiesen sind, sondern ihre Bedeutung von dem öffentlichen Altare ableiten. Diese Beamten heissen bald Könige, bald Prytanen.

Dies sind die Geschäfte, mit welchen die nothwendigen Aemter zu thun haben; sie beziehen sich, um sie noch einmal kurz zusammenzufassen, auf den Gottesdienst, auf das Kriegswesen, auf die Staatseinkünfte und Ausgaben, auf den Marktverkehr, auf die Umgebung der Stadt, auf die Häfen und das platte Land. Ferner auf die Gerichtshöfe, auf die Aufzeichnung der Verträge, auf die Vollstreckung der Urtheile und die Bewachung der Gefangenen, auf Abnahme und Prüfung der Rechnungen, auf die Entscheidung über die von den Beamten abgelegten Rechenschaften und endlich auf den Rath für die allgemeinen Angelegenheiten. Staaten, welche grösserer Musse und grössern Wohlstandes sich erfreuen und auf das Schöne im Leben Bedacht nehmen, haben auch ihre besondern Aemter dafür, wie das der Frauenaufseher, der Gesetzeswächter, der Knabenaufseher, der Turnaufseher und ausserdem noch Beamte für die Wettkämpfe, für die Dionysosfeste und für andere derartige Schaustellungen. Einige dieser Aemter sind offenbar keine demokratischen, wie z. B. die Aufseher der Frauen und Knaben; denn die Armen müssen auch ihre Weiber und Kinder als Diener benutzen, da sie keine Sklaven haben. Von den drei Behörden, welche in einigen Staaten als die höchsten gewählt werden, nämlich den Gesetzeswächtern, den Vorberathern und dem Rath, sind die

Gesetzeswächter aristokratischer, die Vorberather oligarchischer und der Rath demokratischer Natur.

Damit habe ich gleichsam im Umriss so ziemlich die sämmtlichen Staatsämter besprochen.

Achtes Buch.

Erstes Kapitel.

Ich habe nun so ziemlich Alles, was ich mir vorgesetzt, besprochen und habe nur noch die Untersuchung der Ursachen folgen zu lassen, aus denen die Veränderungen der Verfassungen hervorgehen; insbesondere ist die Zahl und die Art derselben anzugeben und welche Umstände die einzelnen Verfassungen zu Grunde richten; ferner ist anzugeben, welche Verfassungen in andere sich umwandeln und welcher Art diese letztern sind; ferner welche Mittel für einzelne und für alle Verfassungen der Erhaltung derselben dienen (und wodurch jede dieser verschiedenen Verfassungen sich am meisten erhalten kann). Ich muss hier gleich im Beginn bemerken, wie bei der Errichtung einer Verfassung oft Alle darin einverstanden sind, dass das Gerechte in der verhältnissmässigen Gleichheit bestehe, dass sie aber hierbei doch, wie ich schon früher gesagt, fehlgreifen. Denn die Demokratie ist daraus entstanden, dass man meinte, die Gleichheit in irgend einer Beziehung, sei auch die Gleichheit überhaupt und an sich (weil nämlich Alle gleich frei wären, so hielt man sie auch für überhaupt gleich); dagegen entstand die Oligarchie daraus, dass man die in *einer* Beziehung Ungleichen für durchaus ungleich ansah (weil nämlich die Bürger im Vermögen ungleich waren, so wurden sie für durchaus ungleich angenommen). Deshalb verlangen die Einen, als Gleiche, an allem in gleicher Weise Theil zu haben, und die Andern, als Ungleiche, verlangen bevorzugt zu werden; denn das Mehr ist ungleich. Alle solche Verfassungen besitzen das Gerechte in Etwas, aber schlechthin haben sie es nicht, und deshalb erheben die Bürger Aufruhr, weil sie nicht so an der Regierung Theil haben, wie sie das Gleiche auffassen. Von Allen könnten dies am meisten mit Recht die thun, welche in der Tugend hervorragen, aber diese thun es am wenigsten; denn bei diesen allein kann man am ehesten sagen, dass sie die Ungleichen schlechthin seien. Es giebt indess Personen, die in Bezug auf Abstammung etwas voraus haben und wegen dieser Ungleichheit sich nicht zu den Gleichen rechnen können; denn von edler Herkunft können ja wohl die gelten, welchen die Tugend und der Reichthum der Vorfahren verblieben ist.

Dies sind die Anlässe und gleichsam die Quellen aus denen die Aufstände entstehen und deshalb erfolgen die Staatsumwälzungen auch auf zweifache Weise; entweder will man eine andere Verfassung und aus der vorhandenen soll eine andere werden, z. B. aus der Demokratie eine Oligarchie oder aus der Oligarchie eine Demokratie; oder es soll ein Freistaat oder eine Aristokratie aus jenen werden, oder jene aus diesen; oder die Umwälzung geht nicht gegen die bestehende Verfassung, sondern die vorhandene soll unverändert bleiben, aber man will die Gewalt in ihr erlangen, z. B. in der Oligarchie oder Monarchie. Mitunter soll nur ein Mehr oder Weniger erreicht werden, z. B. eine Oligarchie soll in eine noch stärkere Oligarchie umgewandelt werden oder in eine von geringerem Grade; oder eine Demokratie in eine noch mehr oder in eine weniger demokratische; und eben dies kann auch bei den andern Verfassungen vorkommen, entweder dass sie verstärkt oder gemindert werden. Auch kann es blos auf Veränderung eines Theiles der Verfassung abgesehen sein, z. B. dass nur ein bestimmtes Staatsamt eingerichtet oder beseitigt werde. So sagt man, habe Lysander in Lakedämon die Abschaffung des Königthums beabsichtigt und der König Pausanias die Abschaffung der Ephoren. Auch in Epidamnos wurde nur ein Theil der Verfassung geändert; statt der Stammesmeister setzte man einen Rath ein. Noch jetzt müssen von allen stimmberechtigten Bürgern nur die Beamten in die Heliäa eintreten, wenn ein Beamter zu wählen ist; auch ist der einzige Archon in dieser Verfassung ein oligarchisches Element; denn überall entsteht der Aufruhr wegen der Ungleichheit, es besteht zwischen Ungleichen nicht das Verhältnissmässige. So ist auch das lebenslängliche Königthum eine Ungleichheit, wenn dasselbe unter Gleichen besteht;

denn jeder Aufstand hat es auf die Gleichheit abgesehen. Das Gleiche ist aber zweifach; ein Gleiches der Zahl und ein Gleiches dem Werthe nach. Unter gleich der Zahl nach meine ich das, was der Kopfzahl oder der Grösse nach dasselbe oder gleich ist; unter gleich dem Werthe nach aber das, was verhältnissmässig gleich ist. So übertrifft um ein der Zahl nach Gleiches die drei die zwei und diese die eins; verhältnissmässig aber gleich übertrifft die vier die zwei und die zwei die eins; denn die zwei ist derselbe gleiche Theil von der vier, wie die eins von der zwei; beide sind die Hälfte von der andern. Wenn man nun auch einverstanden ist, dass das schlechthin Gerechte sich nach dem Werthe bestimmt, so weichen die Menschen doch, wie ich früher gesagt, darin von einander ab, dass die einen meinen, wenn die Gleichheit in einem Umstande vorhanden sei, sei dies eine Gleichheit schlechthin und die Andern, dass wenn sie in einem Umstande ungleich sind, sie sich in allen Stücken für ungleich halten. Deshalb giebt es auch nur zwei Hauptarten von Verfassungen, die Volksherrschaft und die Oligarchie; denn die edle Abstammung und die Tugend findet sich nur bei Wenigen, das Entgegengesetzte aber bei Vielen; der edel Gebornen und Guten giebt es nirgends hundert, aber der Armen sind allerwärts viele. Wenn aber schlechthin nach *einer* dieser Bestimmungen die Gleichheit abgemessen wird, so ist dies ein Fehler, wie sich aus den daraus entstehenden Folgen ergiebt; denn keine von solchen Verfassungen ist dauerhaft, was darin seinen Grund hat, dass aus dem ersten im Beginn begangenen Fehler nothwendig am Ende ein Schlimmes hervorgehen muss. Deshalb muss man sowohl die Gleichheit nach der Zahl, wie die nach dem Werthe benutzen. Indess ist die Demokratie im Vergleich zur Oligarchie doch die sicherere und ruhigere Verfassung; denn in der Oligarchie giebt es einen zweifachen Aufruhr, einen zwischen den Machthabern unter sich und einen von diesen gegen das Volk; in den Demokratien zielt aber der Aufruhr nur auf die Oligarchie ab und ein Aufruhr innerhalb des Volkes gegen sich selbst findet in nennenswerther Weise nicht statt. Auch der auf dem Mittelstand beruhende Freistaat steht der Volksherrschaft näher, als der der Wenigen und ist die sicherste Form für Verfassungen.

Zweites Kapitel.

Bei Untersuchung der Frage, aus welchen Ursachen die Aufstände und die Staatsumwälzungen entstehen, sind zunächst im Allgemeinen die Anfänge und die Ursachen derselben in Betracht zu ziehen. Es sind deren ungefähr drei, von denen zunächst jede im Umriss anzugeben ist. Man muss erstens die Zustände derer, welche Aufruhr erheben, betrachten, dann die Ziele *weshalb* es geschieht und drittens, wie die staatlichen Erschütterungen und Aufstände der Bürger gegen einander beginnen. Was die Zustände anlangt, vermöge welcher die Neigung zu Umwälzungen entsteht, so ist die Ursache derselben im Allgemeinen hauptsächlich in dem zu suchen, was ich bereits hierüber gesagt habe. Einestheils erheben diejenigen einen Aufstand, um zur Gleichheit zu gelangen, welche glauben, dass sie weniger, als die Machthaber haben, obwohl sie ihnen doch gleich zu sein meinen; anderntheils beginnt der Aufruhr, um zur Ungleichheit und zur Uebermacht zu gelangen, wenn die Ungleichen dafür halten, dass sie nicht mehr, sondern nur Gleiches oder weniger, als die andern haben. Ein solches Verlangen ist theils gerecht, theils ungerecht; denn die Geringeren erheben den Aufstand, um die Gleichheit zu erlangen und die Gleichen um mächtiger zu werden. Damit habe ich die Zustände dargelegt, von welchen aus die Empörung beginnt; aber die Dinge, um deren Willen sie geschehen, sind der Geldgewinn und die Ehre, oder auch deren Gegentheil; denn es entstehen auch Empörungen in den Staaten, um der Ehrlosigkeit und den Strafen für sich selbst, oder für seine Freunde zu entgehen.

Was nun die Ursachen und Anfänge der Empörungen anlangt, welche aus den angegebenen Zuständen hervorgehen und die erwähnten Zwecke verfolgen, so sind deren ungefähr sieben oder auch vielleicht mehr. Zwei davon habe ich bereits genannt, doch in anderer Weise. Des Gewinnes und der Ehre wegen entsteht allerdings gegenseitige Erbitterung, aber nicht um selbst sie zu erlangen, wie in dem früher erwähnten Falle, sondern weil Andere theils mit Recht, theils mit Unrecht im Besitz dieser Vortheile erblickt werden. Andere Ursachen sind ein übermüthiges

Benehmen, Furcht, Uebermacht, Verachtung, ein unverhältnissmässiges Wachsthum. Ferner in anderer Weise auch Aemtererschleichung, Gleichgültigkeit, Kleinlichkeit und Ungleichheit.

Drittes Kapitel.

Welche Kraft von diesen Ursachen der Uebermuth und die Gewinnsucht haben und wie sie wirken, ist ziemlich bekannt. Denn wenn die Machthaber sich übermüthig benehmen und sich alle Vortheile anmaassen, so erheben sie auch gegen einander Aufruhr und selbst gegen die Verfassung, welche ihnen diese Macht verliehen hat. Diese Habsucht üben sie dann bald an dem Vermögen der Privatpersonen, bald an dem des Staats aus. Auch von der Ehre ist bekannt, welche Macht sie übt und wie sie zu Empörungen treibt. Wenn Bürger sich selbst ehrlos und Andere in Ehren sehen, so erheben sie Aufruhr und sie haben Recht, wenn die Ehre und die Ehrlosigkeit nicht nach dem inneren Werthe oder Unwerthe der Personen zugetheilt ist und unrecht, wenn dies der Fall ist. Wegen der Uebermacht entstehen Umwälzungen, wenn Einer oder Mehrere grössere Macht haben, als ihnen nach der Staatsordnung und nach der Verfassung zukommt; dann pflegt aus solchen eine Monarchie oder Dynasten-Herrschaft zu entstehen. Deshalb pflegt man an manchen Orten, wie in Argos und in Athen sie durch das Scherbengericht zu verbannen; obgleich es besser ist, vom Anfang ab dafür zu sorgen, dass Bürger nicht so übermächtig werden können, als dies zuzulassen und dann erst das Heilmittel anzuwenden. Aus Furcht entstehen Empörungen wenn Bürger Unrecht begangen haben und dann fürchten, dass sie werden leiden müssen und wenn die, welchen Unrecht droht, dem vor der Ausführung zuvorkommen wollen, wie es in Rhodus geschah, wo die Vornehmen gegen das Volk, wegen der gegen sie erhobenen Anklagen, gemeinschaftlich aufstanden. Aus Verachtung entstehen Aufruhr und Angriffe, z. B. in Oligarchien, wenn die, welche an der Regierung nicht Theil haben, die Mehrzahl sind (denn dann halten sie sich für die stärkeren) und in Demokratien, wenn die Wohlhabenden die vorhandene Unordnung und Gesetzlosigkeit verachten. So ging in Theben nach der

Schlacht bei Oinophytae die Demokratie wegen schlechter Regierung zu Grunde; ebenso in Megara in Folge von Unordnung und Gesetzlosigkeit und in Syracus vor der Herrschaft des Gelon und die Demokratie in Rhodus vor der ersten Erhebung des Adels. Auch in Folge übermässigen Wachsthums entstehen Staatsumwälzungen. So wie der menschliche Körper aus Gliedern besteht und diese in gleichem Verhältniss wachsen müssen, damit das Ebenmaass sich erhalte und so wie wenn dies nicht geschieht, der Leib verdirbt, oder wenn der eine Fuss vier Ellen lang, der übrige Körper aber nur zwei Spannen lang ist, oder wenn, wie es manchmal vorkommt, die Gestalt in die eines Thieres übergeht und die Zunahme nicht blos nach der Grösse, sondern auch nach der Beschaffenheit nicht verhältnissmässig erfolgt; so besteht auch der Staat aus Theilen, wo manchmal das Wachsthum des einen unbemerkt erfolgt, z. B. die Zahl der Armen in den Demokratien und in den Freistaaten. Dergleichen geschieht auch mitunter in Folge zufälliger Ereignisse; so entstand in Tarent, als die Vornehmen von den Iapygern geschlagen und viele getödtet worden waren bald nach den Perserkriegen aus dem Freistaat eine Demokratie. Auch in Argos wurden die Machthaber, nachdem am siebenten Tage viele vom Lakonier *Kleonones* getödtet worden waren, gezwungen, eine Anzahl Hintersassen in die Regierung mit aufzunehmen. Auch in Athen nahm die Zahl der Vornehmen in Folge der Niederlagen des Fussvolkes sehr ab, weil sie während des Krieges mit den Lakoniern nach dem Aufgebot in's Feld ziehen mussten. Auch in den Demokratien kommt dies vor, obgleich seltner. Wenn die Zahl der Armen gewachsen, oder der Wohlstand gestiegen ist, so verwandelt sich die Verfassung in eine Oligarchie oder Dynasten-Herrschaft.

Die Verfassungsänderungen treten auch ohne Aufstand in Folge von Aemtererschleichungen ein, so in Heräa; (man führte statt der Wahl das Loos bei Besetzung der Aemter ein, weil Aemtererschleicher gewählt worden waren) auch in Folge von Nachlässigkeit und Geringschätzung, wenn man in die wichtigeren Aemter Männer eindringen lässt, die keine Freunde der Verfassung sind. So löste sich in Oreos die Oligarchie auf, als Herakleadoros in die Archonten mit aufgenommen worden war; er machte aus der Oligarchie einen Freistaat und eine Demokratie. Auch um einer Kleinigkeit willen kann es geschehen; ich meine damit, dass es oft nicht bemerkt wird, wie gross die Verletzung der Gesetze geworden ist, wenn man die kleinen Anfänge übersieht. So war im Ambrakia die Einschätzung gering; zuletzt hatten sie aber über nichts mehr Gewalt, da eine so geringe Summe beinah oder ganz so viel wie nichts war. Auch Unterschiede in der Volksabstammung führen zu Aufständen, bis diese Unterschiede allmälig sich verschmolzen haben; denn so wie ein Staat nicht aus jeder beliebigen Volksmenge gebildet werden kann, so auch nicht zu jeder beliebigen Zeit. Deshalb haben die Staaten, welche sogleich Fremde zu Mitbewohnern oder Anwohnern aufnahmen, die meisten Aufstände gehabt. So wurden in Sybaris die Achäer Anwohner der Trözener, und als dann die Achäer an Zahl stärker wurden, vertrieben sie die Trözener, weshalb die Sybariten der Gottesfluch traf. Auch in Thurii geriethen die Sybariten mit den Anwohnern in Streit, und als die Sybariten grössere Ansprüche machten, weil das Land ihnen gehöre, wurden sie vertrieben. Auch gegen die Byzantiner machten die Anwohner einen Anschlag, und als er entdeckt wurde, verloren diese in der Schlacht ihr Land. Auch die Antissäer vertrieben wieder mit Gewalt die von ihnen aus Chios aufgenommen Flüchtlinge, und die Zankläer, welche die Samier aufgenommen hatten, wurden nachher selbst verjagt. Auch die Apolloniaten am schwarzen Meere geriethen durch Aufnahme von Anwohnern in Aufstände und ebenso die Syrakuser, als sie nach dem Ende der Tyrannenherrschaft den Fremden und den Söldnern das Bürgerrecht ertheilt hatten; Beide geriethen mit einander in Kampf. Auch von den Amphipoliten, welche die Colonisten von Chalkis aufgenommen hatten, wurden die meisten durch diese verjagt.

In den Oligarchien gehen, wie ich früher gesagt, die Aufstände von der Menge aus, die sich für verletzt hält, weil sie nicht so viel wie die Anderen am Staate Theil habe, obgleich sie doch nach ihrer Meinung jenen gleich sei. In den Demokratien empören sich umgekehrt die Vornehmen, weil sie nur den gleichen Antheil mit Anderen am Staate haben, obgleich sie doch ihnen nicht gleich stehen. Mitunter entstehen die Aufstände auch wegen der Lage des Staatsgebiets, wenn das Land nicht so beschaffen ist, dass *eine* Stadt für es genügt. So empörten sich in Klazomenae die Einwohner bei Chytros gegen die auf der Insel und die Kolophonier gegen die Einwohner von Notion. Auch in Athen ist die Bevölkerung nicht gleichartig, und die Einwohner von Piräus sind demokratischer als die in der Stadt. Denn so wie im Kriege das Durchwaten eines Kanals, selbst wenn er nur klein ist, die Phalangen auseinander bringt, so führt auch jeder Unterschied der Bürger zu einer Spaltung. Der grösste Abstand ist nun wohl der zwischen Tugend und Laster; dann der zwischen Reichthum und Armuth, und so ist der eine Unterschied bedeutender als der andere, und dazu gehört auch der hier besprochene Unterschied.

Viertes Kapitel.

Die Aufstände entstehen nun zwar aus kleinen Anlässen, aber nicht um Kleines, sondern um Grosses willen. Selbst die kleinen Aufstände werden gewaltig, wenn sie bei den Machthabern vorkommen, wie es in Syrakus in alten Zeiten geschah. Die Staatsumwälzung geschah durch zwei junge Leute, welche Aemter inne hatten und sich um eines Liebeshandels wegen veruneinigten. Als der Eine verreist war, gewann der Andere, sein Freund, den Geliebten Jenes durch List für sich und darauf verleitete Jener, darüber erzürnt, dessen Weib zu ihm zu kommen; in Folge dessen nahmen sie die ihnen befreundeten Machthaber zu Hülfe und brachten Alle zum Aufstand. Deshalb müssen die Bürger sich vor dergleichen in Acht nehmen und die Streitigkeiten zwischen den hohen Beamten und Machthabern beilegen; denn der Fehler wird im Anfange begangen und der Anfang gilt für die Hälfte des Ganzen. Deshalb ist ein kleiner im Anfange begangener Fehler doch für das später Folgende von einer dem entsprechenden Bedeutung. Ueberhaupt ziehen die Empörungen unter den Vornehmen den ganzen Staat in Mitleidenschaft. So ging es in Hestiäa nach den Perserkriegen, wo zwei Brüder über die Vertheilung der väterlichen Erbschaft in Streit geriethen; der Aermere nahm, weil der Andere über das Vermögen und den Schatz, welchen der Vater gefunden hatte, keine Auskunft gab, die Volksmenge zu Hülfe, der Andere aber, der grösseres Vermögen hatte, die Wohlhabenden. Auch in Delphi wurde ein wegen einer Heirath entstandener Streit der Anlass zu all den späteren Unruhen; der Bräutigam nahm einen Vorfall, wie er zur Braut ging, als eine schlimme Vorbedeutung und entfernte sich, ohne sie zu nehmen; die beleidigten Angehörigen derselben steckten jenem, während er opferte, eines von den heiligen Geräthen zu und tödteten ihn dann als einen Tempelräuber. Auch in Mytilene entstanden wegen der Erbtöchter Unruhen, welche der Anfang vieler Uebel und des Krieges gegen die Athenienser waren, in welchem Pachys ihre Stadt eroberte. Tinophanes, einer der wohlhabenden Einwohner, hatte nämlich zwei Töchter hinterlassen, und Doxander, der sie für seine Söhne haben wollte, wurde abgewiesen; so begann er den Aufstand und zog auch die Athenienser hinein, deren Staats-Gastfreund er war. Auch bei den Phokensern entstand wegen einer Erbtochter ein Aufruhr zwischen Mnaseas, dem Vater des Mneson und dem Euthykrates, dem Sohne des Onomarchos, welcher der Anlass zu dem heiligen Krieg für die Phokenser wurde. Auch in Epidamnos wurde die Verfassung wegen einer Heirathsangelegenheit umgestürzt. Es hatte nämlich jemand seine Tochter heimlich mit einem jungen Manne verlobt, und als ihn deshalb dessen Vater, der einer der Archonten war, mit einer Geldstrafe belegte, so verband sich jener, darüber beleidigt, mit den von der Regierung Ausgeschlossenen zu einem Aufstande.

Mitunter geht die Verfassung in eine Oligarchie, oder Demokratie, oder einen Freistaat über, wenn eine Behörde, oder eine Klasse der Bürger sich Ruhm erwirbt, oder an Macht wächst. So beschloss der Rath im Areopag, welcher in den Perserkriegen zu hohen Ansehen gelangt war, die Verfassung straffer einzurichten, und als dann wieder das Schiffsvolk den Sieg bei Salamis und damit auch die Führerschaft Athens in Folge dessen Seemacht herbeigführt hatte, machte dasselbe die Demokratie in Athen stärker. Auch in Argos versuchten die Vornehmen, welche durch die Schlacht bei Mantinea gegen die Lakedämonier zu hohem Ansehen gekommen waren, die Demokratie aufzulösen, und als in Syrakus das Volk den Sieg in dem Kriege gegen Athen erlangt hatte, so machte es den

Freistaat zu einer Demokratie, und als in Chalkis das Volk gemeinschaftlich mit den Vornehmen den Tyrannen Phoxos getödtet hatte, führte es gleich eine freistaatliche Verfassung ein, und ebenso zog in Ambrakia das Volk, nachdem es mit den Verschworenen den Tyrannen Periander verjagt hatte, die Staatsgewalt wieder an sich.

Ueberhaupt darf man nicht übersehen, dass die, welche einem Staate zu seiner Macht verholfen haben, seien es Privatleute, oder Beamte, oder Volksabtheilungen, oder überhaupt ein Theil, oder sonst eine Klasse des Volkes, damit Anlass zum Aufstand geben; denn entweder beginnen die, welche die zu Ehren Gekommenen beneiden, den Aufstand, oder letztere wollen ihrer Uebermacht halber nicht auf gleicher Stufe mit den Uebrigen verharren. Auch verändern sich die Verfassungen, wenn die als Gegner geltenden Klassen der Bürger wieder an Macht sich ziemlich gleich kommen, z. B. die Reichen und das gemeine Volk, während der Mittelstand nur schwach oder gar nicht vorhanden ist; denn wenn eine von beiden Klassen in offenbarer Weise die stärkere ist, wagt es der schwächere Theil nicht. Deshalb beginnen die, welche in Tugend hervorragen, wohl niemals einen Aufstand, da es nur ihrer Wenige gegen Viele sind.

Im Allgemeinen sind die Anfänge und Ursachen der Empörungen und Staatsumwälzungen dieser Art; die Veränderung selbst geschieht aber entweder durch Gewalt oder durch Betrug; die Gewalt wird entweder gleich im Beginn angewendet, oder man gebraucht sie später. Auch der Betrug geschieht zwiefach; manchmal erfolgt er im Beginn, und die Verfassungsänderung geschieht dann zunächst mit Willen der Bürger; wenn aber dann diese später sich weigern, so werden sie mit Gewalt nieder gehalten. So wurde von den Vierhunderten das Volk betrogen, indem jene vorgaben, dass der Perserkönig das Geld zu dem Kriege gegen die Lakedämonier hergeben werde; und als es sich hatte täuschen lassen, so versuchten jene die Staatsgewalt festzuhalten. In andern Fällen wird die Staatsumwälzung im Anfang durch Ueberredung durchgeführt und später bleibt die herrschende Partei in der Macht, indem die Andern sich nochmals überreden lassen.

Fünftes Kapitel.

Dies ist im Allgemeinen die Entstehung der Umwälzungen in allen Staaten; aber wie bei den einzelnen Arten der Verfassungen sie im besondern entstehen, soll nun dargelegt werden. Die Demokratien gehen meist durch die Frechheit und den Uebermuth der Volksführer zu Grunde. Theils verleumden sie im Einzelnen die Vermögenden und treiben sie so zu Verbindungen (denn auch die ärgsten Feinde vereinigt die gemeinsame Furcht), theils hetzen sie die Menge zusammen auf. Aus vielen Fällen lässt sich dies ersehen. So wurde in Kos die Demokratie gestürzt, als schlechte Volksführer aufgekommen waren (denn die Vornehmen vereinigten sich zum Aufstand) und ebenso geschah es in Rhodus, wo die Volksführer Geldentschädigungen für das Volk erlangten und damit verhinderten, dass den Triarchen ihre Forderungen bezahlt wurden; deshalb wurden diese, durch die gegen sie angestellte Klage genöthigt, sich zu empören und die Demokratie zu beseitigen. Auch in Herakleia wurde die Demokratie nach der Absendung der Colonisten schnell durch die Volksführer zu Fall gebracht; die Vornehmen, welche von ihnen mit Unrecht verfolgt wurden, flüchteten; es sammelten sich dann die Flüchtlinge, kamen zurück und lösten die Demokratie auf. Ganz ähnlich wurde die Demokratie in Megara beseitigt; die Volksführer vertrieben viele Vornehme, um deren Vermögen einziehen zu können, bis der Flüchtlinge so viele wurden, dass sie zurückkehrten, das Volk im Kampfe besiegten und die Oligarchie begründeten. Dasselbe geschah in Kyrene mit der Demokratie, welche Thrasymachos beseitigte.

Man wird auch bei den Umwälzungen in den übrigen Demokratien sehen, dass sie beinah immer in dieser Weise geschehen sind. Bald bringen die Volksführer um sich beliebt zu machen, durch ungerechte Behandlung die Vornehmen zum Aufstand, indem sie deren Vermögen zur gleichen Vertheilung bringen oder deren Einkommen durch die ihnen auferlegten Staatsleistungen erschöpfen; oder indem sie die Vornehmen verleumden, damit sie selbst das Vermögen der Reichen confisciren können. In alten Zeiten verwandelte sich, wenn derselbe Mann

Volksführer und Feldherr wurde, die Verfassung in eine Tyrannis; denn so ziemlich die meisten der alten Tyrannen sind aus Volksführern hervorgegangen. Wenn dies damals geschah und jetzt nicht, so liegt der Grund darin, dass damals die Demagogen aus den Feldherrn hervorgingen; (denn sehr geschickt im Reden war man damals noch nicht) jetzt aber, wo die Fertigkeit im Reden gestiegen ist, werden geschickte Redner wohl Volksführer, aber verlegen sich aus Mangel an Erfahrung, nicht auf kriegerische Unternehmungen, es müsste denn einmal auf kurze Zeit geschehen. Die Tyrannis entstand auch früher häufiger, wie jetzt, weil manche Aemter von grosser Macht übertragen wurden; wie im Milet, wo die Tyrannis aus der Prytanie sich bildete, da der höchste Leiter des Raths in vielen und wichtigen Dingen die Gewalt hatte. Auch kam es mit daher, dass damals die Städte nicht gross waren und die Leute auf dem Lande mit der Arbeit in ihrer Wirthschaft beschäftigt waren; deshalb machten sich die Vorstände des Volkes, wenn sie kriegstüchtig waren, zu Tyrannen. Alle vermochten dies auszuführen, weil das Volk ihnen traute und dieses Vertrauen beruhte auf der Feindschaft gegen die Reichen. So erregte *Pisistratos* in Athen einen Aufstand gegen die Grundbesitzer in der Ebene und so Theogenes in Megara, indem er die am Fluss weidenden Heerden der Wohlhabenden weg nahm und abschlachtete. Auch *Dionys* wurde, in Folge seiner Anklage gegen Daphnaios und gegen die Reichen zum Tyrannen erhoben, weil ihn das Volk wegen seiner Feindschaft gegen die Reichen für einen Freund der Volksherrschaft hielt. Auch verwandelt sich die althergebrachte Demokratie dann in die neuere Demokratie, wenn die Beamten gewählt werden, ohne dass eine Einschätzung bei denselben erforderlich ist, und das Volk wählt; dann werfen sich die Stellenjäger zu Volksführern auf und bringen es dahin, dass das Volk sich auch über die Gesetze hinwegsetzt. Ein Heilmittel dafür, dass dies nicht oder doch nur in geringerem Maasse eintritt, ist es, wenn die Stämme und nicht das ganze Volk die Beamten wählen.

Sechstes Kapitel.

Dies sind ungefähr die Ursachen, aus denen die demokratischen Verfassungen Umwälzungen erleiden; dagegen tritt die Umwälzung bei den Oligarchien am meisten auf zwei besonders in die Augen fallenden Arten und Weisen ein; die eine ist die, wenn die Machthaber das Volk bedrücken; dann genügt jeder Anführer, namentlich wenn derselbe aus den Machthabern selbst hervorgeht, wie *Lygdamis* in Naxos, welcher sich später auch zum Tyrannen über Naxos machte. Indess gestaltet sich der Aufstand, auch wenn er aus anderen Ursachen hervorgeht, verschieden. Mitunter beginnt die Auflösung der Verfassung bei den Wohlhabenden selbst, soweit diese von den Aemtern ausgeschlossen sind, im Fall die Zahl derer, welche die Aemter inne haben, sehr gering ist, wie es z. B. in Massilia, in Istros, in Herakleia und in mehreren anderen Staaten der Fall war. Die von den Aemtern Ausgeschlossenen erregen dann so lange Unruhen, bis zunächst die älteren Brüder und später auch die jüngeren Zutritt erhalten; denn in manchen Staaten darf nämlich Vater und Sohn nicht zugleich an der Regierung Theil nehmen und in anderen nicht zugleich der ältere und der jüngere Bruder; deshalb erhielt die Oligarchie hier eine dem Freistaat sich nähernde Form; aber in Istros endete sie in einer Demokratie und in Herakleia ging die Herrschaft von wenigen auf sechshundert über. Auch in Knidos veränderte sich die oligarchische Verfassung, indem die Vornehmen unter einander selbst in Aufstand geriethen, weil nur Wenige derselben an der Regierung Theil hatten und, wie erwähnt, der Sohn ausgeschlossen war, wenn der Vater daran Theil hatte, und die übrigen Brüder, wenn der Aelteste mit in der Regierung war. Die Aufständischen nahmen sich das Volk zu Hülfe; dieses wählte sich einen Anführer aus den Vornehmen und siegte bei dem Angriff; denn die Zwietracht macht immer schwach. Auch in Erythra veränderte das Volk die Verfassung, nachdem die Basiliden in alten Zeiten oligarchisch die Herrschaft geführt hatten, obgleich sie die Regierung in guter Weise geführt hatten, weil das Volk die Herrschaft Weniger nicht länger ertragen mochte. Die Oligarchien erleiden auch deshalb durch sich selbst Erschütterungen, wenn die Vornehmen sich nach Art der Volksführer einen Anhang verschaffen; dies geschieht auf zweifache Weise; entweder bleibt der Aufstand nur innerhalb der Wenigen (denn ein solcher Führer kann auch unter Wenigen auftreten, wie dies bei den dreissig Männern in Athen geschah, wo *Charikles* mit seinem Anhang die Dreissig nach seinem Willen lenkte und wie *Phrynichos* mit seinem Anhang unter den Vierhunderten dasselbe vermochte) oder die, welche zur herrschenden Klasse gehören, ziehen durch dieselben Künste, wie die Volksführer, die Masse an sich. So geschah es in Larissa, wo die Wächter der Verfassung das Volk so an sich zogen, weil sie von ihm gewählt wurden und wie es in allen Oligarchien vorkommt, wo nicht blos die Klasse zu den Aemtern wählt, aus welcher die Beamten genommen werden können, sondern wo zwar nur aus den hoch Eingeschätzten oder den Hetärien die Beamten entnommen werden können, aber die Wahl selbst von den Schwerbewaffneten oder von dem Volke geschieht, wie es in Abydos der Fall war. Dasselbe gilt für die Oligarchien, wo die Gerichtshöfe nicht aus der herrschenden Klasse besetzt werden. Hier entstehen Umtriebe für die Entscheidungen der Processe, die zur Veränderung der Verfassung führen, wie es in Herakleia am Pontus geschah. Ferner wenn Einige die oligarchische Herrschaft auf eine geringere Zahl von Theilnehmern beschränken; denn dann werden die, welche nach der Gleichheit streben, genöthigt, das Volk zu Hülfe zu nehmen. Die Oligarchien fallen auch dann, wenn die, welche sich nicht in den Aemtern befinden, ihr Vermögen in Schwelgereien vergeuden; denn solche Leute streben immer nach Neuerungen und suchen entweder selbst Tyrannen zu werden, oder machen einen Anderen dazu, wie Hipparikos in Syrakus den Dionys dazu machte. Auch in Amphipolis rief ein gewisser Kleotimos die Colonisten von Chalkis zusammen und als diese kamen, veranlasste er sie zum Aufstande gegen die Wohlhabenden. Auch in Aegina versuchte der, welcher die Unterhandlung mit dem Chares führte, die Verfassung aus demselben Grunde umzustürzen. Bald versuchen solche Leute eine Neuerung, bald bestehlen sie das Staatseigenthum; deshalb gerathen sie dann selbst gegen einander in Aufstand oder gegen die, welche sie als Diebe bekämpften, wie es in Apollonia am Pontus sich ereignete. Wenn dagegen die Oligarchen unter einander einig sind, so geht diese

Verfassung nicht leicht durch sich selbst zu Grunde, wie die Verfassung in Pharsalos zeigt; dort haben nur Wenige die Herrschaft über Viele, aber sie führen dieselbe in guter Weise. – Eine Auflösung tritt auch dann ein, wenn innerhalb der Oligarchie eine zweite Oligarchie eingerichtet wird. Dieser Fall tritt ein, wenn die an sich zur Herrschaft berechtigte Klasse nur aus Wenigen besteht und dabei nicht einmal diese sämmtlich an den höchsten Staatsämtern Theil haben, wie es einst in Elis geschah; dort waren nur wenige Aelteste zur Regierung berechtigt und dieser wurden immer weniger, weil deren Stellen lebenslänglich waren und sie nur aus neunzig Personen bestanden, die Wahl auch von den Machthabern selbst erfolgte, ähnlich wie bei dem Rathe der Alten in Lakedämon.

Der Umsturz der Oligarchie erfolgt sowohl im Kriege, wie im Frieden; im Kriege deshalb, weil die Machthaber aus Misstrauen gegen das Volk genöthigt sind, sich der Söldner zu bedienen. (Dann macht sich der, welchem sie die Truppen anvertrauen, oft selbst zum Tyrannen, wie *Timophanes* in Korinth; sind dies aber mehrere, so machen sich diese zu gemeinsamen Herrschern.) Mitunter gestatten aber die Oligarchen, aus Furcht vor dergleichen, dem Volke eine Theilnahme an der Regierung, weil sie dasselbe zu benutzen genöthigt sind. Dagegen übergeben im Frieden die Machthaber, weil sie einander nicht trauen, die Bewachung den Miethsoldaten und einem vermittelnden Befehlshaber und dieser macht sich dann mitunter selbst zum Herrn über beide, wie dies in Larissa, während der Herrschaft der Alaeaden, den Anhängern des Simon erging, und in Abydos zur Zeit der Hetärien, von denen eine die des Iphiades war. Auch entstehen Aufstände unter den Machthabern in den Oligarchien, weil die Einen die Andern verdrängen; ebenso auch wegen Heirathsangelegenheiten oder Processen; solche Fälle wegen Heirathen habe ich schon früher erwähnt; auch die Oligarchie der Ritter in Eretria beseitigte Diagoras, weil er wegen einer Heirath verletzt worden war. Aus einem Urtelsspruche des Gerichts entstand ein Aufruhr in Herakleia und ebenso in Theben und in Folge einer zwar begründeten Klage wegen Ehebruchs wurden Eurytion von den Herakleern und Archias in Theben tumultarisch bestraft; ihre Feinde verfolgten sie aus Neid so sehr, dass sie dieselben auf dem Markte unter das Joch binden liessen. Viele Oligarchien wurden auch wegen zu despotischer Regierung von einem Theil der erbitterten Bürger gestürzt, wie das mit der Oligarchie in Knidos und in Chios geschah. Auch können aus Zufall sowohl bei Freistaaten, wie bei Oligarchien, Verfassungsänderungen eintreten, wenn lediglich Personen von einer bestimmten Einschätzung zum Rath, oder zu den Richterstellen und übrigen Aemtern zugelassen werden. Es kommt nämlich oft vor, dass die bestimmte Abschätzung, welche zu ihrer Zeit bezweckte, dass in der Oligarchie nur Wenige und in dem Freistaat nur der Mittelstand die Staatsgewalt inne hätten, in Folge des durch Frieden oder einen sonstigen Glücksfall gewachsenen Wohlstandes später um das vielfache sich weiter ausdehnt, weil die Besitzungen viel mehr werth geworden sind, so dass nun Alle zu allen Aemtern Zutritt erlangen; und zwar kann dies allmälig in unmerklichen und kleineren Steigerungen, oder auch schneller geschehen.

Aus diesen Ursachen entstehen in den Oligarchien die Aufstände und Verfassungsänderungen. Im Allgemeinen kommt es auch vor, dass die Demokratien und Oligarchien nicht zu der entgegengesetzten Verfassung bei Aufständen übergehen, sondern in ihrer Gattung bleiben und z. B. Oligarchien und Demokratien, in denen das Gesetz die Macht hat, sich nur in solche verwandeln, wo die Machthaber oder das Volk der Herr über alles ist, oder umgekehrt.

Siebentes Kapitel.

In den Aristokratien entstehen die Aufstände zum Theil deshalb, weil nur eine geringe Zahl zu den Ehrenstellen gelangt, weshalb, wie schon gesagt worden, auch die Oligarchien erschüttert werden; denn auch die Aristokratien sind eine Art Oligarchien, da in beiden die herrschende Klasse nur aus Wenigen besteht, wenn auch nicht aus denselben Gründen, und deshalb scheinen auch die Aristokratien Oligarchien zu sein. Am meisten müssen aber Verfassungsänderungen hier eintreten, wenn die Zahl derer, die sich in ihrem Selbstgefühl bei gleicher

Tüchtigkeit verletzt fühlen, sich sehr vermehrt, wie dies in Lakedämon mit den sogenannten Jungfernkindern der Fall war (denn sie stammten von Gleichberechtigten ab). Sie wurden bei einer Verschwörung entdeckt und als Colonisten fortgeschickt, um Tarent anzulegen. Ebenso treten Verfassungsänderungen ein, wenn bedeutende und an Tüchtigkeit nicht geringere Männer von Leuten höhern Ranges geringschätzig behandelt werden, wie dies dem *Lysander* von den Königen widerfuhr; oder wenn ein tapferer Mann zu den Ehrenstellen nicht zugelassen wird, wie *Kinadon*, der zur Zeit des Agesilaos den Aufstand gegen die Spartaner anstiftete. Auch geschieht es, wenn ein Theil der Bevölkerung sehr arm, der andere sehr wohlhabend wird, wie das hauptsächlich in Folge von Kriegen eintritt, und wie dies auch in Lakedämon in Folge der Messenischen Kriege geschah. Dies bestätigt auch das Gedicht des Tyrtäos, welches den Namen Eunomia führt. Einzelne waren durch den Krieg herabgekommen und verlangten, dass das Land anders vertheilt werden solle. Auch geschieht Aehnliches, wenn ein Bürger sehr mächtig geworden ist und sich noch mächtiger zu machen vermag, so dass er allein herrscht, wie dies bei dem Pausanias in Lakedämon der Fall war, der in dem Perserkriege das Heer führte und ebenso bei dem Hanno in Karthago.

Am meisten lösen sich aber die Freistaaten und die Aristokratien auf, wenn die Verfassung selbst nicht die Gerechtigkeit einhält. Die Wurzel des Uebels ist es, wenn in dem Freistaat die demokratischen und oligarchischen Bestandtheile der Verfassung nicht richtig mit einander gemischt sind und wenn dies in der Aristokratie auch für die Tugend nicht geschehen ist; insbesondere wenn zwei Stücke nicht gut verbunden sind, ich meine die Herrschaft des Volkes und der Wenigen. Die Freistaaten suchen nämlich eine solche Mischung zu treffen und auch viele von denen, die man Aristokratien nennt. In dieser Mischung liegt der Unterschied der sogenannten Freistaaten von den Aristokratien, und deshalb sind sie bald mehr, bald weniger dauerhaft. Wenn dieselben sich mehr zu den Oligarchien neigen, so heissen sie Aristokratien, und wenn sie die Gewalt mehr in die Menge verlegen, Freistaaten. Letztere sind deshalb dauerhafter als erstere, denn die Mehrzahl hat die grössere Macht und es besteht mehr Liebe zur Verfassung, wo mehr Gleichheit herrscht. Wenn dagegen die Verfassung den Reichen die Uebermacht giebt, so werden diese übermüthig und suchen nach Vergrösserung ihrer Gewalt. Ueberhaupt geht jede Verfassung in diejenige über, zu der sie hinneigt, indem nach dieser Seite die Vermehrung der Macht erfolgt, und deshalb geht der Freistaat in die Demokratie und die Aristokratie über; oder der Uebergang geschieht in die entgegengesetzte Verfassung, also die Aristokratie in die Demokratie (denn die Armen als die Verletzten erfassen das Entgegengesetzte als Hülfe) und die Freistaaten in die Oligarchie; denn nur diejenige Einrichtung ist dauerhaft, wo das Gleiche nach dem Werthe besteht und jeder das hat, was ihm zukommt. Dergleichen trug sich in Thurii zu; die Aemter waren da nur den höher Eingeschätzten zugänglich und deshalb wurde die Einschätzung herabgesetzt und es wurden mehr Aemter eingerichtet; und auch, weil die Vornehmen sich das ganze Land ungesetzlich zugeeignet hatten. Die Verfassung war dort mehr oligarchischer Natur, so dass die Vornehmeren ihre Macht vergrössern konnten; allein das Volk war durch den Krieg stärker geworden und konnte so die Besatzungstruppen bewältigen, bis jene von den Ländereien das, was sie mehr besassen, herausgaben. Die Vornehmen streben auch deshalb in den aristokratischen Staaten ihre Macht zu vergrössern, weil alle diese Staaten mehr oligarchischer Natur sind und deshalb ist auch in Lakedämon das Vermögen nur in wenigen Händen und die Vornehmen können mehr thun, was ihnen beliebt und ihre Töchter verheirathen, an wen sie wollen. Auch der Staat der Lokrer ging in Folge der Verschwägerung mit Dionysos zu Grunde, was bei einer demokratischen oder bei einer wohl gemischten aristokratischen Verfassung nicht geschehen sein würde.

Die Veränderungen in den aristokratischen Verfassungen bleiben, weil die Auflösung meist allmälig erfolgt, gewöhnlich unbemerkt, wie ich bereits bei den allgemeinen Ursachen der Staatsumwälzungen gesagt habe; denn auch kleine Dinge können hier zu Umwälzungen führen, und so bald man auch nur etwas von der Verfassung fallen lässt, so wird allmälig auch Grösseres leichter erschüttert bis endlich die ganze gute Ordnung aufgelöst ist. Auch bei der Thuri'schen Verfassung geschah es so. Dort durfte man die Feldherrnwürde innerhalb fünf Jahren nur einmal bekleiden; indess waren Einige von den Jüngeren kriegsgeschickt, und bei der Masse der Truppen beliebt geworden; diese nahmen auf die regierenden Beamten keine Rücksicht und glaubten leicht zum Ziele zu kommen; deshalb versuchten sie zunächst dies Gesetz aufzuheben, damit sie die Feldherrnwürde ohne Unterbrechung behalten könnten, indem sie sahen, dass das Volk sie bereitwillig dazu wählen würde. Die hierzu bestellten Beamten, welche der Mitrath hiessen, suchten zwar anfangs dem Unternehmen sich zu widersetzen, allein sie wurden beschwichtigt, indem sie annahmen, dass es nur auf dieses Gesetz abgesehen sei und man die Verfassung im Uebrigen bestehen lassen werde. Als sie aber später weiteren Abänderungen entgegentreten wollten, konnten sie nichts mehr ausrichten, sondern die ganze Verfassung ging in eine Herrschaft derer über, welche die Neuerungen angefangen hatten.

Alle Verfassungen gehen entweder von selbst, oder von Aussen zu Grunde, wenn ein Staat mit entgegengesetzter Verfassung in der Nähe sich befindet, oder wenn ein solcher zwar entfernter, aber sehr mächtig ist. Dies zeigte sich bei den Atheniensern und den Lakedämoniern; überall lösten jene die Oligarchien und diese die Demokratien auf.

Achtes Kapitel.

So viel über die Ursachen aus denen die Aufstände und die Verfassungsveränderungen hervorgehen; ich habe nun im Anschluss hieran, über die Mittel zu sprechen, wodurch zunächst alle Verfassungen und demnächst die einzelnen im Besonderen erhalten werden können. Zunächst ist klar, dass wenn man die Ursachen kennt, aus denen die Verfassungen untergehen, man auch die Mittel kennt, durch welche sie erhalten werden; denn für den entgegengesetzten Erfolg muss man die entgegengesetzten Mittel anwenden und der Untergang ist das Gegentheil von der Erhaltung. In den Verfassungen von richtiger

Mischung hat man überhaupt nur darauf Acht zu geben, dass nichts gegen die Gesetze geschehe, aber besonders muss man die kleinen Anfänge sorgsam beachten, denn die unmerklich eindringenden Ueberschreitungen bleiben leicht verborgen, wie kleine Ausgaben, wenn sie oft wiederholt werden, doch zuletzt grosse Vermögen aufzehren. Dergleichen Ueberschreitungen bleiben unbemerkt, weil sie vereinzelt eintreten; das Urtheil wird dadurch irregeführt, wie bei dem Trugschluss, wonach, wenn ein jedes klein ist, auch alle zusammen klein sein sollen. Dies ist theils richtig, theils nicht; denn das Ganze oder Alles ist nicht klein, sondern *besteht nur* aus Kleinen. Man muss deshalb eine besondere Aufmerksamkeit auf diese Anfänge richten und dann darf man auch nicht den Sophistereien trauen, die für die Menge herbeigeholt werden; denn die Erfahrung widerlegt sie. Was ich hier unter Sophismen in Bezug auf die Verfassung verstehe, habe ich früher erklärt. Auch lehrt der Augenschein, dass nicht blos manche Aristokratien, sondern auch Oligarchien bestehen bleiben, nicht weil ihre Verfassung an sich Sicherheit bietet, sondern weil die zur Regierung Gelangten sich sowohl gegen die innerhalb, wie ausserhalb der Regierung Stehenden gut verhalten, indem sie die, welche an der Regierung keinen Theil haben, nicht verletzen und diejenigen aus ihnen selbst, welche die geschicktesten waren, in die Regierung einsetzen und indem sie die Ehrgeizigen nicht an ihrer Ehre und die Menge nicht an ihrem Verdienst beschädigten, während sie untereinander und gegen die Mitregierenden sich als Gleiche benahmen. Denn die Gleichheit, welche die Volksfreunde für die Menge zu erreichen suchen ist auch unter gleich Gestellten nicht blos das Gerechte, sondern auch das Nützliche. Wenn daher Mehrere zur Regierung berechtigt sind, so sind manche von den demokratischen Einrichtungen auch für sie von Nutzen, wie z. B. die Bestimmung, dass alle Aemter nach sechs Monaten neu besetzt werden müssen; denn dann kommen alle in der herrschenden Klasse daran. Eine solche herrschende Klasse gleicht schon dem Volke, weshalb auch dort sich oft Volksführer einfinden, wie ich früher erwähnt habe. Ferner verwandeln sich bei dieser Einrichtung die Oligarchien und Aristokratien seltener in Dynastenherrschaften; denn für Beamte, die nur kurze Zeit im Amte bleiben, ist es nicht so leicht Böses auszuführen, als für Beamte auf längere Zeit, wo deshalb aus den Oligarchien und Demokratien sich Tyrannenherrschaften bilden. Entweder streben die angesehensten und mächtigsten Bürger nach der Tyrannis, und zwar hier die Volksführer und dort die Machthaber, oder es geschieht dies von den Inhabern der bedeutendsten Staatsämter, sobald sie lange Zeit darin bleiben. Die Erhaltung der Verfassungen beruht nicht blos darauf, dass die Verderber derselben fern gehalten werden, sondern manchmal auch darauf, dass sie in der Nähe sind, denn die Furcht lässt dann die Verfassung besser in Fürsorge nehmen. Deshalb muss man denen, welche der Verfassung ergeben sind, Furcht einflössen, damit sie wachsam bleiben und nicht die Sorge für die Verfassung, gleich einer Nachtwache aufgeben und man muss das noch Entfernte ihnen nahe bringen. Auch muss man die Eifersüchteleien und Aufstände der Vornehmen schon mittelst der Gesetze zu verhindern suchen und sorgen, dass die ausserhalb dieser Zwiste Stehenden nicht mit hineingezogen werden; denn es ist nicht Jedermanns, sondern nur eines Staatsmannes Sache, das Uebel schon in seinem Entstehen zu erkennen.

Was aber die aus der Einschätzung hervorgehenden Verfassungsänderungen bei den Oligarchien und Freistaaten anlangt, so ist, wenn der Geldreichthum gestiegen ist, während die Beträge der Einschätzung dieselben geblieben sind, es dann gut, die Summe des gesammten Steuercapitals mit dem der früheren Zeit zu vergleichen und zwar in den Staaten, wo die Einschätzung jährlich erfolgt, jährlich und in den grösseren je nach drei oder nach fünf Jahren; sollte dann das Steuercapital um ein vielfaches grösser oder geringer gegen früher geworden sein, als da, wo die Einschätzung das erste Mal erfolgte, so müssen die Einschätzungen in Folge Gesetzes entweder erhöht oder vermindert werden und zwar wenn das Steuercapital gewachsen ist, um so vielmal als dies der Fall ist, erhöht und wenn es gesunken ist, um so vielmal gemindert, als es gesunken ist. Wenn dies in den Oligarchien und den Freistaaten nicht so geschieht, so kann daraus hier eine Oligarchie und dort eine Dynasten-Herrschaft entstehen; oder aus dem Freistaat eine Demokratie und aus der Oligarchie ein Freistaat oder eine Demokratie.

Für die Demokratie und Oligarchie und jede Verfassung ist es rathsam Niemand gegen das Ebenmaass zu gross zu machen, vielmehr lieber den Versuch zu machen kleine und langdauernde Ehrenstellen zu vergeben, als sogleich grosse (denn das gereicht ihnen nur zum Verderben, da nicht Jedermann das Glück ertragen kann) und wenn dies nicht angeht, wenigstens diese Ehrenstellen, wenn man sie auf einmal verleihen muss, nicht wieder auf einmal zu nehmen, sondern nur nach und nach und vor allem mittelst der Gesetze dahin zu wirken, dass Niemand eine zu überragende Macht an Freunden oder Vermögen erlange; wo aber dies zu verhindern nicht möglich ist, da muss man solche Männer in's Ausland verbannen. Aber auch in dem Privatleben können Neuerungen eingeführt werden und deshalb muss man eine Behörde einrichten, welche diejenigen beaufsichtigt, welche ein der Verfassung nicht entsprechendes Leben führen, also in den Demokratien ein dieser, und in Oligarchien ein dieser nicht entsprechendes Leben; und dasselbe muss auch bei den einzelnen anderen Verfassungen geschehen. Auch muss aus denselben Gründen das Wohlleben einzelner Klassen überwacht werden. Ein Mittel hierzu ist es, wenn die Geschäfte und die Aemter immer den einander gegenüberstehenden Klassen übergeben werden. Unter den Gegenüberstehenden meine ich die Gebildeten gegenüber der Menge und die Armen gegenüber den Wohlhabenden. Auch muss man versuchen, die Klasse der Armen mit der der Wohlhabenden zu mischen, oder den Mittelstand zu vermehren; denn dies verhindert die aus der Ungleichheit der Bürger hervorgehenden Aufstände. Von der grössten Wichtigkeit ist es in jeder Verfassung sowohl durch die Gesetze, als durch sonstige Vorkehrungen dafür zu sorgen, dass die Aemter nicht zum Gelderwerb benutzt werden; am meisten muss man in den Oligarchien darauf achten. Wenn dies geschieht, so ist die Menge über ihren Ausschluss von den Aemtern nicht unzufrieden, sondern sie freuen sich vielmehr, wenn man ihnen gestattet, sich ihren Privatgeschäften zu widmen so lange sie nämlich nicht glauben, dass die Beamten das Staats-Vermögen unterschlagen; so wie dies aber eintritt, so ist die Erbitterung über beides vorhanden, sowohl über den Ausschluss von den Aemtern, wie von dem Geldgewinn. Auf diese Weise allein ist es auch möglich, dass ein Staat zugleich eine Demokratie und Aristokratie ist; dann wäre es erreicht, dass die Vornehmen und die Menge, beide das hätten, was sie sich wünschen; denn dass alle herrschen können, ist demokratisch, dass aber die Vornehmen die Aemter wirklich inne haben, ist aristokratisch, und das ist dann der Fall, wenn die Aemter nicht zum Gelderwerb benutzt werden. Die Armen werden dann sich nicht zu den Aemtern drängen, wenn sie nichts dabei verdienen können, sondern sie werden sich mehr mit ihren Privatangelegenheiten beschäftigen und die Wohlhabenden werden die Aemter übernehmen können, weil sie von dem Staate nichts zu gewinnen brauchen. Damit wird erreicht werden, dass die Armen zum Wohlstand gelangen, weil sie ihren Geschäften ungestört obliegen können und dass die Wohlhabenden nicht von den nächsten Besten beherrscht werden. Damit nun das Staatsvermögen nicht entwendet werde, muss die Uebergabe der Gelder in Gegenwart aller Bürger geschehen und es müssen Abschriften von den Uebergabeverhandlungen in den Genossenschaften, Abtheilungen und Zünften niedergelegt werden und Beamte die sich bewährt haben, müssen die gesetzlich für eine uneigennützige Verwaltung bestimmten Belohnungen erhalten.

In den Demokratien müssen die Wohlhabenden geschont werden; weder ihre Besitzungen, noch deren Früchte dürfen vertheilt werden, wie es in einigen Staaten geschieht, ohne dass man es beachtet; vielmehr ist es besser, die Wohlhabenden selbst wenn sie es wollen, von kostspieligen Staatsaufwendungen abzuhalten, die keinen Nutzen haben, wie z. B. die Ausstattung eines Chors, oder eines Fackelaufzuges oder Aehnliches. Dagegen muss in den Oligarchien für die Armen viel Sorge getragen werden und man muss ihnen die Aemter, welche etwas einbringen, überlassen. Wenn einer der Vornehmen sie übermüthig behandelt, so muss die Strafe dafür grösser sein, als für Verletzungen von ihres Gleichen; auch dürfen die Erbschaften nicht willkürlich vermacht werden, sondern nach der Verwandtschaft übergehen und Niemand darf mehr als *eine* Erbschaft antreten. Auf diese Weise werden die Vermögen sich gleichmässiger erhalten und von den Armen werden mehr zur Wohlhabenheit gelangen. Auch im Uebrigen ist es sowohl für die Demokratie wie für die Oligarchie zuträglich, denen, welche weniger an der Regierung Theil nehmen, eine gewisse Gleichheit oder beziehungsweise einen Vorrang einzuräumen, und zwar in der Demokratie den Wohlhabenden und in der Oligarchie den Armen; nur sind die obersten Staatsämter davon auszunehmen; diese sind nur den, nach der Verfassung dazu bestimmten, sei es den Einzelnen, oder Mehreren gemeinsam, einzuräumen.

Neuntes Kapitel.

Diejenigen, welche die obersten Staatsämter verwalten wollen, müssen dreierlei besitzen; erstens Liebe zu der bestehenden Verfassung, dann die höchste Geschicklichkeit zu den Geschäften des Amtes und drittens die der jedesmaligen Verfassung entsprechende Tugend und Gerechtigkeit; denn wenn das Gerechte in allen Verfassungen nicht dasselbe ist, so muss auch die Gerechtigkeit unterschieden sein. Nun entsteht hier der Zweifel, wie man die Entscheidung treffen soll, wenn diese drei Dinge nicht in derselben Person vereinigt sind; z. B. wenn jemand zwar ein tüchtiger Feldherr ist, aber schlecht von Charakter und der Verfassung nicht zugeneigt; ein anderer dagegen zwar ein Freund derselben und gerecht ist, aber ohne die Eigenschaften eines Feldherrn; wie soll man da die Wahl treffen? Man dürfte hier wohl auf zweierlei zu achten haben, einmal auf das, was bei Allen in grösserem Maasse sich vorfindet und zweitens auf das, was bei Allen in geringerem Maasse sich findet. Deshalb muss man bei dem Amte eines Feldherrn mehr auf die Kriegserfahrung als auf die Tugend sehen; denn die Kriegserfahrung ist weniger verbreitet als die Rechtlichkeit. Bei einer Schildwache oder einem Finanzbeamten ist umgekehrt zu verfahren. Denn diese bedürfen mehr der Tugend, als die Meisten haben, während ihre Kenntnisse sich bei allen finden. Man könnte auch fragen, wozu jemand noch der Tugend bedürfe, wenn er die Fähigkeit zum Amte und die Liebe zur Verfassung besitze, da schon diese zwei Eigenschaften das Nützliche zu Stande bringen würden. Sollte es indess nicht deshalb nöthig sein, weil die Inhaber dieser beiden Eigenschaften dennoch sehr wohl unmässig sein können? Trotzdem, dass sie Kenntnisse besitzen und sich selbst lieben, werden sie ohne Tugend nicht einmal für sich selbst vernünftig sorgen und deshalb ist auch anzunehmen, dass dergleichen Personen sich auch in den Staatsangelegenheiten so benehmen werden.

Im Allgemeinen trägt alles dies zur Erhaltung der Verfassung bei, was in den Gesetzen als für die Verfassungen zuträglich vorgeschrieben ist; die Hauptbedingung ist, wie ich bereits mehrmals gesagt, dafür zu sorgen, dass der Theil der Bürger, welcher der Verfassung zugethan ist, stärker bleibt, als der, bei dem dies nicht der Fall ist; und neben allem diesem darf man nicht das Mittelmaass übersehen, wie dies in den jetzigen ausgearteten Verfassungen geschieht; denn Vieles, was demokratisch zu sein scheint, zerstört die Demokratie und vieles von scheinbar oligarchischer Natur die Oligarchie. Wer aber glaubt, dass es nur ein und dieselbe Tugend gebe, geräth damit in das Uebermaass; er übersieht, dass schon eine Nase, wenn sie auch die schönste geradlinige Form nach der krummgebogenen oder Stumpf-Nase hin überschreitet, doch noch immer schön und für den Anblick angenehm sein kann, aber nicht wenn sie auch darüber hinaus von dem Künstler ausgedehnt wird; dann wird die Angemessenheit dieses Theiles zerstört und man kann zuletzt das Werk nicht mehr für eine Nase halten, weil die Gegensätze theils überschritten, theils zu gering geblieben sind. Ebenso verhält es sich auch mit den anderen Gliedern, und Gleiches kommt auch bei den Verfassungen vor. Sowohl Oligarchien, wie Demokratien können sich genügend wohl befinden, wenn sie auch über die beste Einrichtung hinausgegangen sind; treibt es aber jemand bei derselben noch weiter, so wird er zunächst die Verfassung verschlechtern und zuletzt wird sie ganz verschwinden. Deshalb muss der Gesetzgeber und der Staatsmann wissen, welche Dinge die demokratische Verfassung erhalten, und welche sie zerstören und welche Dinge dies in gleicher Weise bei der Oligarchie bewirken. Keine von beiden Verfassungen kann ohne Wohlhabende und ohne eine arme

Volksmasse bestehen und sich erhalten und wenn die Vermögen gleich gemacht werden, so muss nothwendig die Verfassung eine andere werden; wer deshalb die Ungleichheit durch Gesetze beseitigen will, beseitigt die Verfassung selbst. Man begeht sowohl in den Demokratien, wie in den Oligarchien hierbei Fehler; in den Demokratien geschieht es da, wo das Volk Herr über die Gesetze ist, durch die Volksführer; denn diese spalten durch ihren Kampf gegen die Wohlhabenden den Staat immer in zwei Theile. Sie sollten aber vielmehr das Entgegengesetzte über die Wohlhabenden sprechen und ebenso sollten die Oligarchisch-Gesinnten über das Volk in den Oligarchien sprechen und die Machthaber sollten einen, dem jetzigen entgegengesetzten Schwur leisten; denn jetzt schwören sie in einigen Staaten: „auch werde ich gegen das Volk übelgesinnt sein und jedes Uebel für dasselbe anrathen“. Allein sie sollten das Gegentheil thun, wie auch erklären und in dem Schwur aussprechen „dass ich dem Volke kein Unrecht zufügen werde“.

Das wichtigste von allen bis jetzt besprochenen Mitteln zu Erhaltung der Verfassungen, und was trotzdem jetzt überall vernachlässigt wird, ist eine der Verfassung entsprechende *Erziehung*. Die besten Gesetze, selbst wenn sie von allen Bürgern einstimmig gut geheissen worden sind, nützen nichts, wenn die Bürger nicht der Verfassung entsprechend gewöhnt und erzogen worden sind, also demokratisch, wenn die Gesetze demokratisch sind, oder oligarchisch, wenn sie oligarchisch sind; da wo Zügellosigkeit bei den Einzelnen besteht, herrscht sie auch im Staate. Die der Verfassung entsprechende Erziehung besteht aber nicht darin, dass man das thut, was die Machthaber in den Oligarchien, oder die Anhänger der Demokratie erfreut, sondern das, wodurch die Einen oligarchisch, die Anderen demokratisch zu regieren vermögen. Jetzt werden in den Oligarchien die Söhne der Machthaber verweichlicht, während die der Armen durch Leibesübungen und schwere Arbeit so gestärkt werden, dass sie zu Neuerungen nicht blos geneigt, sondern auch vermögend sind; und in den Demokratien, und zwar in denen, welche am meisten für solche gelten, ist statt des Nützlichen das Entgegengesetzte angeordnet, weil sie die Freiheit falsch auffassen. An zweierlei nämlich ist die Demokratie erkennbar; an der Gültigkeit dessen, was die Mehrheit beschliesst und an der Freiheit. Nun hält man hier das Gerechte für das Gleiche und das Gleiche setzt man darin, dass allein das, was die Mehrheit des Volkes beschliesst, gelte, und so verstehen sie unter Freiheit und Gleichheit, dass jeder thun kann, was ihm beliebt; deshalb lebt in solchen Demokratien ein Jeder wie er will und nach seinen Gelüsten, wie *Euripides* sagt. Darin liegt der Fehler; denn man darf es nicht für Knechtschaft halten, wenn man der Verfassung entsprechend lebt, vielmehr beruht darauf deren Erhaltung.

Zehntes Kapitel.

Dies sind im Allgemeinen und überhaupt die Ursachen, aus denen die Verfassungsstaaten sich verändern und untergehen, und aus denen umgekehrt sie sich erhalten und andauern. Ich habe nun noch die Alleinherrschaften durchzugehen und bei ihnen anzugeben, was sie zerstört und was sie erhält. Das, was ich in dieser Beziehung über die bisherigen Verfassungen gesagt habe, trifft so ziemlich auch bei dem Königthum und der Tyrannis zu. Das Königthum entspricht der Aristokratie; die Tyrannis ist aber aus der schlechtesten Art der Oligarchie und Demokratie zusammengesetzt; deshalb ist sie für die Bürger die schädlichste Staatsform, da sie aus zwei schlechten zusammengesetzt ist, und die Ueberschreitungen und Fehler von beiden an sich hat. Schon die Entstehung dieser zwei Arten von Alleinherrschaften beruht auf entgegengesetzten Vorgängen. Das Königthum ist aus dem Schutze der guten Bürger gegen das Volk hervorgegangen und der König wird aus den guten Männern wegen seiner hervorragenden Tugend aufgestellt oder wegen seiner, aus der Tugend hervorgegangenen Leistungen, oder weil er aus einem Geschlecht stammt, was in dieser Weise hervorragt. Der Tyrann wird aber aus dem Volke und aus der Menge gegen die Vornehmen eingesetzt, damit dem Volke von diesen nicht Unrecht gethan werde. Dies bestätigen die Ereignisse; beinah alle Tyrannen sind, so zu sagen, aus Volksführern hervorgegangen, denen man vertraute, weil sie die Vornehmen verleumdeten. Ein Theil der Tyrannenherrschaften ist auf diese Weise begründet worden, als die Staaten schon gross geworden waren; ein anderer Theil ist vor diesem aus den Königen hervorgegangen, welche über das alte Herkommen hinausgingen und nach einer eigenmächtigeren Herrschaft strebten. Ein anderer Theil ist aus den, für die höchsten Staatsämter gewählten, Beamten hervorgegangen (denn vor Alters bestellte das Volk die Beamten für die Staatsgeschäfte und für die Besorgung der festlichen Aufzüge auf lange Zeit) und endlich ist ein Theil aus denjenigen Oligarchien hervorgegangen, welche *einem* Mann die wichtigsten Staatsämter unbeschränkt übertragen hatten. Alle diese Männer konnten auf diese Weise die Tyrannis leicht zu Stande bringen, sobald sie wollten, weil sie theils in Folge des königlichen Amtes, theils wegen ihres Ansehens die Macht schon vorher besassen. So begründete *Pheidon* in Argos und andere die Tyrannenherrschaft aus dem vorhandenen Königthum; dagegen gelangten die Tyrannen in Ionien und *Phalaris* durch ihre hohen Aemter dahin und ebenso wurde Panätios bei den Leontinern und *Dionys* in Syrakus und Andere mehr aus Volksführern zu Tyrannen.

Das Königthum ist, wie ich schon gesagt, der Aristokratie entsprechend eingerichtet; es beruht auf der Werthschätzung, entweder nach der persönlichen Tugend oder nach dem Geschlecht, oder nach den geleisteten Diensten, oder nach diesen und der Macht. Alle gelangten zu dieser Würde durch geleistete grosse Dienste, oder durch eine Macht, vermöge welcher sie das Wohl der Staaten und Völker begründen konnten; indem sie entweder im Kriege das Volk gegen die Sclaverei schützten, wie *Kodrus*, oder es daraus befreiten, wie *Kyros;* oder sie bebauten oder erwarben Landstriche, wie die Könige bei den Lakedämoniern, den Makedoniern und Molossern. Der König will der Wächter sein, damit die Vermögenden kein Unrecht erleiden und die grosse Masse nicht übermüthig behandelt werde.

Dagegen beachtet die Tyrannis, wie ich mehrfach gesagt, das gemeine Beste nicht, als höchstens, wo ihr eigener Vortheil dabei im Spiele ist. Das Ziel des Tyrannen ist die Lust, das des Königs das Sittlich-Schöne; deshalb geht die Habsucht des Tyrannen mehr auf Vermögen und die des Königs mehr auf Ehre; die Leibwache dieses besteht aus Bürgern, jenes aus Fremden. Es erhellt, dass die Tyrannis sowohl die Uebel der Demokratie, wie die der Oligarchie an sich hat; von der Oligarchie hat sie, dass ihr Ziel der Reichthum ist (denn nur so allein kann die Leibwache und der Luxus in ihr sich dauernd erhalten) und dass sie der Menge misstraut, weshalb sie ihr auch die Waffen wegnehmen lässt. Auch die Misshandlung der Menge und deren Austreibung aus der Stadt und Absendung in Colonien hat die Tyrannis mit der Oligarchie gemein. Von der Demokratie hat sie dagegen das Bekämpfen der Vornehmen; heimlich und öffentlich sucht sie dieselben zu verderben und als ihre Nebenbuhler und solche, die ihrer Herrschaft hinderlich sind, zu verjagen. Daraus gehen dann die Verschwörungen hervor, weil diese entweder selbst herrschen, oder wenigstens keine Sclaverei erdulden wollen. Darauf beruht auch der von *Periander* dem *Thrasybulos* gegebene Rath, die hervorragenden Kornähren abzuschneiden, weil es nöthig sei, immer die hervorragenden Bürger zu beseitigen.

Dieselben Gründe nun, welche bei den früher erwähnten Verfassungen die Umwälzungen herbeiführen, gelten, wie ich gesagt, so ziemlich auch für die Alleinherrschaften. Wegen erlittener Ungerechtigkeit, oder aus Furcht, oder wegen Verachtung greift die Menge der Bürger die Alleinherrschaften an; hauptsächlich aber wegen des durch deren Uebermuth erlittenen Unrechts und mitunter auch wegen Beraubung der Privat-Vermögen. Auch die Zwecke der Aufstände gegen die Tyrannis und gegen das Königthum sind dieselben, wie bei jenen Verfassungen; die Alleinherrscher besitzen einen grossen Reichthum und geniessen die höchsten Ehren; danach verlangen eben Alle. Die Angriffe geschehen bald gegen die Person der Herrscher, bald gegen ihre Macht; wo sie wegen Verletzungen aus Uebermuth erfolgen, richten sie sich gegen die Person. Der Uebermuth kann in vielfacher Art verübt werden und jede Art desselben reizt zum Zorn und in der Regel beginnen solche erzürnte Menschen den Aufstand nur um den Tyrannen zu strafen, und nicht wegen seiner Uebermacht. So erfolgte der Aufstand gegen die *Pisistratiden* wegen der schimpflichen Behandlung der

Schwester des *Harmodios* und der Misshandlung dieses selbst; Harmodios empörte sich wegen der Schwester und Aristogeiton wegen des Harmodios. Die Verschwörung gegen *Periander*, den Tyrannen im Ambrakia hatte ihren Grund darin, dass er bei einem Trinkgelage seinen Lieblingsknaben gefragt hatte, ob er schon von ihm schwanger sei. Die Verschwörung des *Pausanias* gegen *Philipp* geschah, weil er ihn von der Umgebung des *Attalos* hatte misshandeln lassen und die des *Derdas* gegen *Amyntas* den Kleinen, weil dieser sich des Missbrauchs seiner Jugend gerühmt hatte; ebenso verhält es sich bei dem Angriff des Eunuchen gegen den *Evagoras* in Kypern; weil dessen Sohn ihm sein Weib entführt hatte, tödtete er ihn wegen dieser Beleidigung. Viele Verschwörungen sind auch wegen körperlicher Schändung entstanden, welche Einzelne von den Alleinherrschern erlitten hatten. So die des *Kratäos* gegen den *Archelaos;* der Umgang war ihm immer lästig gewesen, so dass ein geringer Vorwand ihm dann genügte, weil er gegen sein Versprechen ihm keine seiner Töchter zur Ehe gab; vielmehr gab Archelaos die ältere dem König von Elimeia, weil er durch den Krieg gegen *Sirra* und *Arrabäos* in die Enge getrieben war und die jüngere gab er dessen Sohne, dem *Amyntas*, um damit die Zwistigkeiten zwischen diesem und seinem, von der Kleopatra geborenen Sohne beizulegen; aber der erste Grund zur Entfremdung war doch, dass der geschlechtliche Umgang dem Kratäos lästig wurde. Mit ihm verband sich *Hellanokrates* aus Larissa aus demselben Grunde; der König hatte seine Jugend genossen und als er ihn dann gegen sein Versprechen nicht in sein Vaterland zurückbrachte, so glaubte jener, der geschlechtliche Umgang sei nur aus Uebermuth und nicht aus sinnlicher Begierde geschehen. Auch die Aeonier *Parron* und *Herakleides* haben den *Kotys* umgebracht, nm ihren Vater zu rächen und *Adamas* fiel von dem Kotys ab, weil dieser aus Uebermuth ihn als Knabe hatte verschneiden lassen.

Viele haben auch aus Zorn über erlittene körperliche Schläge die Herrscher entweder ermordet, oder in der Erbitterung es versucht und dies ist selbst von Personen in hohen Aemtern und aus königlichem

Stamm geschehen. So tödtete in Mytilene *Megakles* mit seinen Freunden die *Pendaliden*, welche herumzogen und die Leute mit Knütteln schlugen und später tödtete *Smerdis* den *Penthilon*, als er von diesem geschlagen und von der Frau hinausgeschleift worden war. Auch *Dekamarchos* wurde das Haupt der Verschwörung gegen *Archelaos*, indem er die Genossen dazu aufreizte und dieser Zorn rührte daher, dass Archelaos ihn dem Dichter *Euripides* zur Auspeitschung ausgeliefert hatte; Euripides war nämlich über ihn erbittert, weil jener sich über den üblen Geruch aus seinem Munde geäussert hatte. Auch viele andere Alleinherrscher wurden aus solchen Ursachen ermordet oder ihnen von Verschwörern nachgestellt.

Aehnlich treibt die Furcht zum Aufstand; denn auch diese ist, sowohl in den Alleinherrschaften, wie in den Verfassungs-Staaten eine Ursache dazu. So tödtete *Artapenes* den *Xerxes* aus Furcht; er hatte nämlich den *Dareios* bei ihm verleumdet und dann ihn ohne Befehl des Xerxes gehängt, indem er hoffte, es werde ihm verziehen werden und Xerxes über das Mittagsmahl die Sache vergessen. Andere Fälle entstehen aus Verachtung, wie in dem Falle, wo jemand den *Sardanapal* erblickte, wie er mit seinen Frauen Wolle krämpelte; wenn die Geschichte nämlich wahr ist; wenn sie indess von ihm nicht wahr ist, so wird sie es wohl von einem Anderen sein. Auch gegen *Dionys* den jüngeren erhob sich *Dion* aus Verachtung, als er sah, dass die Bürger ebenso gesinnt waren und der Tyrann immer betrunken war. Selbst seine Freunde verschwören sich aus Verachtung; denn sie verachten den Tyrannen, weil er ihnen vertraut und weil sie ihn täuschen können. Auch wenn eine Hoffnung vorhanden ist, die Herrschaft irgendwie selbst zu gewinnen, so entsteht der Angriff aus Verachtung; da man in Besitz der genügenden Macht die Gefahr verachtet und daher dergleichen leichter unternimmt. So geschieht es z. B. von den Feldherrn gegen die Alleinherrscher, wie von *Kyros* gegen *Astyages*, weil er sowohl dessen Lebensweise, wie dessen Macht verachtete; denn die Kriegsmacht war erschlafft und Astyages selbst verweichlicht. Ebenso verfuhr der Thracier *Seythes* als Feldherr gegen seinen König *Amadokos*. Manchmal erfolgt die Verschwörung aus mehreren Ursachen, z. B. aus

Verachtung und aus Gewinnsucht, wie es bei *Mithridates* gegen *Ariobarzanes* der Fall war. Am meisten geschieht dies von Männern kühner Sinnesart, welche hohe Kriegsämter inne haben; denn die mit Kraft verbundene Tapferkeit ist Kühnheit und beides führt schnell zu Empörungen, weil der Sieg leicht ist.

Wenn aber die Nachstellungen aus Ehrgeiz erfolgen, so ist das Verfahren dann ein anderes als in den bisher erwähnten Fällen. Denn die, welche wegen Ehrgeizes den Tyrannen nachstellen, werden nicht so handgreiflich gegen sie, wie Manche, die nur grossen Gewinn und grosse Ehren für sich im Auge haben und sie stürzen sich nicht so in die Gefahr; jene handeln nur aus den erwähnten Ursachen, aber diese erheben sich gegen ihre Herrscher ebenso, wie zu jeder anderen ausserordentlichen That, durch die sie sich einen Namen machen und den Anderen bekannt werden können; ihre Absicht geht nicht darauf, die Alleinherrschaft, sondern nur Ruhm für sich zu erlangen. Indess sind es immer nur sehr Wenige, welche aus diesen Grund gegen Tyrannen sich wenden; denn sie dürfen dabei nicht daran denken, sich retten zu können, wenn die That missglücken sollte; sie müssen von den Gedanken des *Dio* erfüllt sein, aber dies ist für Viele nicht leicht; jener zog mit geringer Mannschaft gegen *Dionys*, und erklärte, dass es ihm genügt, an den Unternehmen, so weit als möglich, Theil genommen zu haben, und sollte er bei dem ersten Schritt in's Land gleich sterben, so würde doch ein solcher Tod schon als ein schöner für ihn gelten.

Die Tyrannis geht auch in *einer* Weise, wie jede andere Verfassung zu Grunde, nämlich von Aussen, wenn ein benachbarter Staat mit einer entgegengesetzten Verfassung mächtiger ist. Denn dass dann der Wille dazu vorhanden ist, erhellt aus dem Gegensatze der Zwecke und jedermann führt, im Fall er es vermag, das aus, was er will. Eine solche, der Tyrannis entgegengesetzte Verfassung ist die Demokratie; nach *Hesiod* sind beide einander so entgegengesetzt, wie ein Töpfer dem anderen (denn auch die Demokratie ist in ihrem höchsten Grade eine Tyrannis) und ebenso das Königthum und die Aristokratie, wegen des Gegensatzes in der Grundlage ihrer beiderseitigen Verfassung. Deshalb zerstörten die Lakedämonier sehr viele Tyrannenherrschaften und ebenso handelten die Syrakuser zur Zeit, als ihre Verfassung sich in gutem Zustande befand. In einer anderen Weise geht die Tyrannis durch sich selbst zu Grunde, wenn die Theilhaber der Gewalt gegen einander aufständisch werden; wie bei der Tyrannis in der Familie des *Gelon* und jetzt bei der in der Familie des *Dionysos*; dort verführte *Thrasybul*, der Bruder des *Hieron*, den Sohn des Gelon und verleitete ihn zu Ausschweifungen, um selbst die Herrschaft zu erlangen, während die Angehörigen sich erhoben, damit nicht die ganze Tyrannis, sondern nur Thrasybul gestürzt würde; allein die, welche ihnen beistanden, vertrieben, als die passende Zeit kam, sie alle mit einander. Gegen Dionys zog Dion, sein eigener Schwager zu Felde und nahm das Volk zu Hülfe; allein wie er jenen verjagt hatte, wurde er selbst dann getödtet.

Da es hauptsächlich zwei Ursachen sind, weshalb den Tyrannen nachgestellt wird, Hass und Verachtung, so muss die eine davon, der Hass, gegen die Tyrannen immer bestehen; aber auch aus Verachtung werden viele derselben gestürzt. Man erkennt dies daraus, dass die meisten derer, welche eine Tyrannis sich erst erworben haben, ihre Herrschaft sich auch bewahrt haben; aber ihre Nachfolger gingen, so zu sagen, sehr schnell zu Grunde; sie lebten schwelgerisch, verachteten die Anderen und gaben so vielfach gute Gelegenheit zu Nachstellungen. Als eine Art Hass muss man auch den Zorn gelten lassen; denn in gewisser Weise führt er zu denselben Handlungen. Oft ist er auch thätiger, wie der Hass und die Nachstellungen geschehen nachdrücklicher, weil die Leidenschaft den Gebrauch der Vernunft hemmt. Am häufigsten entwickelt sich der Zorn aus Beleidigungen; aus diesem Grunde wurde die Tyrannis der Pisistratiden und viele andere zerstört. Allein der Hass ist wirksamer; denn mit dem Zorn ist Schmerz verbunden, und man überlegt dann nicht leicht ruhig; die Feindschaft ist aber ohne Schmerz. Ueberhaupt müssen, um alles zusammenzufassen, die Ursachen, welche, wie ich dargelegt, den Untergang der ausgelassenen und äussersten Oligarchie und der äussersten Demokratie herbeiführen, ebenso auch den

Sturz der Tyrannis veranlassen; denn auch jene Verfassungen sind nur eine vielköpfige Tyrannis.

Dagegen wird das Königthum von Aussen am wenigsten gestürzt und es hält sich deshalb lange Zeit. Die meisten Gefahren entstehen aus ihm selbst. Es geht auf zwei Arten zu Grunde; einmal, wenn die Mitglieder des Königshauses gegen einander sich erheben und dann, wenn der König eigenmächtiger zu regieren und seine Gewalt über die Gesetze auszudehnen versucht. Jetzt entstehen keine Königsherrschaften mehr, sondern, wenn es noch zu Alleinherrschaften kommt, so sind es mehr Tyrannenherrschaften, weil das Königthum eine freiwillige Herrschaft ist, die mit grosser Macht ausgestattet ist, während es jetzt der einander Gleichen Viele giebt und Keiner sich so auszeichnet, dass er für die Grösse und die Anforderungen einer solchen Herrschaft passte. Deshalb wird auch die Alleinherrschaft jetzt nicht freiwillig ertragen; herrscht aber jemand durch Betrug oder Gewalt, so dürfte dies schon eine Tyrannis sein. In den erblichen Königreichen kommt zu diesen Ursachen noch eine andere für deren Untergang hinzu, indem diese Könige sich oft verächtlich machen und übermüthig werden, obgleich sie nicht die Gewalt eines Tyrannen, sondern nur die Würde eines Königs besitzen. Hier ist deren Sturz leicht; denn ein König kann sich gegen den Willen seiner Unterthanen nicht lange halten, und nur der Tyrann vermag auch über Widerwillige zu herrschen.

Elftes Kapitel.

Aus diesen und ähnlichen Ursachen gehen die Alleinherrschaften zu Grunde; erhalten können sie sich aber, kurz ausgedrückt, durch die entgegengesetzten Ursachen und im Einzelnen dadurch, dass das Königthum sich auf die maassvollste Regierungsweise beschränkt. Je weniger die Könige zu befehlen haben, um so längere Zeit muss ihre Herrschaft sich erhalten; denn sie selbst werden dann weniger herrschsüchtig, bleiben in ihrem Charakter den Bürgern möglichst gleich und werden von den Unterthanen am wenigsten beneidet. Aus diesem

Grunde hielt sich bei den Molossern das Königthum lange Zeit; ebenso bei den Lakedämoniern, weil da gleich vom Anfang ab es unter zwei Könige vertheilt war und weil *Theopompos* ihre Macht noch weiter minderte und ihnen das Amt der Ephoren zur Seite stellte. Indem er deren Gewalt minderte, verlängerte er den Bestand ihres Königthums und in gewisser Weise machte er es dadurch nicht kleiner, sondern grösser. Derselbe soll auch seiner Frau, als sie ihm vorhielt, ob er sich nicht schäme, das Königthum seinen Kindern schwächer zu übergeben, als er es von seinen Vater empfangen habe, geantwortet haben: „Keineswegs, denn ich übergebe es ihnen dauerhafter".

Die Tyrannenherrschaften können auf zwei entgegengesetzte Weisen erhalten werden; die eine ist die hergebrachte, in der die meisten Tyrannen die Herrschaft führen, und von welcher das Meiste der Korinther *Periander* eingerichtet haben soll; indess kann man hierfür auch vieles aus der persischen Herrschaft entnehmen. Es ist dies das schon seit alter Zeit genannte Mittel um die Tyrannis nach Möglichkeit zu erhalten, nämlich die hervorragenden Unterthanen zu schwächen, Männer von Charakter zu beseitigen und weder Tischgenossenschaften noch Hetärien zuzulassen; auch keinen Unterricht oder sonst dergleichen, sondern alles das zu überwachen, aus dem zweierlei sich zu bilden pflegt, nämlich Verstand und Treue; auch keine Vorträge, noch andere wissenschaftliche Unterhaltungen zu gestatten und nach Möglichkeit alles so einzurichten, dass die Unterthanen mit einander unbekannt bleiben; denn die gegenseitige Bekanntschaft führt zu grösseren Vertrauen auf einander. Auch müssen die Einwohner hier alles offen betreiben und möglichst vor den Thüren sich aufhalten; so kann am wenigsten ihr Thun verborgen bleiben und durch diese stete Knechtschaft müssen sie an eine niedrige Denkungsweise gewöhnt werden. Dies und anderes der Art ist bei den Tyrannen in Persien und anderen barbarischen Staaten zu finden; denn dies Alles geht auf denselben Zweck. Auch muss der Tyrann sorgen, dass nichts von dem verborgen bleibe, was die Unterthanen sprechen oder thun und es müssen Spione bestellt werden, wie in Syrakus die sogenannten Potatogiden. Hiero schickte auch Leute aus, die horchen mussten, wo eine Zusammenkunft oder Unterredung statt fände. Denn wenn dies geschieht, besprechen sich die Leute aus Furcht vor solchen weniger und so weit es geschieht, bleibt es dann weniger verborgen. Auch gehört es zu solcher Tyrannenherrschaft, dass man die Leute sich einander verleumden und gegen einander verfeinden lässt; ebenso dass die Freunde und ebenso das Volk mit den Vornehmen, und die Reichen untereinander entzweit werden, und dass man die Unterthanen arm macht, damit die Leibmacht erhalten werden kann und die Unterthanen, um das tägliche Brot zu verdienen, keine Zeit zu Nachstellungen behalten. Ein Beispiel dafür sind die Pyramiden in Aegypten und die Weihgeschenke der *Kypseliden* und der unter den Pisistratiden erbaute Tempel des Zeus und die Bauwerke des *Polykrates* bei Samos. Alles dies führt zu demselben Erfolge, nämlich zur schweren Arbeit und Armuth der Unterthanen. Eben dahin führen schwere Abgaben, wie in Syrakus, wo es vorgekommen ist, dass die Einwohner ihr ganzes Vermögen in fünf Jahren unter *Dionys* in Abgaben haben abliefern müssen.

Der Tyrann fängt auch gern Kriege an, damit die Unterthanen keine Musse behalten und fortwährend eines Anführers bedürfen. Das Königthum erhält sich durch seine Freunde, aber der Tyrann traut seinen Freunden am wenigsten, weil Alle ihn beseitigen mögen, und diese es am ehesten vermögen. Auch das, was in der äussersten Demokratie geschieht, ist alles tyrannisch, wie die Herrschaft der Weiber im Hause, damit sie das, was die Männer thun, ausplaudern; ebenso die Zügellossigkeit der Sclaven aus demselben Grunde. Denn weder die Weiber noch die Sclaven stellen den Tyrannen nach und wenn sie gute Zeit haben, müssen sie schon der Tyrannenherrschaft und der Demokratie gewogen sein, da auch das Volk gern Alleinherrscher sein mag. Deshalb steht auch der Schmeichler bei beiden in Ehren, nämlich der Volksführer bei dem Volke (denn der Volksführer ist der Schmeichler des Volkes) und der kriechenden Gesellschafter bei den Tyrannen, wie dies ja die Schmeichler sind. Deshalb lieben die Tyrannen die schlechten Leute; denn wenn man ihnen schmeichelt, freut es sie und dies wird kein Mann von freier

Gesinnung thun; gute Menschen lieben oder schmeicheln nicht. Auch sind die Schlechten zum Schlechten zu gebrauchen; denn ein Nagel treibt den andern, sagt das Sprüchwort. Auch ist es tyrannische Art, sich an keinem ehrwürdigen oder freisinnigen Mann zu erfreuen, denn nur der Tyrann allein will als ein solcher gelten; wer also mit Würde und Freimuth ihm entgegentritt, nimmt ihm das Hervorragende und Gebietende der Tyrannis; vielmehr hassen sie solche Leute, als ihrer Herrschaft gefährlich. Auch ist es ihr Amt mehr die Fremden, als die Bürger zu Tischgenossen und zum Umgang zu haben, weil letztere als feindselig gelten, während jene ihnen nicht entgegentreten. Dies und Aehnliches erhält zwar die Herrschaft des Tyrannen, aber es verliert deshalb nichts an seiner Schlechtigkeit.

Alles dies lässt sich, so zu sagen, auf drei Weisen zurückführen; der Tyrann strebt nämlich nach dreierlei; einmal nach einer kleinmüthigen Gesinnung bei seinen Unterthanen (weil ein Kleinmüthiger nicht wohl ihm nachstellen wird); dann, dass Niemand dem Anderen traut; denn die Tyrannis kann nicht eher gestürzt werden, als bis Einige einander vertrauen. Die Tyrannen verfolgen deshalb auch die rechtlichen Leute, weil sie ihrer Herrschaft Schaden bringen, nicht blos weil sie solche herrische Regierung nicht haben mögen, sondern weil sie auch unter sich und anderen als zuverlässig gelten und weder sich, noch andere anklagen mögen. Als drittes erstrebt der Tyrann die Unfähigkeit seiner Unterthanen zu Geschäften; denn Niemand unternimmt etwas, was ihm nicht möglich ist und so wird auch die Tyrannis nicht beseitigt, wenn die Macht dazu nicht vorhanden ist. Sonach lassen sich alle Pläne der Tyrannen nach irgend einer Richtung hier auf diese drei zurückführen; alle Unternehmungen der Tyrannen laufen auf eine dieser Voraussetzungen hinaus; entweder dass Niemand dem Anderen traue, oder dass Niemand etwas vermöge, oder dass jedermann kleinmüthig gesinnt sei.

Dies ist nun die eine Weise, wie die Tyrannenherrschaften sich erhalten können; die andere sorgt dagegen gerade für das dem bisherigen Entgegengesetzte. Man kann ihr Verfahren aus dem Untergange der

Königthümer entnehmen. *Ein* Grund für deren Untergang lag in der Steigerung der Herrschaft zu einer tyrannischen und so liegt ein Mittel zur Erhaltung der Tyrannis in ihrer Ueberführung in eine königliche Herrschaft, indem nur *Eins* festgehalten wird, nämlich die Macht, damit die Herrschaft nicht blos über die Gutwilligen, sondern auch über die Widerspenstigen sich erhalte; denn wenn diese Macht weggegeben wird, so fällt auch die Tyrannis. Dies soll indess nur die Grundlage bleiben; alles andere kann der Tyrann wirklich oder scheinbar thun in rechter Nachahmung des Königthums. Zunächst hat er also sich den Anschein zu geben, als sorge er für das Staatsvermögen; er darf es also nicht durch solche Schenkungen verschwenden, welche das Volk erbittern, insofern er von ihm das nimmt, was es mit Mühe und Arbeit sich sauer verdienen muss und dies dann reichlich an Kebsweiber, Fremde und Künstler wieder weggiebt; vielmehr muss er über seine Einnahmen und Ausgaben Rechnung ablegen, wie schon einige Tyrannen gethan haben; denn bei solchen Verfahren wird er als ein guter Hausverwalter und nicht als ein Tyrann gelten. Auch braucht er deshalb nicht zu fürchten, dass ihm das Geld einmal ausgehen könnte, da er ja der Herr über den Staat bleibt. Auch für Tyrannen, die sich ausserhalb Landes begeben ist ein solches Verfahren besser, als aufgehäufte Schätze zurückzulassen; denn dann werden die Wächter weniger der Regierung sich bemächtigen wollen. Den sich entfernenden Tyrannen sind solche Wächter auch gefährlicher, als die Bürger, denn letztere ziehen mit ihnen ab, aber die Wächter bleiben zurück. Ferner muss der Tyrann die Abgaben und Staatsleistungen scheinbar der guten Wirthschaft wegen ansammeln, für den Fall dass er sie in Kriegszeiten gebrauchen müsste und er selbst muss sich überhaupt so als Wächter und Bewahrer des Staatsvermögens benehmen, als wenn es sein eigenes wäre. Seine äussere Erscheinung darf nicht hässlich, sondern muss ehrwürdig sein und der Art, dass die, welche ihm begegnen, nicht Furcht, sondern Ehrerbietung empfinden. Dies ist allerdings nicht leicht, wenn er verachtet wird und deshalb muss er, wenn auch nicht die anderen Tugenden doch die politische sich zu erwerben suchen und mit den Schein einer solchen sich umgeben. Auch darf man nicht sehen, dass er selbst einem Unterthan und insbesondere einem Jüngling oder einer

Jungfrau Schmach anthue und auch seine Umgebung darf dies nicht thun. Auch seine Frauen müssen sich so gegen andere Frauen benehmen, denn viele Tyrannenherrschaften sind wegen Uebermuth der Frauen untergegangen. In Bezug auf sinnliche Genüsse muss er das Entgegengesetzte von dem thun, was jetzt einzelne Tyrannen thun; diese beginnen ein solches Treiben gleich vom Morgen ab und fahren damit viele Tage hindurch fort, und wollen auch den Anderen so erscheinen, damit man sie als glückliche und selige Menschen anstaune. Vielmehr muss der Tyrann in solchen Genüssen Maass halten oder wenigstens vor den Anderen den Schein annehmen, als vermeide er solche Genüsse. Denn nicht der Nüchterne, sondern der Betrunkene ist leicht zu bewältigen und verächtlich; und ebenso nicht der Wachende, sondern der Schlafende. Sonach hat er so ziemlich das Gegentheil von allem vorher Gesagten zu thun. Er muss die Stadt versorgen und schmücken, als wäre er ihr Vormund und nicht ihr Tyrann. Auch muss er sich bei den gottesdienstlichen Handlungen besonders eifrig beweisen; denn wenn der Tyrann für gottesfürchtig und fromm gehalten wird, so fürchtet man weniger etwas Ungesetzliches von ihm, und man stellt ihm weniger nach, weil er dann auch die Götter zu Beschützern hat. Auch darf der Tyrann sich nicht einfältig benehmen, und Leute, die in irgend einem Punkte sich ausgezeichnet haben, muss er so ehren, dass sie selbst meinen, ihre Mitbürger könnten, wenn sie selbständig wären, ihnen nicht mehr Ehre erweisen. Solche Ehren muss er selbst austheilen, die Strafen aber muss er durch Beamte oder die Gerichte vollziehen lassen.

Eine für jede Alleinherrschaft nützliches Schutzmittel ist ferner, dass nicht *ein* Bürger allein gross gemacht werde, sondern mindestens mehrere; denn dann werden sie einander im Auge behalten. Muss aber doch *Einer* zu einem Grossen gemacht werden, so darf er wenigstens nicht von kühner Sinnesart sein; denn ein solcher Charakter ist zu allem Unternehmen geneigt. Soll dagegen Jemand seiner Gewalt entsetzt werden, so muss dies allmälig geschehen und es darf ihm die ganze Gewalt nicht auf einmal entzogen werden. Ferner muss der Tyrann sich aller übermüthigen Verletzungen enthalten, vor allen zweier, nämlich der körperlichen Züchtigungen und des fleischlichen Umgangs mit der Jugend. Ganz besonders muss er sich dessen vorsehen gegen ehrgeizige Personen; denn Vermögensbedrückungen empfinden nur Geizige schwer, aber Ehrverletzungen die Ehrgeizigen und die rechtlichen Menschen. Deshalb darf er gegen solche nicht so verfahren, oder er muss wenigstens in väterlicher Weise die Züchtigung vornehmen und nicht aus Geringschätzung und ebenso den sinnlichen Verkehr mit der Jugend nur aus Zuneigung und nicht aus Willkür treiben und überhaupt die anscheinenden Ehrverletzungen durch grössere Ehrbezeugungen sich erkaufen. Von denen, die es auf sein Leben abgesehen haben, sind diejenigen am meisten zu befürchten und zu bewachen, welche auf ihr eigenes Leben keinen Werth legen, sofern sie ihn nur tödten können. Deshalb muss er sich am meisten vor denen in Acht nehmen, welche sich oder ihre Verwandten für von ihm beschimpft halten; denn die, welche in solcher zornigen Stimmung etwas unternehmen, schonen sich selbst nicht. Schon *Herakleitos* sagte, dass es schwer sei, gegen den Zorn und den Eifer anzukämpfen, da dieser das Leben in den Kauf gebe. Da die Staaten aus zwei Klassen bestehen, aus den armen Leuten und den Wohlhabenden, so müssen beide Klassen glauben, dass diese Herrschaft ihnen nützlich sei und es darf keine Klasse die andere verletzen. Die Klasse, welche die stärkere ist, muss der Tyrann am meisten zu den Aemtern heranziehen; denn wenn diese der Regierung vorsteht, so braucht der Tyrann weder die Sclaven für frei zu erklären, noch den Bürgern die Waffen zu nehmen; es genügt, dass die Klasse, welche zur Herrschaft hinzugenommen worden ist, stärker ist, als die, welche sich ihnen entgegenstellt.

Das Einzelne hierbei weiter zu erörtern, ist überflüssig; denn der Zweck liegt klar vor; er geht dahin, dass der Tyrann sich seinen Unterthanen nicht als einen Tyrannen, sondern als einen Hausvater und König erweise und nicht als einen, der nur für sich sorgt, sondern wie ein Vormund für sie und der in seiner Lebensweise Maass hält und nicht in das Uebermaass sich stürzt und nicht blos mit den Vornehmen verkehrt, sondern der gegen die Menge sich gefällig zeigt. Dann muss seine Herrschaft sich nicht allein schöner und beneidenswerther gestalten, weil er über bessere und nicht herabgedrückte Menschen herrscht, sondern seine Herrschaft wird dann auch weder fortwährend gehasst, noch gefürchtet werden, vielmehr sich lange Zeit erhalten. Auch der Tyrann selbst muss von Charakter tugendhaft sein, oder wenigstens halb tugendhaft und nicht schlecht, sondern nur halb schlecht.

Zwölftes Kapitel.

Dennoch sind von allen Staatsformen die Oligarchie und die Tyrannis die, welche am kürzesten dauern. Am längsten währte die Tyrannis des *Orthagoras* und seiner Nachkommen über Sikyon; sie erhielt sich hundert Jahre. Es geschah, weil sie die Unterthanen maassvoll behandelten. und vielfach den Gesetzen sich unterwarfen und weil *Kleisthenes* wegen seiner Kriegsthaten sich ein Ansehen verschafft hatte und weil sie auf die Wohlfahrt des Volkes viel Sorgfalt verwendeten. Kleisthenes soll sogar den Richter, welcher ihm den Sieg nicht zuerkannte, trotzdem selbst bekränzt haben und man sagt, dass die Bildsäule in sitzender Stellung auf dem Markte das Bildniss jenes Richters sei. Auch *Pisistratos* soll einmal in einem Prozess auf Vorladung vor dem Areopag sich gestellt haben. Am nächsten kommt dieser Herrschaft die der *Kypseliden* über Korinth; auch diese hielt sich 73 Jahre und 6 Monate; denn *Kypselos* selbst regierte als Tyrann 30 Jahre; *Periander* 44 Jahre und *Psamentichos*, der Sohn des Gordias 3 Jahre. Auch bei dieser Tyrannis war der Grund ihrer langen Dauer derselbe; denn Kypselos schmeichelte dem Volke und hatte während seiner ganzen Regierung keine Leibwache; Periander regierte zwar tyrannischer, aber leistete etwas im Kriege. Als dritte nach jenen folgt die Tyrannis der *Pisistratiden* in Athen, die indess nicht ohne Unterbrechung bestand; denn Pisistratos musste als Tyrann zweimal fliehen, so dass er von 33 Jahren nur 17 Jahre als Tyrann regierte und seine Söhne 18 Jahre, was zusammen 35 Jahre ausmacht. Unter den übrigen ist die Tyrannis des *Hieron* und *Gelon* auch eine längere; indess währte sie doch nicht viele Jahre, sondern im Ganzen nur 18 Jahre. *Gelon* hatte 7 Jahre als Tyrann geherrscht, als er im achten mit dem Tode abging, und *Hieron* 10 Jahre und *Thrasybul* verlor die Herrschaft schon im elften Monat. Die meisten anderen Tyrannenherrschaften sind durchaus nur von kurzer Dauer gewesen.

Hiermit sind die Ursachen, durch welche die Alleinherrschaften und die übrigen Verfassungen zu Grunde gehen und ebenso die, durch welche sie sich erhalten, so ziemlich vollständig dargelegt worden. Auch in dem „Staate“ spricht *Sokrates* über diese Staatsumwälzungen, indess nicht richtig; denn die Veränderung der besten und vornehmsten Verfassung bespricht er nicht im Besonderen; er sagt blos, dass solche Veränderung daher komme, weil überhaupt nichts dauerhaft sei, sondern nach einem gewissen Zeitablauf sich verändere. Den Grund davon findet er in dem Wurzelverhältnisse von 4 zu 3, das mit der Zahl 5 verbunden zwei harmonische Verhältnisse gebe, sobald die Zahl dieser Figur körperlich sich gestalte, da die Natur manchmal schlechte und jeder Erziehung spottende Menschen hervorbringe, und darin hat er vielleicht nicht Unrecht, denn es kann sein, dass manche Menschen jeden Unterricht und jeder Heranbildung zum Guten unzugänglich bleiben. Allein weshalb sollte dieser Grund für die Veränderung nur seiner sogenannten besten Verfassung eigenthümlich sein und weshalb sollte er bei ihr mehr gelten, als bei allen anderen Staatsformen und überhaupt bei allen Dingen? Sodann muss in dem Zeitraum, nach dessen Ablauf sich alles verändert, auch das, was nicht gleichzeitig zusammen angefangen hat, dennoch zugleich sich verändern; so dass wenn etwas auch nur den letzten Tag vor dem Umschwung entstanden ist, es sich doch mit verändert. Dazu kommt, dass man fragen kann, weshalb verändert sich diese beste Verfassung gerade in die Lakonische? Denn in den meisten Fällen verwandeln sich die Verfassungen in die ihnen entgegengesetzten und nicht in die ihnen am nächsten stehenden. Derselbe Einwand trifft auch die weiteren Veränderungen; denn Sokrates sagt, dass sie aus der Lakonischen Verfassung dann in die Oligarchie übergehe, aus dieser in die Demokratie und aus dieser in die Tyrannis. Allein es kommen auch umgekehrte Veränderungen vor, wie von der Demokratie in die Oligarchie und dies geschieht häufiger, als dass sie in die Alleinherrschaft übergeht. Auch giebt Sokrates bei der Tyrannis nicht an, ob da überhaupt eine Veränderung eintritt, und wenn dies nicht der Fall, weshalb nicht; ist es aber der Fall, so sagt er nicht in welche Verfassung sie übergeht. Dies mag wohl daher kommen, dass er dies nicht leicht angeben konnte; denn es ist nicht zu bestimmen. Nach ihm müsste sie in die erste und beste Verfassung übergehen, denn nur dann wäre ein Zusammenhang und ein Kreislauf vorhanden. Nun verändert sich aber die eine Tyrannis auch in eine andere Tyrannis; so ging z. B. in Sikyon die des *Myron* in die des *Kleisthenes* über; und die des *Antileontes* in Chalkis ging in eine Oligarchie über und die des *Gelon* in Syrakus in eine Demokratie und die des *Charikles* in Lakedämon und die in Karthago in eine Aristokratie. Ebenso verwandelt sich eine Oligarchie in eine Tyrannis, wie in Sicilien es mit den meisten der alten Oligarchien geschah; auch bei den Leontinern ging die Oligarchie in die Tyrannis des *Panätios* über und in Gela in die des *Kleander* und in Rhegium in die des *Archelaos*, und ähnliches geschah in vielen anderen Staaten. Auch ist es verkehrt, wenn man meint, der Uebergang zur Oligarchie geschehe deshalb, weil die Machthaber geldgierig würden und Wucher trieben, und nicht deshalb, weil die Inhaber grosser Vermögen glauben, es sei ungerecht, wenn die Armen gleichen Antheil, wie die Besitzenden, an der Regierung haben. In vielen Oligarchien ist es nicht einmal gestattet Geldgeschäfte zu betreiben, sondern durch Gesetze verboten; umgekehrt wurden in dem demokratisch gewordenen Karthago Geldgeschäfte betrieben, ohne dass eine Verfassungsänderung deshalb eintrat. Auch ist es verkehrt die Oligarchie für zwei Staaten zu erklären, für einen der Reichen und für einen der Armen. Denn weshalb soll es gerade bei dieser schlimmer stehen, als bei der Lakonischen und jeder anderen Verfassung, wo auch nicht Alle gleich viel besitzen und nicht Alle gleich gute Menschen sind? Wenn auch Niemand ärmer geworden ist, als vorher, so gehen nichtsdestoweniger die Oligarchien in Demokratien über, wenn die Zahl der Armen wächst und ebenso verwandelt die Demokratie sich in die Oligarchie, wenn die Wohlhabenden mächtiger werden, als die Armen und jene ihren Verstand gebrauchen, während diese in den Tag hineinleben. Obgleich es so viele Ursachen giebt, weshalb die

Staatsverfassungen sich verändern, so nennt *Sokrates* doch nur *eine*, nämlich wenn die Bürger wegen Verschwendung und Schuldenmachen arm geworden sind; als wenn vom Anfang ab Alle oder die Meisten reich gewesen wären. Dies ist ein Irrthum; vielmehr stiften nur die Volksführer, wenn sie ihr Vermögen verschwendet haben, Neuerungen an, während, wenn dies Andere begegnet, nichts der Art geschieht; und auch dann erfolgt der Uebergang in die Demokratie nicht mehr, wie in jeder anderen Verfassungsform. Auch entstehen Aufstände und Verfassungsänderungen dann, wenn die Führer nicht an den Ehren und Würden Antheil haben, oder wenn sie verletzt und beschimpft worden sind, selbst wenn sie ihr Vermögen auch nicht verschwendet haben, obgleich sie die Macht haben, zu thun, was ihnen beliebt, während nach Sokrates hier die zu grosse Freiheit die Ursache abgeben soll. Auch bespricht *Sokrates*, obgleich es doch mehrere Arten von Demokratien und Oligarchien giebt, deren Veränderungen nur so, als wenn es von ihnen beiden nur *eine* Art gäbe.

Ende.